谨以本书庆祝
山东省文物考古研究院成立四十周年

北朝唐宋佛教与社会

——山东临朐白龙寺遗址考古研讨会论文集

山东省文物考古研究院
临朐县博物馆　编著

文物出版社

图书在版编目（CIP）数据

北朝唐宋佛教与社会：山东临朐白龙寺遗址考古研讨会论文集 / 山东省文物考古研究院，临朐县博物馆编著. -- 北京：文物出版社，2021.10
　　ISBN 978-7-5010-7221-7

Ⅰ.①北… Ⅱ.①山… ②临… Ⅲ.①佛教-宗教建筑-文化遗址-学术会议-文集-临朐县 Ⅳ.①K878.65-53

中国版本图书馆CIP数据核字(2021)第188665号

北 朝 唐 宋 佛 教 与 社 会
——山东临朐白龙寺遗址考古研讨会论文集

编　　著：山东省文物考古研究院
　　　　　临 朐 县 博 物 馆

封面设计：秦　彧
责任编辑：秦　彧
责任印制：张　丽

出版发行：文物出版社
社　　址：北京市东城区东直门内北小街2号楼
邮　　编：100007
网　　址：www.wenwu.com
经　　销：新华书店
印　　刷：北京荣宝艺品印刷有限公司
开　　本：787mm×1092mm　1/16
印　　张：18.25　插页：2
版　　次：2021年10月第1版
印　　次：2021年10月第1次印刷
书　　号：ISBN 978-7-5010-7221-7
定　　价：280.00元

彩版一 "北朝唐宋佛教与社会——山东临朐白龙寺遗址考古研讨会" 合影

彩版二　黄石崖大洞东壁外区造像
（郑岩摄影）

彩版三　黄石崖大洞东壁内区造像
（郑岩摄影）

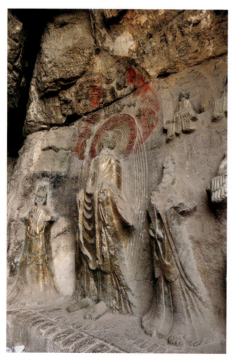
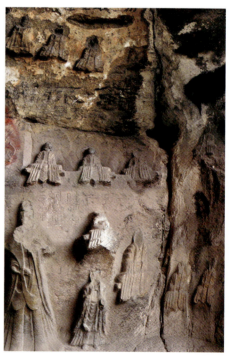

彩版四　黄石崖大洞西壁内区造像
（郑岩摄影）

彩版五　黄石崖大洞西壁外区造像
（郑岩摄影）

彩版六　黄石崖北朝小龛造像　（郑岩摄影）

彩版七　麦积山217窟西方净土变

彩版八　莫高窟第220窟南壁西方净土变

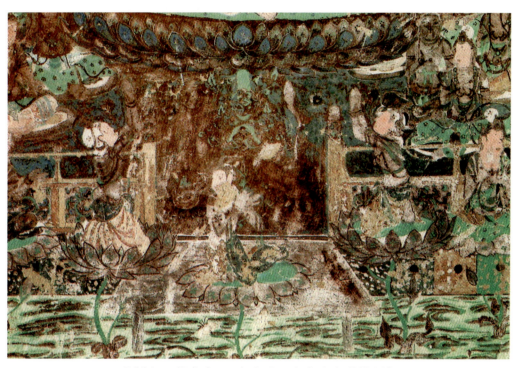

彩版九　莫高窟341窟南壁西方净土变莲池局部

彩版一〇　莫高窟431窟上品中生、上品下生局部

1.前室西侧室西壁冬寿坐像

2.前室西侧室南壁冬寿夫人坐像

3.后室天井顶部莲花纹

4.冬寿坐帐两角的莲花纹

5.冬寿夫人坐帐两角的莲花纹

6.冬寿坐帐顶部莲花纹

7.冬寿夫人坐帐顶部莲花纹

8.前室和后室之间西起
第一柱东侧莲花纹

9.前室和后室之间西起
第二柱东侧莲花纹

10.前室和后室之间西起
第一柱正面兽面纹

彩版一一　冬寿墓莲花纹及兽面纹

彩版一二　青州龙兴寺卢舍那法界
人中像右肩胡人像

彩版一三　供养人及马驼粮食画面

彩版一四　长治黎城县出土胡人骑驼俑

彩版一五　南涅水造像中杂技百戏图

彩版一六　洛阳汉魏故城遗址
出土莲花化生瓦当

彩版一七　敦煌莫高窟
第220窟初唐化生童子

彩版一八　榆林窟第3窟西夏化生童子

彩版一九　敦煌莫高窟第16窟
甬道宋代莲花童子

彩版二〇　印度桑奇第一号塔浮雕上的椅子

彩版二一　西魏莫高窟
第285窟坐于绳床的僧人

彩版二二　五代莫高窟
第61窟坐于绳床的僧人

彩版二三　五代顾闳中
《韩熙载夜宴图》中的椅子

彩版二四　白沙宋墓夫妻对坐壁画

彩版二五　金三彩狮形器

彩版二六　金三彩狮形器

彩版二七　金三彩狮形器

彩版二八　金黄釉狮子莲花座

彩版二九　金黄釉狮子莲花座

彩版三〇　金三彩莲花座

彩版三一　金三彩僧人俑　　　　　彩版三二　金三彩僧人俑

彩版三三　金三彩僧人俑　　　　　彩版三四　金三彩菩萨俑

彩版三五　磁州窑素胎狮子莲花座

彩版三六　金代耀州窑青釉卧狮盏

彩版三七　三彩狮子莲花座

彩版三八　金三彩莲座女俑
（中国陶瓷琉璃馆藏）

彩版三九　磁州窑红绿彩文殊菩萨坐像

彩版四〇　磁州窑红绿彩普贤菩萨坐像

彩版四一　临朐县白龙寺遗址揭露出的建筑基址全貌

彩版四二　暗排水
沟上侧的明排水沟

彩版四三　柱础窝

彩版四四　垒砌精致的中心台子局部

彩版四五　墙体较宽厚的砖包台子墙体

彩版四六　人为铺垫的碎石块分布区

彩版四七　陶窑

彩版四八　烟台严因寺遗址发掘区全景

（由北向南拍摄）

彩版四九　烟台严因寺遗址发掘区全景

（由南向北拍摄）

1.龙兴寺窖藏出土东魏菩萨像　　　　　　　2.龙兴寺窖藏出土东魏三尊像

彩版五〇

1.高清照片　　　2.多图像三维重建模型　　　3.三维激光扫描模型　　　4.纹理映射模型

彩版五一

1.高清图版　　　　　　　　2.多图像三维重建模型　　　　图四　3.纹理映射模型

彩版五二

1.三尊像局部照片　　　　　　　　2.三尊像局部素模

彩版五三

彩版五四　片状翘起与剥落平光侧光效果对比

1.白色地子施金　　　　　　2.朱砂做底施金　　　　　　3.刷金胶后施金

彩版五五

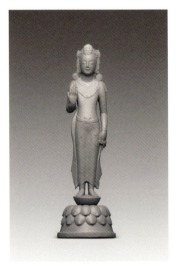

1.24号北齐菩萨　　　　　2.24号菩萨虚拟复原　　　　3.24号菩萨色彩复原

彩版五六

1.菩萨下裙照片　　　　　　2.菩萨下裙实物复原

彩版五七

编委会

主　任：孙　波

副主任：高明奎　孔胜利　董　博

委　员：李振光　吴志刚　吕承佳　郝导华

　　　　党　浩　崔圣宽　赛　民

主　编：李振光

副主编：衣同娟　李宝军　刘文涛

序

　　山东地区佛教造像以北朝时期最为繁盛，艺术水准也最高。其中，临朐是主要分布区之一。1999 年 4 月，临朐县石家河乡小时家庄修路时在村西河边发现了大量的石造像残块，同年 8 月，山东省文物考古研究所李振光和胡常春带队对相关区域进行了考古调查和勘探，确认这里是一处北朝时期的佛教寺院遗址（后期根据发掘与传说，将小时家庄发现的这处佛教建筑基址定名为"白龙寺遗址"）。

　　2001 年青州龙兴寺佛教窖藏造像在欧洲巡展，引起了欧洲史学界、考古界和美术界的广泛关注。2002 年 8 月，瑞士苏黎世大学东亚美术史系教师倪克鲁（Lukas Nickel）先生应邀到中国青州、诸城和临朐等地博物馆考察，至临朐时对小时家庄遗址出土的佛造像倍感兴趣，经过现场考察后，他提出与山东有关方面合作进行考古工作的意向。之后经过双方协商，与山东省文物考古研究所达成了对小时家庄遗址全面调查和深入研究的计划。

　　在中、瑞双方积极努力下，合作计划获得国家文物局批准。2003 年 9 月、2004 年 8～10 月，山东省文物考古研究所、瑞士苏黎世大学东亚美术史系、山东临朐山旺古生物化石博物馆合作对小时家庄遗址进行了考古调查、试掘和发掘，发掘面积 1160 平方米，清理出一座北朝时期的小型寺院，出土了一些石质和白陶、灰陶佛像残块，获得了一批陶、瓷片标本。经过双方努力，先后发表了多篇研究论文，特别是《临朐白龙寺遗址发掘报告》于 2015 年年底整理出版。

　　为配合发掘报告的出版，2017 年 8 月，山东省文物考古研究院在临朐召开了"北朝唐宋佛教与社会——山东临朐白龙寺遗址考古研讨会"，各方专家济济一堂，就相当广泛的议题展开了讨论与交流，大家的发言或是新材料的发现与研究，或是新方法新视角的开辟，精彩纷呈，多个议题都曾引起了大家共鸣，我想，大有所获是这次会议中每个与会者的深切感受（彩版一）。

　　承蒙各位专家惠允，会议共收到研究文章 21 篇，虽不能完全反映会议的全部学术成果和讨论的热烈程度，亦能呈现出近年来山东佛教考古新的进展。希望这或将启迪更多的学者参与其中，大力推进山东地区的佛教考古研究，故而将这些论文结集出版，以志其盛。

孙　波

2021 年 5 月 12 日

目　录

黄 石 崖

——佛教石窟在山东地区的传播

郑 岩 ★

黄石崖造像群位于今山东省济南市历下区西南螺丝顶山主峰西侧。螺丝顶又名罗袁寺顶、罗庵寺顶，海拔约 350 米。其东南连接撅子山，向东连接羊头山、平顶山。西北隔一山谷与千佛山相对，山谷间为市区南部的旅游路。

今济南市在北朝时期行政区划变动较大，《水经注·济水》："济水又东北，泺水入焉，水出历城县故城西南，泉源上奋，水涌若轮……城南对山，山上舜祠，山下有大穴，谓之舜井……其水北为大明湖，西即大明寺……"[1] 可知其城市核心区基本在今济南市区中心，黄石崖的造像区距离当时的市区不远。

在前人调查的基础上[2]，1995 年，李清泉与我曾数次调查该遗址，并对窟龛重新进行了编号[3]（图一）。结合 2016 年 3 月的复查，我在此做些补充讨论。

造像群分布在接近峰顶的一处断崖，距山脚直线距离约 500 米。这处断崖暴露在外的岩石为寒武系石灰岩质，青灰色偏黄，故得名黄石崖。断崖下部有一宽 3 ~ 5米的平台，造像区沿平台横向延伸约 35、高约 10 米。其偏东部有一天然岩洞，洞内雕刻造像。另有众多小龛分布在该洞东西两侧的崖面上。1995 年调查时，尚存 25 个小龛，加上天然岩洞内的造像，共有佛、菩萨像 86 尊[4]。

这一地带岩石疏松，造像完成以来可能有过多次塌落。常盘大定、关野贞刊布的遗址全景照片（图二）摄于 1921 年，当时山上植被不佳，尚能明显地看到造像

★　郑岩：北京大学艺术学院。

[1]　郦道元著，陈桥驿校正：《水经注校正》，中华书局，2007年，第209、210页。

[2]　〔英〕F. S. Drake, "The Wei Dynasty Sculptures of Yellow Stone Cliff in Shantung," *The China Journal*, vol.25, no.4, 1936, pp. 194-203. 荆三林：《济南黄石崖北魏石窟及摩崖造像》，《大众日报》1954年1月24日。荆三林：《济南近郊北魏隋唐造像》，《文物参考资料》1955年第9期，第22~39页。张鹤云：《济南石窟及摩崖造像》，《山东师范学院学报（人文版）》1957年第1期，第75~106页。张总：《山东历城黄石崖摩崖龛窟调查》，《文物》1996年第4期，第37~46页。〔日〕冈田健：《山东历城黄石崖造像》，《美术研究》第366期（1997年2月），第37~47页。

[3]　1995年调查的部分资料见李清泉：《济南地区石窟、摩崖造像调查与初步研究》，《艺术史研究（第2辑）》，中山大学出版社，2000年，第329~442页。

[4]　这个数据不含背光中的化佛和飞天，以及当时所见隐匿于崖面落石下的几尊小佛像。

图一　黄石崖造像区立面示意图
（李清泉绘）

图二　黄石崖远景

所在的区域有大片山岩脱落，大量碎石沿山坳倾泻而下。崖面原有一则刻经，前段
为大般若涅槃经《诸行无常偈》，后段出自《妙法莲华经》观世音名节文，现已不
存 [1]（图三）。还有一些造像记早年被盗凿。1996 年初，第 20、21、22、24 和 25 龛，
以及一个无造像的空龛塌毁。历史上山体的自然崩塌和人为破坏情况并无详细的记

　　　[1]　中国国家图书馆（原北京图书馆）藏有《大般涅槃经偈并造像四龛》拓本，编号善411-1。拓本有陆和
九（1883～1958年，北京琉璃厂庆云堂主）戊子（1948年）冬十月题跋，称原石已裂为三，此拓为断裂前的拓
本。据北图图版解说称，原石在黄石崖，后归潘祖荫（1830～1890年），今佚。见北京图书馆金石组编：《北京
图书馆藏中国历代石刻拓本汇编》第5册，中州古籍出版社，1989～1991年，第203页。张总认为，北图的定名仅
题为"大般若涅槃经偈"有误，其前面"诸行无常……"至"……常得无量乐"为经偈，其后"尔时无尽意菩
萨"至"观世音菩萨"实为《妙法莲华经·普门品》起首部分。见张总：《黄石崖的叹息》，《世界宗教文化》
1998年第3期，第33～36页。北京图书馆对于该刻经的定名，可能依据尹彭寿《山左六朝碑存目》、法伟堂《山左
访碑录》等早期著录。

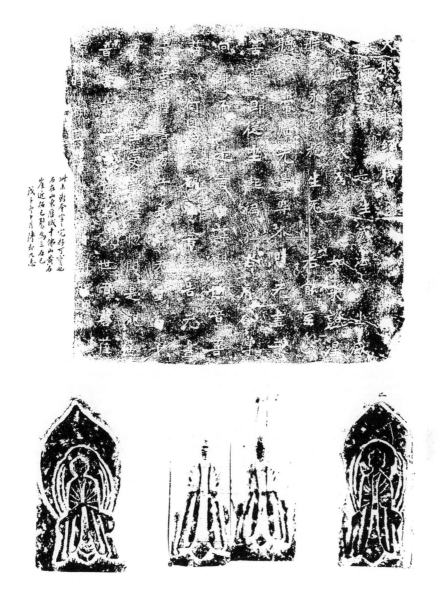

图三　黄石崖刻经拓本
（采自《北京图书馆藏中国历代石刻拓本汇编》第5册，第203页）

载，估计造像群原初的规模应该更大一些。

　　黄石崖现存造像题记 7 则，其中 5 则有纪年，最早的为北魏正光四年（523 年），最晚的为东魏兴和二年（540 年）。由此可知，这是山东地区最早的一处窟龛摩崖造像群。本文试图通过对于现有遗存的考察，尝试性地分析佛教石窟在山东地区早期传播的状况。

一

在黄石崖的两条造像记中，径称这处遗址为"石窟"。其 10 号龛中部的造像记云："大魏正光四年七月廿九日，法义兄弟姊妹等敬造石窟像廿四躯，悉以成就，历名提记。"（图四）又，靠近 17、18、19 三龛的造像记云："大魏孝昌三年（527年）七月十日，法义兄弟一百余人，各抽家财，于历山之阴，敬造石窟，雕刊灵像。"（图五）。

图四　黄石崖北魏正光四年法义兄弟姊妹等造像记
（采自《北京图书馆藏中国历代石刻拓本汇编》第4册，第147页）

魏收（507～572年）北齐天保二年（551年）所著《魏书》，称平城武州山和洛阳伊阙开凿的造像群为"窟""石窟""石窟寺"或"石窟佛寺"[1]。伊阙龙门石窟造像记可见"石窟"一词，如古阳洞北魏延昌三年（514年）张师伯等十四人造像记称"因石窟东崖造弥勒像一区"。杨大眼造像记云"路逞石窟，览先皇之明纵，睹盛圣之丽迹"[2]，可知"石窟"一名在中原出现较早。见于黄石崖这两条造像记的"石

---

[1] 如《魏书·显祖纪》：皇兴元年（467年）"秋八月……丁酉，行幸武州山石窟寺。"（《魏书》，中华书局，1974年，第128页）；《高祖纪》：太和四年七月，"戊申，幸武州山石窟寺"（《魏书》，第149页）；太和七年（483年）"五月戊寅朔，幸武州山石窟佛寺"（《魏书》，第152页）；太和八年（484年）"秋七月乙未，行幸方山石窟寺"（《魏书》，第154页）。《释老志》："和平初……县曜白帝，于京城西武周塞，凿山石壁，开窟五所，镌建佛像各一。"（《魏书》，第3037页）"景明初，世宗诏大长秋卿白整准代京灵岩寺石窟，于洛南伊阙山，为高祖、文昭皇太后营石窟二所。"（《魏书》，第3043页）。

[2] 刘景龙：《古阳洞——龙门第1443窟》附册，科学出版社，2001年，第74、66页。

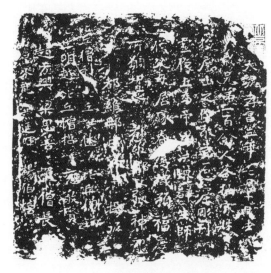

图五　黄石崖北魏孝昌
三年法义兄弟造像记
（采自《北京图书馆藏中国历代
石刻拓本汇编》第5册，第65页）

图六　黄石崖东魏元象二年乞伏锐造像记
（采自《北京图书馆藏中国历代石刻拓本汇编》第6册，第54页）

窟"一词，明确说明在造像者心目中，这处造像群与京畿地区的石窟性质相同。

　　黄石崖东魏元象二年（539年）车骑将军、左光禄大夫、齐州长史、镇城大都督、梃县开国男乞伏锐造像记称"敬造弥勒石像一堪（龛），依山营构，妙瑜神造"[1]（图六），既言明造像"依山营构"的特征，又以"龛"作为计量单位。而更多的造像记的重点则在于强调造像本身，如孝昌二年（526年）"元氏法义卅五人敬造弥勒像一躯"、北魏建义元年（528年）"王僧欢敬造尊像一躯"、东魏元象二年（539年）"姚

　　　　[1]　《续修历城县志》《济南金石志》《八琼室金石补正》等文献有录文，原题记今已不存。拓片见北京图书馆金石组编：《北京图书馆藏中国历代石刻拓本汇编》第6册，第54页。该造像记于清光绪甲午年（1892年）为帖贩李剩仔凿残，见陶良锦：《魏齐州长史乞伏锐造像记跋》，《国学汇编》第2册，齐鲁大学国学研究所，1934年，第22页。张总：《黄石崖的叹息》，第34页。

敬遵敬造弥勒像一躯"、东魏兴和二年（540年）"赵胜、习仵二人敬造弥勒石像三躯"和"乔伏香敬造释迦像一躯"（见图四左侧）等。这些造像记将"石窟""龛"和"像"等不同的概念联系在一起，彼此共存，互不冲突。有趣的是，这些概念也表现于施工、制作的过程中。

二

林仰山（F. S. Drake）认为，天然岩洞（2号窟）中的造像即是正光四年法义兄弟造像记所说"敬造石窟像廿四躯"[1]。李清泉也持同样观点[2]。常盘大定则认为这处大洞内的造像为孝昌三年法义兄弟一百余人造。考虑到正光四年题记在黄石崖最早，它与大洞内的造像在刊刻时，周围可能尚无其他造像，故二者的联系应是可以成立的。

然而，即使是这个号称"石窟"的岩洞，也只是山体一处自然的裂隙（图七），与中原地区严格意义的石窟不可同日而语。岩洞内面积十分有限，工匠只是在对地面和两壁进行了少许修整，其总体仍保留着自然的外形，如梭形的洞口和外宽内窄的不规则平面（图八）。

图七　黄石崖大洞
（郑岩摄影）

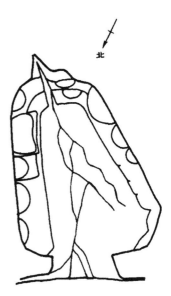

图八　黄石崖大洞平面图
（张总绘图，采自《文物》1996年第4期，第38页图2）

[1] F. S. Drake, "The Wei Dynasty Sculptures of Yellow Stone Cliff in Shantung," pp. 198–199.

[2] 李清泉：《济南地区石窟、摩崖造像调查与初步研究》，《艺术史研究（第2辑）》，中山大学出版社，2000年，第438页，注43。

　　与这处天然岩洞的粗陋形成鲜明对比的是，2 号窟内造像的雕造十分精细。洞内东西两壁共雕有 24 躯佛与菩萨像。东壁下部雕出高约 20 厘米基台，台上雕刻一坐一立两身佛像和三身菩萨像，高度在 90 ～ 150 厘米（图九～一一；彩版二、三）。西壁造像下部亦雕出高约 20 厘米的基台，其上刻一立佛和二菩萨，佛像高 160、两胁侍菩萨高约 120 厘米（图一二；彩版四）。其右侧上下排列众多小佛像（图；彩版五）。洞内大型造像的风格精妙华丽，已呈现出"秀骨清像"特征。如东壁较大的坐佛内着僧祇支，袈裟右肩的垂带绕至左肘外，右腿压左腿，露右足，身下为华丽的悬裳座。菩萨长裙拖地，与佛像一样，其身体外形皆呈上紧下宽的喇叭形，富有节奏感的线条流水一般，极为优雅。造像直刀、斜刀和圆刀并用，转换自如，技法相当娴熟。

图九　黄石崖大洞东壁五身造像

（郑岩绘图）

　　但是，这些造像与洞窟的结构并未产生有机的关联。东壁的佛像和菩萨像可以看作以两尊佛像为中心的两组一铺三身像，中央的一尊菩萨为左右两铺"共用"。两尊佛像有舟形大背光，头光中装饰忍冬纹，内侧一铺的头光以上还有两身化佛和五身飞天，进一步强化了舟形背光的外形。也许是因为原有的设计体量难以改变，工匠不得不减少一身菩萨像，以适应洞窟有限的深度。

图一〇　黄石崖大洞东壁外区造像
（郑岩摄影）

图一一　黄石崖大洞东壁内区造像
（郑岩摄影）

图一二　黄石崖大洞西壁内区造像
（郑岩摄影）

图一三　黄石崖大洞西壁外区造像
（郑岩摄影）

　　西壁的一佛二菩萨也明显地保留了舟形背光三尊像的特征，背光的顶部刻有双龙、博山炉、飞天等。为了保持其结构的完整，背光的顶部甚至没有回避岩石上一道横向的裂隙。这三铺造像总体上遵循了舟形背光三尊像的结构和体量，仿佛预先制作的三组舟形背光三尊像，被生硬地"镶嵌"在洞窟两壁。与三尊像内部结构的严密不同，在东西两壁的顶上，尚遗留有大片空白。东壁内部一铺造像的飞天右侧有两身小佛像，西壁三尊像的外侧因为空间有限，无法雕造大型造像，便雕刻了十余尊小佛像。这些上下布列的小像或立或坐，较为随意而杂乱，与大像形成鲜明的对比，其高浮雕的手法也显得较为突兀，一尊尊佛像仿佛"粘贴"在壁面上。

　　李清泉敏锐地注意到，洞窟两壁大型的三尊像与青州西王孔庄北魏正光六年（525年）张宝珠造像（图一四）的风格十分相似[1]。进一步讲，我推测当时的赞助人可能直接雇用当地善于雕凿舟形背光三尊式造像的工匠来完成这处石窟工程。这

图一四　青州西王孔庄北魏正光六年张宝珠造像
（采自《山东省博物馆馆藏精品》，山东友谊出版社，2008年，第295页）

---

　　[1]　李清泉：《济南地区石窟、摩崖造像调查与初步研究》，《艺术史研究（第2辑）》，中山大学出版社，2000年，第432页。

些工匠没有建造石窟的经验，但却擅长于雕造佛像，所以只能将所擅长的舟形背光三尊式造像移用到石窟中，而难以从整体上处理和考虑洞窟本身的结构。

在这个天然岩洞以外的大量小龛造像的情况也是如此。除了 1 号龛位于大洞东侧，其余 24 个小龛散乱地分布在大洞以西（图一五；彩版六），最大的高 140、小的高 27 厘米。小龛内有的雕刻一佛二菩萨，有的雕刻多佛并立或并坐，有的单刻一佛或一菩萨，在 14、20 和 25 号龛上部还雕刻飞天。如上所述，在孝昌三年造像记中，这些崖壁上的小龛也被称作"石窟"。

图一五　黄石崖北朝小龛造像
（郑岩摄影）

借助于自然劈裂的山体，这些所谓的石窟省去"斩山"的步骤[1]，节约了大量人工。当时可能只对于断崖的下部进行了少许修整，形成便于施工和观瞻的平台[2]。在极不规整的崖面上，造像者尽可能地寻找一些局部平整的部位开龛，而没有对山崖的立面进行全面整修。这些小龛极浅，大多是舟形和圆拱形，如李清泉所言，"龛形上大量使用舟形龛实际是对单体铜、石造像举身大背光的模仿"[3]，或者说，当时可能直接雇用了雕造可移动式造像的石匠来从事这份新的工作。

可以与黄石崖小龛像进行对比的是江苏连云港孔望山造像[4]。孔望山可能是一

---

[1]　《魏书·释老志》："景明初，世宗诏大长秋卿白整准代京灵岩寺石窟于洛南伊阙山，为高祖、文昭皇太后营石窟二所。初建之始，窟顶去地三百一十尺。至正始二年（505年）中，始出斩山二十三丈。至大长秋卿王质，谓斩山太高，费功难就，奏求下移就平，去地一百尺，南北一百四十尺。"（《魏书》，第3043页）

[2]　此外，荆三林还谈到，黄石崖断崖的上部，"有很多排列整齐的石洞眼，可以证明在最初造像的前面是有木构建筑物的"（荆三林：《关于济南近郊北魏隋唐造像的补充意见》，《文物参考资料》1956年第3期，第61页）。关于这个问题，还有待于更细致的考察。

[3]　李清泉：《济南地区石窟、摩崖造像调查与初步研究》，《艺术史研究（第2辑）》，中山大学出版社，2000年，第432页。

[4]　中国国家博物馆田野考古研究中心等：《连云港孔望山》，文物出版社，2010年。

处与早期道教有关的东汉遗址，虽然其造像的技术与汉代丧葬建筑中的画像石极为类似，但这些造像在雕造时，皆力求与自然的山岩融为一体，二者构成了一种整体性的视觉景观[1]。这种结构性的联系不见于黄石崖，后者似乎只是将山岩看作造像的载体，而不重视二者形式或意义上的关联。

黄石崖刻经原来的位置不详，估计也雕刻在大洞以外的崖面上。从保存下来的拓片看，经文为正书，高 38、宽 41 厘米，12 行，满行 13 字。下附四躯小型佛像，像高 42、宽 19 厘米。这一刻经虽无具体的纪年，但从字体风格看应与造像的年代比较一致，即在北魏晚期到东魏早期。这可能是山东地区年代最早的一处摩崖刻经。经文的刊刻中规中矩，形式与崖面所见的诸多造像记无异。山东地区在北朝晚期出现了形式多样的刻经，或字形巨大，或与山体的景观密切关联[2]。但就黄石崖所见的这处刻经而言，工匠们还没有找到一种独特的形式，来表现这种与造像记性质不同的文本。这些刻经与造像刻在一起，似乎也说明当时的赞助人是将刻经与造像看作同样的功德。

山东地区石刻艺术渊源深厚，在汉代即盛行画像石，秦汉碑刻的数量也极为可观，但就佛教艺术而言，这里却不是造像和刻经的发源地。山东最早的佛教寺院为京兆人竺僧朗在前秦皇始元年（351 年）创建的朗公寺[3]，但石窟造像则迟至 523 年才出现。在此之前，北魏和平元年（460 年）云冈石窟已开始在平城的武州山开凿，太和（477～499 年）年间在洛阳伊阙开凿的古阳洞则标志着龙门石窟的肇始[4]。这些位于都城附近的大型皇家工程，在素无偶像崇拜传统的中国，以史无前例的规模在世人面前展现出一种全新的视觉奇观，不难想见其影响力之巨大和深远。所以，此前的研究者多强调黄石崖造像与中原的联系[5]，是合乎历史事实的。

另一方面，我们也要看到，虽然石窟本身传入山东的时间较迟，但金铜造像和

[1]　对于孔望山的讨论，见郑岩：《逝者的面具——汉唐墓葬艺术研究》，北京大学出版社，2013年，第50、51页。

[2]　雷德侯：《山东佛教石经·山东省·第一卷》，中国美术学院出版社，2014年。

[3]　朗公事迹见于《魏书·释老志》、北魏崔鸿《十六国春秋》卷四十二、北魏郦道元《水经注》济水二、梁释慧皎《高僧传》等多种文献，其中《高僧传》卷五《晋泰山昆仑岩竺僧朗》所记尤为详细，见梁释慧皎撰，汤用彤校注《高僧传》，中华书局，1992年，第190、191页。

[4]　古阳洞的开凿时间有太和二年、七年、十二年等不同的说法，有关综述见刘景龙：《古阳洞——龙门第1443窟》，附册，第94页。

[5]　如张鹤云认为黄石崖造像“代表着石窟造像艺术于北魏末叶自洛阳向东发展的一支”（张鹤云：《济南石窟及摩崖造像》，第78页）。刘凤君将黄石崖看作“龙门风格向东传播直接影响的结果”（刘凤君：《论青州地区北朝晚期石佛像艺术风格》，《山东大学学报（哲社版）》1998年第3期，第115～120转56页，引文见第117页）。李清泉也指出，黄石崖“较龙门石窟晚起二十余年，其时正值龙门风格的繁荣时期，故，不仅开窟风气原出有自，而初期风格受龙门影响，也是信而有征的”（李清泉：《济南地区石窟、摩崖造像调查与初步研究》，《艺术史研究（第2辑）》，中山大学出版社，2000年，第431页）。

各种体量的单体石造像早已出现于山东[1]。北魏时期历城的佛寺已比较兴盛，见于文献记载的有朗公寺、丹岭寺、衍草寺、大明寺等[2]。国家图书馆藏有传出济南历城的太和七年（483 年）崔承宗妻杨淑妃造释迦像记拓本[3]。2003 年济南老城县西巷发掘的北宋地宫中，出土不少北朝石造像，最早的纪年为东魏武定八年（550 年）[4]，与黄石崖的纪年范围相差不大。鉴于这种情况，在指出齐地石窟摩崖造像受到中原影响的同时，李清泉也强调山东地区固有的造像风气与黄石崖的联系[5]。在此基础上，我主张进一步注意石窟造像的营造方式和传播方式的研究。

三

中原佛教石窟对齐州的影响，首先是石窟概念本身的传播和变化。石窟的发展有其过程，如云冈石窟第一期（460 ～ 465 年）昙曜五窟（16 ～ 20 窟）的重点在于雕造大像，马蹄形和椭圆形窟虽可解释为对于草庐的模拟，但实际上只是勉强能够容纳造像的一个空间。在第二期，即文成帝去世到孝文帝迁都洛阳之前时期（465 ～ 494 年），云冈的洞窟转变为"建筑"概念先行，如7、8 窟为前后室的多层壁龛窟，1、2 窟则是中心柱窟，大量的造像被安置在一个精心设计的建筑空间之中。北魏龙门的古阳洞、宾阳洞，巩县北魏石窟等，仍是沿着这个方向发展。黄石崖正光四年法义兄弟姊妹造像题记提到"敬造石窟像廿四躯"，重点在于"像"，而非作为"建筑"的"窟"。所以，一个天然的岩洞即可勉强充任"石窟"的角色，

[1]　这一地区现知纪年最早的鎏金铜造像为美国华盛顿弗利尔美术馆（Freer Gallery of Art）藏刘宋元嘉二十八年（451 年）刘国之造弥勒像（松原三郎：《中国仏教雕刻史论》，〔日〕吉川弘文馆，1995年，图版18、19。李玉珉：《山东早期佛教造像考——刘宋至北魏时期》，《故宫学术季刊》第21卷第3期，2004年，第1～79页，特别是第13、14页）。北朝造像则以博兴县龙华寺遗址出土王上造释迦多宝像（李少南：《山东博兴龙华寺遗址调查简报》，《考古》1986年第9期，第813～821页）、落陵委造观世音像（李少南：《山东博兴出土百余件北魏至隋代铜造像》，《文物》1984年第5期，第23页，图3）和惠民县沟盘河出土妻刘造弥勒像（山东省文物管理处、山东省博物馆：《山东文物选集（普查部分）》，文物出版社，1959年）最早，这三件造像的纪年均为北魏太和二年（478年）。山东境内现存有明确纪年的石造像，以山东博物馆藏传黄县出土北魏皇兴三年（469年）赵璚造弥勒菩萨像最早，但其真伪尚有待讨论。临沂市博物馆征集的太和元年（477年）纪年的三尊像（冯沂：《山东临沂发现北魏太和元年石造像》，《文物》1986年第10期，第96页）真伪也值得怀疑。可靠的早期石造像是山东博物馆所藏神龟元年（518年）孙宝憙造三尊像，该像已残，完整的照片见Osvald Sirén, *Chinese Sculpture from the Fifth to the Fourteenth Century*, vol. 2, pl. 159, London: Ernest Benn, Limited, 1925.

[2]　详李玉珉：《山东早期佛教造像考——刘宋至北魏时期》，第9页。郦道元著，陈桥驿校正：《水经注校正》，第210页。唐段成式《酉阳杂俎》前集卷十二记历城县有太和间所造魏明寺，见本社编：《唐五代笔记小说大观》，上海古籍出版社，2000年，第641页。

[3]　北京图书馆金石组编：《北京图书馆藏中国历代石刻拓本汇编》第3册，第15页。

[4]　高继习、刘斌、常祥：《济南"开元寺"重考》，《春秋》2006年第5期，第49、50页。

[5]　李清泉：《济南地区石窟、摩崖造像调查与初步研究》，《艺术史研究（第2辑）》，中山大学出版社，2000年，第432、433页。

但是对于造像的质量却毫不含糊。实际上，龙门古阳洞也是在一处自然溶洞的基础上扩凿而成的，可见利用天然石洞以减少工时，是颇为顺理成章的选择，只不过可能限于财力和认识上的差别，黄石崖的大洞未再作进一步的扩展，而将重心转移到对造像的精雕细琢上。

《魏书》所言"窟""石窟"或"石窟寺"，皆是指云冈或龙门石窟群的整体。前引张师伯、杨大眼造像记所说的"石窟"则特指龙门古阳洞这一个大窟。此外，古阳洞北魏太和〔廿〕二年（498年）比丘慧成造像记云"比丘慧成自以影濯玄流，邈逢昌运，率竭诚心，为国造石窟"[1]，其中所言"石窟"仅指比丘慧成所做的一个较大的龛。由此可知，那些在云冈、龙门及巩县所见附丽于大窟中的各种规模的龛，有时也被看作"石窟"。因此，孝昌三年法义兄弟一百余人造像记称散布在断崖上的小龛为"石窟"。这些小龛完全不具有"建筑"的意义，也没有像皇家石窟那样严格按照"斩山—开窟—造像"的程序逐一展开，但是，这些小龛在自然劈裂的山崖上"依山营构"（乞伏锐造像记），其总体视觉效果与严格意义上的石窟群颇为相近。

造像的传播情况较为复杂。金铜造像便于携带，可以直接从外地带入，如北魏时期僧意住齐州朗公寺时，"寺有高骊像、相国像、胡国像、女国像、吴国像、昆仑像、岱京像，如此七像并是金铜，俱陈寺堂"[2]。石造像因为体量较大，则相对不易直接流传，即使可能有少数造像被长途搬迁，数量也不会太大，更大的可能性是工匠的迁徙或粉本的流传。近年来博兴等地出土的大量白陶造像，是利用其他材质对于河北曲阳白石像的模仿[3]。通过上文的分析可以认定，一些熟悉制作可移动性的石造像的当地工匠主导了黄石崖造像的施工，这是不同形式的造像之间又一种有趣的对接与转换方式，也在一定程度上反映了人们对于中原皇家石窟的认识与理解。在石窟传播过程中，有些观念会延续下来，有的则会弱化或消失（如与空间相关礼拜仪式等）。诚如许多造像记所反映的，这些造像和刻经侧重于奉献行为本身，而非造像完成后服务于特定仪式的功能。至于皇家石窟所隐含着的政治目的，在这些小型的造像群中也消失殆尽。

在前后约二十年的时间内，黄石崖聚合了不同的社会群体。所谓"法义兄弟姊妹"，属于民间结社的信众[4]，其中正光四年来此地造像的"法义兄弟姊妹"包括刘、

---

[1] 刘景龙：《古阳洞——龙门第1443窟》，附册，第55页。

[2] （唐）释道宣：《续高僧传》卷二十五《魏太山朗公谷寺释僧意传十一》，见高楠顺次郎、渡边海旭监修：《大正新修大藏经》，〔日〕大正一切经刊行会，1924～1934年，第50卷，第647页。

[3] 张淑敏、肖贵田主编：《山东白陶佛教造像》，文物出版社，2011年。

[4] 颜尚文：《北朝佛教社区共同体的法华邑义组织与活动——以东魏〈李氏合邑造像碑〉为例》，《中华佛学学报》第10期（1996年），第233～247页。

王、胡、呼延、贾、孙、赵、张、白、石等不同的人士。据林仰山统计，该题记中提到的捐资人有 17 男、18 女，有 4 位男子和 2 位女子与都维那有关[1]。带有都维那称谓的，有些是僧人，有些是世俗的邑义组织内部人士援引僧职的名号[2]。

　　25 号龛的孝昌二年造像记功德主中有邓恭伯和崔令姿的名字。据 1965 年济南东郊圣佛寺村出土东魏天平五年（538 年）崔令姿墓志铭可知，崔令姿属望族清河崔氏，武泰元年（528 年）卒[3]。志盖称其丈夫邓恭伯为大魏征北将军、金紫光禄大夫。刘凤君、张总认为，乾隆《历城县志·金石考》所载济南东南郊龙洞后门东魏天平四年（537 年）造像记提到的"征北将军、金紫光禄大夫（后残）"可能即邓恭伯[4]。

　　荆三林、张鹤云指出，龙洞这条造像记中提到的"□州长史"乞伏锐，与黄石崖元象二年"车骑将军、左光禄大夫、齐州长史、镇城大都督、梃县开国男乞伏锐"造像记（见图六）的像主也是同一人[5]。

　　荆三林指出，正是这些来自京都洛阳的齐州长史、车骑将军及魏郡丞等人，将龙门的石窟造像带到了黄石崖[6]。此外，如上所述，乞伏锐和邓恭伯等人的造像活动，还将位于济南近郊的两处北朝石窟联系在一起。无独有偶，龙洞的造像与黄石崖一样，也以弥勒题材为主，而且同样雕刻在天然的洞穴中和未经加工的岩壁上[7]。在济南地区隋唐时期其他地点规模不大的摩崖窟龛造像，这种方式也在很大程度上延续了下来。由这个角度，可以看到佛教石窟在山东地区传播的过程中黄石崖的意义之所在。

　　原载雷德侯总主编：《中国佛教石经·山东省·第三卷》，中国美术学院出版社，2017 年，第 11 ～ 26 页。此次重刊略有修订。

---

[1]　F. S. Drake, "The Wei Dynasty Sculptures of Yellow Stone Cliff in Shantung," p.199.

[2]　如东魏李氏合邑造像碑中有"都唯那"16 人，"大都唯那"1 人，"唯那"34 人，见颜尚文：《北朝佛教社区共同体的法华邑义组织与活动——以东魏〈李氏合邑造像碑〉为例》。

[3]　王建浩、蒋宝庚：《济南市东郊发现东魏墓》，《文物》1966 年第 4 期，第 56 ～ 58 页。

[4]　刘凤君：《山东地区北朝佛教造像艺术》，《考古学报》1993 年第 3 期，第 290 页注释 1。张总：《山东历城黄石崖摩崖龛窟调查》，第 45、46 页。

[5]　荆三林：《济南近郊北魏隋唐造像》，第 25、26 页。张鹤云：《济南石窟及摩崖造像》，第 78 页。

[6]　荆三林：《中国石窟雕刻艺术史》，人民美术出版社，1988 年，第 74 ～ 75 页。

[7]　Osvald Sirén, Chinese Sculpture from the Fifth to the Fourteenth Century, vol. 3, pl. 356–360. 李清泉：《济南地区石窟、摩崖造像调查与初步研究》，《艺术史研究（第 2 辑）》，中山大学出版社，2000 年，第 332 页，图 2。龙洞的岩洞为喀斯特溶洞，见赵建：《山东喀斯特景观旅游资源及其开发与利用》，《中国岩溶》2003 年第 4 期，第 324 ～ 331 页。

北朝至初唐的九品往生图像研究

陈粟裕 ★

一 西方净土变与莲花化生图像

自建弘元年（420 年）甘肃永靖炳灵寺 169 窟的观无量寿佛像龛营造以来，从北朝至隋末唐初，各地石窟广为造像供养，亦有大量泥石、金铜阿弥陀佛像流传于世。有唐一代，对阿弥陀佛的塑造更是极为兴盛。以《佛说阿弥陀经》《佛说无量寿经》《佛说观无量寿佛经》（以下简称《阿弥陀经》《无量寿经》《观无量寿经》）这俗称净土三经的典籍绘制的净土变相，从北朝到唐末，甘肃天水麦积山、四川成都、河南安阳小南海石窟、河北邯郸南响堂山石窟、甘肃敦煌莫高窟、四川大足北山、仁寿牛角寨等处均有壁画或浮雕的表现方式。长期以来，对于以净土三经为主题绘制的西方净土变形成了颇为绵密的研究体系，大量学者从图本来源、结构表现、画面细节、区域性西方净土变研究等方面进行了探讨[1]。

根据净土三经制成的西方净土变主要表现的是阿弥陀世界的庄严净土，其图像学上的标志性特征即是莲池化生的场景。据《阿弥陀经》载：

> 极乐国土有七宝池，八功德水充满其中，池底纯以金沙布地。四边阶道，金、银、琉璃、颇梨合成。上有楼阁，亦以金、银、琉璃、颇梨、车渠、赤珠、马瑙而严饰之。池中莲花，大如车轮，青色青光，黄色黄光，赤色赤光，白色白光，微妙香洁[2]。

在这段文藻华美的叙述中，极陈七宝池之美，大如车轮的莲花盛开其上。但是在《阿弥陀经》1858 字的叙述中并没有莲花化生的场景。而在《无量寿经》中则

★ 陈粟裕：中国社会科学院世界宗教研究所。

[1] 关于西方净土变的研究成果非常丰富，如孙修身：《敦煌石窟中的〈观无量寿经〉变相》载《敦煌石窟研究国际讨论会文集：石窟考古编》，辽宁美术出版社，1990年，第215页。宁强：《从"偶像崇拜"到"观想天国"——论西方净土变相之形成》，敦煌研究院编：《段文杰敦煌研究五十年纪念文集》，世界图书出版公司北京分公司，1996年，第146页。王惠民：《敦煌净土图像研究》，中山大学博士论文，2000年。施萍婷主编：《敦煌石窟全集 阿弥陀经画卷》，商务印书馆，2002年。张建宇：《敦煌净土变与汉画传统》，《民族艺术》2014年第1期，第131～137页等。

[2] （姚秦）鸠摩罗什译：《佛说阿弥陀经》，《大正藏》第12册，第346页下栏。

详细记录了往生西方净土的标准与法门：三辈往生。按此经的记载，发心净土的沙门、做诸功德的普通人、专一念佛不生疑惑的普通人，虽然层次不同，但均有往生西方净土的资格。在对上辈往生的描述中有"即随彼佛往生其国，便于七宝华中自然化生，住不退转，智慧勇猛，神通自在。"[1]的语句。显然在此部经典提供了往生西方净土的方式：于七宝华中自然化生。

化生为卵生、胎生、湿生、化生，四生之一。在唐以前的典籍中，化生的范围较广，龙、迦楼罗均有化生[2]，甚至"所谓诸天、大地狱、饿鬼、若人、若畜生，是谓名化生"[3]。而莲华化生一词在《无量寿经》翻译之前，即已有使用，如鸠摩罗什所译的《妙法莲华经》(《法华经》)中既有记载："若生人天中，受胜妙乐，若在佛前，莲花化生。"[4]《佛说华手经》再："菩萨有四法，转身当作善来比丘，终不受胎，莲华化生，既于现身续增寿命。"[5] 显然，莲华化生，是化生中特殊的一种方式。天人从莲花中诞生始于印度，在中国中古时期的佛教图像中，有两种表现方式，一类是莲花直接化成天人，一类是莲花经过变化生的阶段变为天人[6]。但是，西方净土变的绘制与早期化生图像有所不同。这一图像从初唐到出土有什么特点？体现了什么样的观念？我们可以从北朝到初唐的图像中进行探究。

二　北朝时期的莲池化生与九品往生图像

甘肃天水麦积山石窟127窟右壁龛上的西方净土变（图一；彩版七）绘制于西魏时期，被认为是现存最早的西方净土变，画面中阿弥陀佛居中说法，楼阁、宝树俱全，众多听法人物有序而立，佛前两排伎乐正在演奏乐器，当中四位舞伎围绕建鼓起舞。在画面的一角、楼阁之外，绘有七宝莲池，由于画面残破，隐约能看到莲池中有童子活动。1953～1954年四川成都万佛寺出土的造像碑（入藏四川博物院后编号为川博1号造像碑，以下简称川博1号碑）正面为双菩萨立像，背后浮雕说法图[7]与法华

---

[1] （曹魏）康僧铠译：《佛说观无量寿经》，《大正藏》第12册，第272页中栏。

[2] （后秦）佛陀耶舍共竺法护译：《长阿含经》卷19，"第四分世记经龙鸟品第五"，《大正藏》第1册，第127页。

[3] （东晋）瞿昙僧伽提婆译：《增一阿含经》卷17，《大正藏》第2册，第632页上栏。

[4] （姚秦）鸠摩罗什译：《妙法莲华经》卷4，《大正藏》第9册，第35页上栏。

[5] （姚秦）鸠摩罗什译：《佛说华手经》卷9，《大正藏》第16册，第196页中栏。

[6] 参见〔日〕吉村怜著，卞立强译：《天人诞生图像研究》，上海古籍出版社，2009年。

[7] 关于此碑背后的图像，尚存争议，早期学者们根据莲池化生的图像，将上半部分判断为西方净土变，李静杰在《四川南朝浮雕佛传图像考察》一文中认为此图表现的是祇园精舍说法图，由于此图的题材尚在讨论中，故而称为说法图像。参见王静芬：《四件四川佛教石雕和净土图像在中国的起源》，《敦煌研究》2002年第1期，第34～43页。李静杰：《四川南朝浮雕佛传图像考察》，《石窟寺研究（第一辑）》，文物出版社，2010年，第100～118页。

图一　麦积山127窟西方净土变

经变相。上半部的说法图中，莲池占了相当大的比重，如同水渠状将说法的主尊与下方歌舞台榭与其他场景分割开来。莲池中荷叶繁密、莲花盛开，水池中的化生人物或是在游泳其中，或是上身露于水面，具种种形态。万佛寺佛教造像纪年作品的上限为宋元嘉二年（425年），下限为唐元和十年（815年）[1]，作品多集中在梁武帝普通至中大同（520～547年）年间，川博1号碑的造像风格与南梁时的作品一致，当为此期的作品。

　　川博1号碑的说法图绘制有较为清晰的莲池化生的场景，加上万佛寺亦有不少齐、梁间的无量寿佛造像、观音菩萨造像的出土，说明了南朝信奉西方净土的思想传播到了四川。甚至《观无量寿经》的译者畺良耶舍就曾游历蜀中[2]："元嘉十九年（442年）西游岷蜀，处处弘道，禅学成群。"但是现存的、根据畺良耶舍所译的《观无量寿经》中提出的九品往生观绘制的图像，则是在近一百年以后。

　　《观无量寿经》一文中用大段的篇幅详细叙述了九品往生的标准、迎接的规格以及莲花化生的方式。具体内容参见表一。

　　从表一中可以看到，从上品中生到下品下生，莲花化生的形式分为四种：坐于金刚台上、坐于莲台上，坐于莲花之上、居于闭合莲花之中。这四种化生方式我们可以在安阳小南海石窟中窟（图二、三）看到，李裕群在《关于安阳小南海石窟的几个问题》[3]一文中对小南海中窟西壁的十六观题材进行了考释，辨析了其中可以识读的9则题记。仔细考察画面，莲池化生的场景位于西方三圣的头光上方，一侧绘有宝树与云上楼阁，莲花、莲叶均为直立，起伏错落有致，艺匠处理九品往生的方式非常精细，具体形态参见表二。

　　[1]　参见李裕群：《四川南朝造像的题材与北方石窟的关系》，《四川出土南朝佛教造像》，中华书局，2013年。

　　[2]　参见（梁）慧皎撰：《高僧传》卷三"畺良耶舍"，《大正藏》第五十册，第343页下栏。

　　[3]　李裕群：《关于安阳小南海石窟中的几个问题》，《燕京学报》1999年5月，第161～181页。

表一

九品往生	接迎方式	化生方式
上品上生	阿弥陀如来与观世音及大势至，无数化佛，百千比丘，声闻大众，无量诸天，七宝宫殿，观世音菩萨执金刚台，与大势至菩萨至行者前。自见其身乘金刚台，随从佛后，如弹指顷，往生彼国。	生彼国已，见佛色身众相具足，见诸菩萨色相具足。（无化生）
上品中生	阿弥陀佛与观世音及大势至，无量大众，眷属围绕，持紫金台至行者前。	行者自见坐紫金台，如一念顷，即生彼国七宝池中。此紫金台如大宝花，经宿即开。（坐紫金台）
上品下生	阿弥陀佛及观世音并大势至，与诸眷属持金莲华，化作五百化佛，来迎此人。	即自见身坐金莲花。坐已华合，随世尊后，即得往生七宝池中。一日一夜莲花乃开。（坐金莲华）
中品上生	阿弥陀佛与诸比丘，眷属围绕，放金色光至其人所。	自见己身坐莲花台，长跪合掌为佛作礼。未举头顷即得往生极乐世界，莲花寻开。（坐莲台）
中品中生	见阿弥陀佛与诸眷属放金色光，持七宝莲花至行者前。	行者自见坐莲花上，莲花即合，生于西方极乐世界。在宝池中，经于七日莲花乃敷。（化生于闭合莲华内）
中品下生	寻即命终，譬如壮士屈伸臂顷，即生西方极乐世界。	生经七日，遇观世音及大势至，闻法欢喜得须陀洹。过一小劫，成阿罗汉。
下品上生	即便命终。乘宝莲花，随化佛后。	生宝池中，经七七日莲花乃敷。（化生于闭合莲华内）
下品中生	地狱猛火化为凉风，吹诸天华。华上皆有化佛菩萨，迎接此人。	如一念顷，即得往生七宝池中莲花之内，经于六劫，莲花乃敷。（化生于闭合莲华内）
下品下生	命终之时见金莲花，犹如日轮，住其人前。	如一念顷，即得往生极乐世界。于莲花中满十二大劫，莲花方开。（化生于闭合莲华内）

表二

榜题	图像细节
上品往生	莲花底金刚台座上，一童子结跏趺坐，下方有云彩相承。
上品中生	莲台花瓣下垂，莲台上有童子结跏趺坐。
上品下生	莲花盛开，露出其中童子的上半身及双臂。
中品上生	莲台花瓣下垂，莲台上有童子面向"上品往生"跪拜。
中品中生中品下生	两朵盛开莲花，其中童子仅露出头部。
下品往生	为两朵莲蕾，内有蜷缩的童子。

图二　小南海石窟中窟西壁九品往生之一

图三　小南海石窟中窟西壁九品往生之二

可见雕凿此窟的艺匠在尽量贴合经文上的记载，利用莲花开敷的形态表现九品往生的品级。

近似的图像在小南海东窟西壁上也有表现，同样也是在西方三圣的头光上方，画面中并无榜题，可以看到胡跪于金刚台座上、在金刚台上跪拜，结跏趺坐于莲台上、站立在莲蓬上、在莲蕾中跪拜合十的童子。与中窟九品往生的当为同一个底本。

根据小南海中窟窟门上的《方法师镂石板经记》，可知此窟凿建于北齐天保六年（555年），为云门寺僧方法师、云阳公子林率诸邑人始创，天保六年僧稠禅师重营而成[1]。窟中的图像明确体现了禅僧观禅的禅法[2]。九品往生图像则是对应着

[1]　李裕群：《关于安阳小南海石窟中的几个问题》，《燕京学报》1999年5月，第161～181页。

[2]　参见颜娟英：《北齐禅观窟的图像考——从小南海石窟到响堂山石窟》，《美术与考古》下册，中国大百科全书出版社，2005年，第500～570页。

十六观中的"上辈观""中辈观""下辈观"。观想无量寿佛在南北朝时期是禅僧常见的修行方式，《观无量寿经》则具体到对西方净土的十六种观想方式，"上辈观""中辈观""下辈观"则是十六观中的最后三观。在画面之中，虽然根据《观无量寿经》的记载，对九品往生进行了表现，但是刻画的目的与重点依然是观禅而不是往生的品级和方式。

与小南海石窟的西方净土图像相近的还有现藏于美国华盛顿弗利尔博物馆的西方净土变浮雕，画面下部为莲池，化生童子活动于宝池之中，荷叶、莲花之上，水池上方为佛、菩萨临水而坐。这幅图像传出自河北邯郸南响堂山石窟 2 号窟，与其毗邻的 1 号窟门上方，也刻有形制完整的西方净土变。这铺凿刻于北齐的浮雕上部为阿弥陀佛与听法众，下部为七宝莲池，童子坐于莲花之上，池水中有童子游泳、嬉戏其间。从此两例图像来看，虽然其年代比小南海石窟略晚，但是画面中对于九品往生的细节并不像小南海石窟那样予以明确地表现，故而此两例图像依然属于莲池化生。

南响堂山之后，现存的莲池化生图像为敦煌莫高窟 393 窟西壁龛像后方的西方净土变。此铺壁画的风格与敦煌隋代开皇年间绘制的 302、305 窟风格相似，故而可能为隋代作品。相比小南海中窟对十六观的完备表现，此铺图像较为简单，在无量寿佛说法图的基础上，加以七宝莲池、宝树等细节。画面下方的碧水中散落着荷叶、游禽。莲花之上的化生童子则采用了两种方式表现：一类为胡跪在莲花上者。画面中表现为临近阿弥陀佛的两身，身形较大，皆配有帔帛，双手捧莲花。另一类为在莲花之中结跏趺坐者，身形较小。虽然没有坐金刚台的表现，无法完全对应三辈往生，但是显然艺匠在绘制画面时有意识地表现出往生的品级和类型。不同于小南海中窟是在名僧的影响下开凿，因此与经文、修行能够较为严格地对应，敦煌壁画的绘制则是偏于民间性，在图解佛经方面显得较为自由。但是从对不同类型的莲花化生的表现，可知对往生品级不同的认知在隋代已经在民众中普及。

三　初唐时的九品往生图像

到了唐代，对于九品往生则有了新的表现方式。敦煌莫高窟 220 窟南壁的西方净土变（图四；彩版八）绘制于贞观十六年（642 年），这一大型的西方净土变中用极其绚丽的色彩与丰富的细节表现了西方净土的物象。画面的正中为七宝莲池，莲池中下部生出一莲茎，在画面的下部、香炉的两次生出九朵莲花，东侧四朵、西侧五朵，基本上秉承中心对称的原则，有童子活动其上，姿态不一，从东至西依次为结跏趺坐在莲台上者、立于莲蕾之中，双手合十者、在莲台之上倒立者、中间两

图四　莫高窟第220窟南壁西方净土变

身所在的莲台出水较高，两身童子相向结跏趺坐，西侧四身均为结跏趺坐于莲蕾之中。九枝莲花以外，水面上还有众多化生童子活动其中，做各种嬉戏状，饶富意趣。此九枝莲花表现的是九品往生的情景，已为学界所公认[1]。单从九枝莲花的形态和童子形象来看，在这幅内容极其丰富的画面中，艺匠用莲枝的高低、大小以及开敷的不同形态表现出往生的等级：最上等的为香炉两侧者，莲枝出水较高、人物形象较大，次等为活动在莲台上者，如东起第一身、东起第三身等，第三等为莲蕾中的童子。以此形象，虽没有严格对应《观无量寿经》对九品往生的描述，但是利用画面细节的处理，有效地表现出三辈往生的差异。从220窟的九枝莲花中，可以看到，艺匠们对西方净土中的九品往生情节显然有了明显的表现意识，但是在图像的细节处理上，并没有对之进行专门的区分，从画面的细节上依然只能看出三辈往生的差别。

自从220窟以后，敦煌壁画中的西方净土变秉承着统一的模式：以中心对称式的构图方式表现阿弥陀佛说法、菩萨众听法以及宝幢楼阁等净土场景，以九枝莲花来表现九品往生的方式，在初唐时的西方净土变中也在沿用，如莫高窟第341窟南壁的西方净土变（图五；彩版九），七宝莲池中莲花分三层排列，最靠近

[1]　参见东山健吾：《敦煌莫高窟第220窟试论》，《佛教艺术》第133号，日本东京：每日新闻社，1980年，第17页。宁强：《从"偶像崇拜"到"观想天国"——论西方净土变相之形成》，《段文杰敦煌研究五十年纪念文集》，世界图书出版公司北京分公司，1996年，第146页。

图五　莫高窟341窟南壁西方净土变莲池局部

阿弥陀佛说法台榭的为九枝，其上人物均着菩萨装，且身形较大，胡跪或结跏趺坐于莲台上，或双手合十礼佛，或捧物供养，姿态不一。中间一层为十一枝，其上菩萨的身形较小，莲池的最下方则为两朵闭合的莲蕾，其中无化生表现。此幅壁画中，利用莲花的层次、大小区分了三辈往生的上、中、下等。最靠近台榭的九枝莲花又合九品之数。虽然与经典的描述不吻合，但说明了在时人心目中，对九品往生已经有了较为充分的理解。这也与初唐时的发愿文相吻合，如天津艺术博物馆藏的一件永淳元年（682年）藏经洞《金刚经》写经（津艺306号），其发愿文即有如下表述：

　　发心敬造金刚般若一部，愿亡考妣、己身等，生诸佛国，莲花受形宝座之上。三途永绝，不复生死，去即飞腾、来即乘空，出没自永，不闻刀兵饥馑之名，常离生死之道，法界众生，一时成佛[1]。

"莲花受形宝座之上"当是发愿为中品上生。与南北朝时期发愿往生净土的愿文相比，对于往生的品级已经有了明显的希求。

尽管唐人对九品往生已经有了概念，但是在图像上的表现远远不如经文中的细致、严格。这不但表现在莲花化生的情节中对于九品的等级没有细化，也表现另外一铺以九品往生为主题的壁画上。莫高窟绘于初唐的第431窟南、西、北三壁的下

---

[1]　杜正乾：《唐代的〈金刚经〉信仰》，《敦煌研究》2004年第5期，第54页。

图六　莫高窟431窟上品中生、上品下生局部

方绘制观无量寿经变题材，南壁以九扇并列的屏风画的方式表现九品往生（图六；彩版一〇），一品一画，表现的并非西方净土中的莲花化生，而是人临终时的佛陀接引，这一表现在敦煌尚属孤例[1]。九扇屏风的构图基本相同，皆为一处屋舍，其中有人坐卧于床，当为亡者，有彩云从屋舍上方飘出。前六品皆画有佛菩萨接引：阿弥陀佛坐屋舍前的云端，观音、大势至菩萨手抬金刚座、莲花等物，屋顶的云端之上，一佛二菩萨乘云而去，后有童子乘台座或莲花跟随其后。表现下辈往生的三品则无佛、菩萨接引，亡者自乘莲花而去。这组画面中，对于九品的接引方式的表现是比较细腻：前来接引的佛、菩萨数量，两位菩萨所抬之物、云端亡者乘坐之物都有绘制。但是上三品、中三品之间的区别并不明显。只有下三品与前六品有明显区分。

　　与431窟九品往生的图像特征相互对应的是，初唐时莲花化生的场景中，同样区分明显的是莲台与莲蕾两种类型。这既是延续了隋代393窟体现出的传统，也可能说明了在初唐时人观念中，九品往生的一个明显区分：即上品中品与下品的分别。按照《观无量寿经》的记载，下品往生者皆是有罪之人，得下品中生、下品下生者，本当坠入地狱。正是因为"遇善知识以大慈悲，即为赞说阿弥陀佛十力威德，广赞

---

[1]　参见张景峰：《莫高窟第431窟初唐观无量寿经变与善导之法门在敦煌的流传》，《敦煌研究》2010年第4期，第34～43页。

彼佛光明神力,亦赞戒、定、慧、解脱、解脱知见。"[1] 由此免除"八十亿劫生死之罪",得以托体莲花、往生净土。

四　小结

在对以上从莲花化生发展而来的九品往生图像的研究可以发现,在西方净土变中出现的莲花化生场景与天人诞生图像并不相同,它可能是中国本土艺术家根据《无量寿经变》《观无量寿经变》的记载而完成的原创性图像。在西魏、南梁时表现为莲池中的化生童子,北齐时凿建的安阳小南海中窟,在名僧僧稠的影响下,以观禅为目的刻制了现存最早的九品往生图像。在这一图像上,九品往生有了坐金刚台、坐莲花、莲蕾之内的图像区别。与观无量寿经基本切合。在敦煌石窟之中,隋代的莲池图像中也已经有了坐莲花与蕴含在莲蕾之内的区别。而后在初唐时期的壁画中,尽管出现了一茎九枝的表现方式,但是在单个的化生细节上,化生童子依然只有坐莲花与莲蕾之内两种。

而在九品内容已经明确、普及的初唐,如此区分可能体现了民众对于上品中品与下品往生区别对待。而下品往生中所体现的念阿弥陀佛号,发愿往生净土,即是生在地狱亦可得超度,无疑扩大了西方净土的往生资格,使得更多的民众坚定了净土修行的法门。

---

[1]　（宋）畺良耶舍译:《佛说观无量寿佛经》卷一,《大正藏》第12册,第345页下栏。

山东北部北魏晚期至北齐背屏式
三尊石刻造像造型分析

黄文智 ★

20 世纪 50 年代以来，学界陆续披露数量可观的山东北部地区北朝石刻造像，涉及以青州为核心的众多市、县 [1]。其中，诸城南郊体育场出土石刻造像 [2]、临朐道明寺舍利塔地宫出土石刻造像 [3]、青州龙兴寺遗址出土石刻造像数量众多 [4]，三地尤其以青州龙兴寺遗址最为重要，出土造像跨越年代长，造型水准高，众多学者专家纷纷就此撰文，发表了大量研究成果，基本厘清了龙兴寺及其遗址出土石刻造像的相关问题。就龙兴寺遗址出土造像的研究而言，多关乎历史背景、造像题材、宗教内涵及衣装表现形式等方面，于微观造型方面虽有涉及者，但多流于一般样式描述。综合来看，青州龙兴寺遗址出土造像，与周边地区同类型造像之间的横向联系和纵向发展变化尚有进一步探讨空间。本文以青州为核心的山东北部背屏式三尊石刻造像为研究对象 [5]，梳理其图像构成关系和样式来源，以期获得对山东北部地区北朝石刻造像更深入的认识。

山东北部北魏晚期至北齐背屏式造像以质地细腻的石灰岩雕刻，图像组合为一佛二胁侍菩萨，其人物依附于舟形（莲瓣形）背屏，作高浮雕表现，背屏上有丰富的附属图像。这种石刻造像初见于北魏神龟年间（518 ～ 520 年），持续发展至北齐前段。背屏式石刻造像不仅人物造型精美，背屏上的图像组合也自成系统，其中的主尊佛立像，左右手分别施与愿、无畏印，胁侍菩萨一手持法器（桃符）、一手持莲蕾，背屏中有倒龙口衔藤蔓、倒龙化生莲座组合、宝塔、伎乐飞天等内容，呈现强烈的地域特征。

★ 黄文智：天津美术学院雕塑系。

[1] 这些佛像出土地以青州为中心，包括临淄、广饶、博兴、临朐、诸城、惠民等十余个市、县。

[2] 诸城市博物馆：《山东诸城发现北朝造像》，《考古》1990年第8期，第47～56页。

[3] 临朐县博物馆：《山东临朐明道寺舍利塔地宫佛教造像清理简报》，《文物》2002年第9期，第66～85页。

[4] 山东省青州市博物馆：《青州龙兴寺佛教造像窖藏清理简报》，《文物》1998年第2期，第6～17页。

[5] 少量造像碑图像组合关系与背屏式造像相同，故一并叙述。

根据图像组合关系，可将山东北部北魏晚期至北齐背屏式三尊石刻造像分为两组来阐述，其一是三尊像跣足立于有方形台基的莲座上，背光上端有倒龙口衔藤蔓与头光中缠枝莲花相连，可称为台基莲座一铺三尊像；其二为胁侍菩萨立于倒龙口衔莲枝所化生出来的莲座上，背光上端多有宝塔，可称为倒龙化生莲座一铺三尊像。前一组造像出现年代早，主要实例集中在北魏神龟年间至东魏（518～550年），个别实例延至北齐初；后一组大约出现在东魏初（约534年前后），持续发展至北齐前段（约560年前后）。两组造像最显著区别是胁侍菩萨莲座中倒龙化生莲座组合的有无。

一　台基莲座一铺三尊造像

山东北部出土最早的纪年石刻造像，是广饶出土北魏神龟元年（518年）孙宝憘造像[1]（图一），主尊佛像跣足立于台基上，头部残失，左手施与愿印，右手残，身着双领下垂式袈裟（又称褒衣博带式袈裟），左领襟自然下垂（以物象自身为准分左右，下同），右领襟在胸腹部左转披搭于左臂并在其外侧下垂，胸部能看到自左肩斜向右胁的僧祇支。束带结节后从两侧下垂，左侧为环套状，右侧为条带状。胁侍菩萨跣足立于台基莲座上，面残，两手均有持物，胸部有项饰，下身着长裙，帔帛覆盖双肩，肩外侧有向上翘起的尖角。帔帛垂至膝盖处后反折搭向对侧前臂并下垂。背屏上部已残缺，下半部雕刻尚清晰，可以看到主尊佛像和胁侍菩萨之间有莲花及侧面表现的莲叶。

这种一铺三尊的人物组合，在中原北方以龙门宾阳中洞南、北壁造像最具代表性[2]（图二），两壁主尊及胁侍菩萨脚下皆有莲座，莲座均置于台基上。通过对比，可以看出孙宝憘造像与龙门宾阳中洞佛立像的人物姿态、衣装等造型，均呈现诸多相似之处，两者袈裟衣褶皆作片形叠加的阶梯状表现，只是前者袈裟衣褶略为粗大疏朗些。孙宝憘造像胁侍菩萨与龙门宾阳中洞实例也可类比，区别是后者在雕刻细节上更为精细。可见，孙宝憘造像中的人物着衣形式和衣装雕刻，主要参照了龙门宾阳中洞的造像样式。

与孙宝憘造像主尊佛像两侧相似的莲花及侧面观莲叶，可在邓州市学庄出土的南朝画像砖中见到[3]（图三），相对孙宝憘造像中那种粗壮僵直的造型而言，后者莲花、莲叶玲珑剔透，其舒展的动态，犹如在空间中漂浮游走。这种莲花、莲叶造型，

---

[1]　山东博物馆藏。

[2]　龙门文物保管所、北京大学考古系编：《龙门石窟（一）》，文物出版社，1991年，图版17。

[3]　河南博物院藏。

图一　广饶出土北魏神龟元年
（518年）孙宝憙造像

图二　洛阳龙门宾阳中洞南壁一铺三尊像
（出自《龙门石窟（一）》，图版17）

图三　邓州市学庄出土南朝画像砖

还在宾阳中洞南、北壁主尊佛立像背光弦纹外缘条带中见到，也在更为完整的青州西王孔庄出土北魏正光六年（525年）贾智渊造像背光中存在[1]（图四），共同特征

---

[1]　山东博物馆藏。

是造型变得修长并更富于装饰意味。在佛像背光中装饰莲花、莲叶，不见于云冈石窟，而在北魏迁都以后的龙门窟龛中出现，应是受到南朝影响所致。

　　贾智渊造像主尊佛像着衣表现与孙宝憙造像高度相似，胁侍菩萨的衣着装饰存在局部差异，如前者帔帛上表现了由宝石等饰物连贯起来的 X 形璎珞，其源头可指向洛阳造像[1]。贾智渊造像主尊背光外缘的火焰纹中出现了 9 尊化佛，皆跏趺坐于莲座上，造型简略。背光中表现化佛在云冈石窟和龙门古阳洞中颇为常见，泰安汶口村出土北魏太和十八年（494 年）妙音造金铜佛像背光中也有相似造型[2]，少量山东北部北朝背屏式石刻造像继承了这一特征。相对而言，在主尊佛像背光外缘表现伎乐飞天，几乎成为山东北部背屏式三尊石刻造像图像配置的一种定式。这些伎乐飞天各持乐器分布在舟形背光上部，躯体柔软，在虚空中形成优美的曲线，长长的帔帛向后方飘动，无风自舞，营造出轻灵曼妙的视觉体验。很显然，这种生动传神的伎乐飞天，与龙门窟龛佛像背光中的伎乐飞天有内在关联[3]。另外，该造像主尊佛像莲座两侧还各浅浮雕了手持莲蕾的供养人，此种表现形式在山东北部该时期背屏式三尊石刻造像中属于特例。

　　贾智渊造像主尊背光上端有一头朝下、尾部朝上的龙值得注意。这条龙四足健壮有力，尾部向上如流云般扭动。龙首前段残缺，但能看出口衔藤蔓的造型。藤蔓穿过背光化佛与主尊佛像头光外圈条带内的化生莲花相连，并向两侧生长和蔓延，形成缠枝莲花纹饰。头朝下、尾朝上的龙，有的学者将其称为倒龙，其含义是"倒悬的青龙"[4]。相似的龙形象，在云冈第二期洞窟龛眉上就已经存在，实例如云冈第 6 窟南壁下层西龛龛眉二龙造型[5]（图五），回首的龙头口部均衔有藤蔓（左端龙首及所衔藤蔓保存完整），藤蔓在龛眉上化为飞天手中所持的花束。在云冈窟龛中，完整的倒龙形象见于云冈第 6 窟北壁下层龛眉拱额[6]，龙在其间两两组合，龙身均呈正反的 C 字形对称表现，龙尾向上相交，龙头在下相对，两龙围合的中间部位表现飞天。龛眉两端表现双龙造型，在龙门窟龛中得到延续，并与龛眉其他图像巧

---

　　[1]　这种华丽的璎珞先是在龙门宾阳中洞西壁主尊两侧胁侍菩萨上就出现过。参见刘景龙编著：《宾阳洞》，文物出版社，2010 年，图版 19。

　　[2]　李静杰：《青州风格佛教造像的形成与发展》，《敦煌研究》2007 年第 2 期，图版 6。

　　[3]　这种飞天在云冈石窟中表现较为稚拙，人物造型壮实，但在龙门古阳洞中变得清瘦飘逸，帔帛也随之在空间中变得轻灵飘逸。参见刘景龙编著：《古阳洞》，科学出版社，2001 年，图版 54，北壁第 75 龛背光外侧飞天。这种新造型的飞天在龙门其他窟龛及巩义石窟中反复出现，成为中原北方该时期典型造型样式。

　　[4]　李森：《青州龙兴寺造像中龙的名称、造型来源及流行原因》，《敦煌学辑刊》2008 年第 2 期，第 104～106 页。

　　[5]　〔日〕水野清一、长广敏雄：《云冈石窟》第三卷第 6 窟，京都大学人文科学研究所，1951～1955 年，图版 28A、B。

　　[6]　〔日〕水野清一、长广敏雄：《云冈石窟》第三卷第 6 窟，京都大学人文科学研究所，1951～1955 年，图版 78。

图四　青州西王孔庄出土北魏　　　　图五　大同云冈第6窟南壁下层西龛龛眉
正光六年（525年）贾智渊造像　　　（出自《云冈石窟》第三卷，第6窟图版28B）

妙融合在一起[1]。另外，倒龙的形象见于东汉以来的画像石、砖，存在更接近山东北部北朝背屏式三尊石刻造像中的龙形象[2]。贾智渊造像主尊背光上端的倒龙，应是在云冈、龙门窟龛实例基础上，融合了画像石、砖的龙造型元素发展起来，继而演变成为山东北部背屏式三尊石刻造像中的显著特征。

在山东北部北魏晚期至东魏，这种背屏式三尊石刻造像数量众多，除了上述造像外，较有代表性实例如青州桃园段家庄出土北魏孝昌三年（527年）造像[3]（图六）、广饶大王镇北张谈村出土北魏孝昌三年（527年）造像[4]（图七）、临淄出土北魏永安三年（530年）比丘惠辅造像[5]（图八）、博兴疃子村出土北魏晚期造像[6]（图九）、青州龙兴寺遗址出土东魏天平三年（536年）尼智明造像[7]（图一〇）、青州龙兴寺遗址出土东魏造像之一[8]（图一一）。这些背屏式造像在图像构成上有诸多相似之处，

[1] 刘景龙编著：《古阳洞》，科学出版社，2001年，图版75，北壁第134龛龛眉。

[2] 李森：《青州龙兴寺造像中龙的名称、造型来源及流行原因》，《敦煌学辑刊》2008年第2期，第108页。

[3] 山东博物馆藏。

[4] 广饶博物馆藏。

[5] 山东博物馆藏。

[6] 博兴县博物馆藏。

[7] 青州市博物馆藏。

[8] 青州市博物馆藏。

图六　青州桃园段家庄出土北魏
孝昌三年（527年）造像

图七　广饶大王镇北张谈村出土
北魏孝昌三年（527年）造像

图八　临淄出土北魏永安三年
（530年）比丘惠辅造像

图九　博兴疃子村出土北魏晚期造像

图一○　青州龙兴寺遗址出土东魏　　　　图一一　青州龙兴寺遗址出土
天平三年（536年）尼智明造像　　　　　　　东魏造像之一

无须过多赘述，值得注意的是造型特征上，主尊佛像着衣形式和袈裟衣褶雕刻技法，随着时间的推进发生可见变化，构成背光组合的诸多元素，也呈现由注重浮雕立体感向平面化的视效发展。

上述实例中，青州龙兴寺遗址出土东魏天平三年（536 年）尼智明造像左领襟自然垂下，右领襟则由此前披搭于左臂肘部上升至左肩[1]。这种变化，改变了双领下垂式袈裟的典型特征。通过比较可知，山东北部进入东魏后的佛像右领襟披搭至左肩后，领口逐渐变得窄小起来，胸部束带因此渐趋消失，佛装也随之变得简短和贴身。这种变化表明流行约半世纪之久的双领下垂式袈裟开始逐渐淡出舞台。为区分后者，笔者将这种新的袈裟形式单独命名为敷搭左肩式袈裟[2]。

在佛装衣褶雕刻样式上，需要提及青州龙兴寺遗址出土北魏晚期造像[3]（图一二），该像主尊佛像着衣形式与上述孙宝憘造像主尊佛像基本一致，差异之处在于前者袈裟衣褶作粗大的棱角状表现，质感特别厚重，可称为棱角状衣褶双领下垂

---

[1]　在青州地区背屏式石刻造像中，袈裟右领襟披搭至左肩最早纪年实例见青州龙兴寺遗址出土北魏永安三年（530年）造像主尊佛像。图片参见青州市博物馆编著：《青州龙兴寺佛教造像艺术》，山东美术出版社，1999年，图版7。

[2]　黄文智：《河北中南部北魏晚期至东魏石刻佛像造型分析》，《敦煌学辑刊》2016年第1期，第150页。

[3]　青州市博物馆藏。

式袈裟[1]。这种注重衣褶浮雕立体感的完整实例，见于广饶杨赵寺村皆公寺遗址出土北魏孝昌三年（527年）造像[2]（图一三）。棱角状衣褶双领下垂式袈裟，实际上是将龙门宾阳中洞主尊佛像着衣形式和本地金铜佛像雕塑样式结合起来了[3]。广饶大王镇北张谈村出土北魏孝昌三年（527年）造像主尊佛像，袈裟两臂衣褶为粗大的棱角状，胸腹部以下的袈裟衣褶则是接近线刻的微弱阶梯状，两种雕刻技法组合，或是棱角状衣褶袈裟向阴线刻衣褶袈裟转变的先行之作。

图一二　青州龙兴寺遗址出土北魏晚期造像　　　图一三　广饶杨赵寺村皆公寺遗址
　　　　　　　　　　　　　　　　　　　　　　　出土北魏孝昌三年（527年）造像

青州龙兴寺遗址出土最早纪年造像是北魏永安二年（529年）韩小华造像[4]（图一四），主尊佛像袈裟衣褶作阴线刻表现，同遗址出土的较晚纪年造像，均没有出现那种粗大的棱角状袈裟衣褶，可知在青州近东魏的北魏晚期，那种注重浮雕立体感的衣褶样式已让位于平缓的阴线刻。另外，上述青州龙兴寺遗址出土东魏造像之一主尊佛像，袈裟衣褶作双勾阴线表现，其成因应是在单勾阴线基础上强调装饰化而创作出来，年代已进入东魏。可见，山东北部北魏晚期至东魏石刻佛像的袈裟衣

[1]　黄文智：《山东北部北魏晚期至东魏的石刻佛像造型分析》，《敦煌研究》2014年第4期，第31页。
[2]　山东博物馆藏。
[3]　黄文智：《镌岩造像——中原北方东部北魏中期至东魏石刻佛像造型分析》，文物出版社，2017年，第172～174页。
[4]　青州市博物馆藏。

图一四　青州龙兴寺遗址出土北魏
永安二年（529年）韩小华造像

图一五　广饶阜城店村出土
北魏晚期造像

褶表现，呈现由注重浮雕立体感向追求平面阴线刻转变。

　　孙宝憘造像背屏中的背光、莲花及侧面观莲叶，均作有一定厚度的浮雕表现，贾智渊造像则将这些内容更完整的反映出来，包括其他元素在内，彼此间呈现清晰的层次感，其中舟形背光界线完整流畅，背光上部外缘的伎乐飞天是着重表现对象，近乎高浮雕雕刻。比丘惠辅造像背屏保存完整，其背光浮雕和飞天雕刻，均较贾智渊造像单薄，这种变化，在青州龙兴寺遗址出土东魏造像之一背屏中发展到极致，后者除了头光莲瓣和其外围同心圆纹外，其他背光内容均为平面彩绘，外缘的飞天也作阴线刻表现。由此可以看出，山东北部北魏晚期至东魏背屏式三尊石刻造像的背光表现，与主尊佛像袈裟衣褶一样，由注重浮雕立体感向平面线刻（彩绘）转变，期间人物躯体造型元素逐渐凸显，在北齐时最终向单体圆雕造像转变。

　　在山东北部北魏晚期至北齐背屏式三尊石刻造像中，也有少数不完全按照上述标准制作者，如前述韩小华造像，一佛二菩萨造型特征与其他实例并无显著差别，但主尊与胁侍菩萨间的间距较大。包括化佛在内，背光图案皆为阴线刻，未见飞天。最引人注意之处，是舟形背屏的左右上角，各有一人手托圆形物，其上彩绘已褪色不可见，原初可能绘有日月图案。这种手托日月造型，散见于山东北部北朝石刻造像中，如广饶阜城店村出土北魏晚期造像[1]（图一五），不过与韩小华造像不同的是，

[1]　山东博物馆藏。

后者在舟形背光外缘除了手持圆形物外还有伎乐飞天，背屏上端有口衔藤蔓的倒龙，造像整体特征与台基莲座一铺三尊像相似。综合来看，这种带有手持日月图像的背屏式三尊石刻造像，在山东北部北魏晚期并不占据主流，其中背光表现，显示出匠工追求造型平面化和突出彩绘视效的努力。

二　倒龙化生莲座一铺三尊像

青州龙兴寺遗址出土东魏天平三年（536 年）邢长振造像[1]（图一六），是山东北部背屏式三尊石刻造像中最早出现的倒龙化生莲座一铺三尊像。主尊佛像跣足立于莲座上，头部已残，袈裟左领襟自然下垂，右领襟下垂至腹部左转披搭于左肩，胸部有僧祇支，但未表现束带，袈裟已脱离双领下垂式而变为敷搭左肩式。两胁侍菩萨分列主尊佛像两侧，头饰及衣装、帔帛，与前述菩萨造像大同小异，其中项饰及覆盖在帔帛上的璎珞均较为华美。邢长振造像最值得关注的是，主尊佛像和两胁侍菩萨之间各有一条充满力量的倒龙，两龙以镜像的方式对称排列。左侧的倒龙保存相对完整，头朝下，身体呈鱼钩状向上扭曲，尾部呈"S"形向上弯曲，四肢粗壮有力，尤其是上蹬的后腿与柔软纤细的尾部形成对比。龙口部衔有一只下垂的莲枝，莲枝下端莲蕾喷出向上涌起的水束，其间有化生莲叶和莲座，胁侍菩萨跣足立于莲座上。倒龙的造型，与前述造像背屏上端的倒龙高度相似，只是体量变大了，口中所衔并非藤蔓而是带有莲蕾的莲枝。构成化生莲座的这些元素组合巧妙，视觉愉悦与佛教理念完美结合在一起，成为这种背屏式石刻造像最具代表性特征。

相似倒龙造型在龙门莲花洞南壁外侧下部佛龛龛眉外出现，后者表现为龙衔莲花化生出童子[2]。又，据李静杰教授研究，日本藤井有邻馆藏北魏正光三年（522 年）魏怀玉造释迦金铜像，为一主尊立佛并二胁侍菩萨的三身式造像，主尊背光中有龙衔缠枝莲花，胁侍菩萨站在立体表现的龙衔莲台上，是已知最早的龙衔缠枝莲花，以及胁侍菩萨立在龙衔莲台上的作品[3]，山东北部出现石刻倒龙造型，或是受到这种金铜佛影响。邢长振造像背屏上端中间的宝塔，亦是该地区背屏式造像中新出现的元素，应是作为多宝佛塔表现的，用来象征法华经或大乘佛法的存在。该宝塔为覆钵形四面造型，雕饰华美，其下端有飞天将其托起，塔的两侧沿舟形背光外缘同样表现伎乐飞天。

主尊两侧表现倒龙、龙首口衔莲枝喷出水束并化生莲叶、莲座，加之宝塔及其

[1]　青州市博物馆藏。

[2]　龙门文物保管所、北京大学考古系编：《龙门石窟（一）》，文物出版社，1991年，图版55。

[3]　李静杰：《青州风格佛教造像的形成与发展》，《敦煌研究》2007年第2期，第10页。

图一六　青州龙兴寺遗址出土东魏　　　　图一七　诸城出土东魏造像
天平三年（536年）邢长振造像

两侧飞天环绕，是背屏式三尊石刻造像中出现的新组合样式，符合这一特征的造像
数量众多，代表性实例如诸城出土东魏造像[1]（图一七）、青州龙兴寺遗址出土东魏
造像之二[2]（图一八），两件造像的人物雕刻细节大体相类，其他倒龙、背光、飞天
等图像构成元素则高度相似，差异之处在于背屏上端宝塔造型不同。诸城东魏造像
背屏上端宝塔较为简单，作长方形佛龛表现，两侧以飞天托起，内有坐佛一尊。青
州龙兴寺遗址出土东魏造像之二背屏上端的佛塔造型华美，塔基以莲瓣托起，莲瓣
两侧有侧面观莲叶，覆钵形四面塔身作半侧面表现，塔顶有山字形塔刹。除了化生
莲瓣和莲叶外，宝塔整体造型与云冈第11窟明窗东侧太和十九年（495年）龛两
侧的佛塔相似[3]，但青州实例造型更为纤秀和华美，带有南朝造型元素的灵动毓秀。

　　青州龙兴寺遗址出土东魏造像之三[4]（图一九），人物及背屏与同地出土东魏造
型之二图像构成高度相似，保存也相对完好，但唯背屏上端残缺，推测原应表现宝
塔。诸城出土东魏武定四年（546年）造像[5]（图二〇），一佛二胁侍造型与前述实

[1]　诸城博物馆藏。

[2]　青州市博物馆藏。

[3]　〔日〕水野清一、长广敏雄：《云冈石窟》第八、九卷第11窟，京都大学人文科学研究所，1951～1955
年，图版9。

[4]　青州市博物馆藏。

[5]　诸城博物馆藏。

图一八　青州龙兴寺遗址出土
东魏造像之二

图一九　青州龙兴寺遗址出土
东魏造像之三

图二〇　诸城出土东魏
武定四年（546年）造像

图二一　济南市县西巷
出土北齐造像

例相似，背光则相对简略，飞天数量也减至 4 身，可看作典型背屏式三尊石刻造像的缩小版。该像背屏上端并未表现宝塔，而是莲座化生禅定佛像，象征佛法的存在，其内涵应与宝塔一致。与诸城东魏武定四年造像相似实例，见于济南市县西巷出土北齐造像[1]（图二一），后者主尊佛像身着双领下垂式袈裟，衣装贴体，未表现束带，雕刻简洁，人体特征突出，呈现北齐佛像造型特征。此外的倒龙口衔莲枝喷出水束化生莲叶、莲座，以及背屏上端的宝塔、飞天，均与典型实例相似，只是佛像着衣形式滞后，整体体量也相对较小，可算作青州核心区域造像向周边波及的例证。

就雕刻技法而言，倒龙化生莲座式一铺三尊像主尊佛像衣褶表现，均为平面化的阴线刻，此前那种注重浮雕立体感的雕刻技法消失不见，胁侍菩萨也遵循这一造型法则，其上的璎珞、帔帛显得更具装饰意味。除了头光中心的莲瓣外，其他背光元素大多直接以彩绘出现，少量实例的这些元素刻画阴线后再施彩，追求平面化的意图明显。背屏上端中间浮雕的宝塔或莲花化佛，在伎乐飞天环绕和平面化背景的衬托下显得无比庄严。

倒龙化生莲座一铺三尊像中，还有少数实例背屏上端中间并不表现宝塔，而是雕刻倒龙，如惠民沙河杨村出土东魏天平四年（537 年）道玉造像[2]（图二二），不过佛像莲座两侧口衔莲枝的倒龙则与该组其他造像相似，只是其浮雕起位较薄，造型有一种流云般的动感，后种特征应来自于洛阳[3]。这件佛像纪年较早，或是形成倒龙化生莲座一铺三尊像的过渡性遗存。另外，青州酒厂出土东魏造像[4]（图二三），主尊佛像保存相对完整，可以看到螺发高肉髻和面部会心的微笑，衣装轻薄宽松，似有微风拂动。胁侍菩萨面部呈现相同表情，帔帛在腹部交叉穿璧后再披搭至对侧手臂，造型简洁，阴线刻的衣褶线流畅并富于装饰意味。胁侍菩萨跣足所立莲座的根茎，似乎从背屏中生长出来，但仔细观察，发现其周边有残留的彩绘痕迹，推测原彩绘有倒龙、莲枝、水束及化生莲叶等内容。头光中间浮雕的莲瓣宽大且雕刻精细，外圈的缠枝莲花、伎乐飞天及火焰纹，均作减地平雕表现，形成整体平整、细节丰富的视觉效果。这件造像主尊佛像袈裟上彩绘的田相格，完全不顾及袈裟表面纤细的双勾阴线衣褶[5]，可见造像完成后表面施彩的重要性大于阴线刻。另外，这件背屏式造像上端中间并不表现倒龙或宝塔。如果胁侍菩萨莲座下明确存

---

[1] 山东博物馆藏。

[2] 山东博物馆藏。

[3] 在洛阳出土墓志石刻中，出现了这种流云般的化生莲花图案，仙人所骑的青龙，亦与山东北部背屏式造像中的倒龙相似。参见吴山编著：《中国纹样全集（魏晋南北朝·隋唐·五代卷）》，山东美术出版社，2009年，第75页，图1、2。

[4] 青州市博物馆藏。

[5] 黄文智：《镌岩造像——中原北方东部北魏中期至东魏石刻佛像造型分析》，文物出版社，2017年，第167页，图3.56～3.57。

图二二　惠民沙河杨村出土东魏　　　图二三　青州酒厂出土东魏造像
天平四年（537年）道玉造像

在彩绘倒龙的话，那么该像就是倒龙化生莲座一铺三尊像的特殊表现形式（或为该种背屏式造像的早期过渡性作品）。

除了上述实例外，还有很多残损较多的造像，都可纳入倒龙化生莲座一铺三尊像体系中，如博兴出土东魏武定四年（546年）造像[1]（图二四）、青州龙兴寺遗址出土东魏造像之四[2]（图二五）、临朐明道寺舍利地宫出土北齐造像之一[3]（图二六）、临朐明道寺舍利地宫出土北齐造像之二[4]（图二七）等。这些造像拥有共同特征，均为一佛二胁侍，倒龙口衔莲枝喷出水束出并化生莲叶和莲座，背屏中飞天以外的图像彩绘或阴线刻后再施彩表现。

博兴出土北齐兴益造像碑[5]（图二八）是一件倒龙化生莲座式一铺三尊像转型实例。该像图像构成很复杂，主尊跏趺坐于束腰的金刚座上，着敷搭左肩式袈裟。台座两侧有倒龙口衔莲枝喷出水束并化生莲叶、莲座，不过与上述实例不同的是，水束中化生出来的莲座有六个，外侧莲座较大，其上为胁侍菩萨，中间及内侧莲座分别站立供养菩萨和弟子。主尊佛像背光未见雕饰细节，其上端有一龙首，再上则

[1] 博兴博物馆藏。
[2] 青州市博物馆藏。
[3] 临朐山旺古生物化石博物馆藏。
[4] 临朐山旺古生物化石博物馆藏。
[5] 博兴博物馆藏。

图二四　博兴出土东魏
武定四年（546年）造像

图二五　青州龙兴寺遗址出土
东魏造像之四

图二六　临朐明道寺舍利地宫
出土北齐造像之一

图二七　临朐明道寺舍利地宫
出土北齐造像之二

是宝塔，有两飞天将其托起，造型与前述青州龙兴寺遗址出土东魏造像之二背光上
的宝塔相似。宝塔两侧的背光上缘，环绕八身伎乐飞天，宝塔及飞天的空间布局，
同于典型倒龙化生莲座一铺三尊像。此外，还增添了很多造像元素，如台座前有两
护法狮子，座下表现伎乐，飞天外缘表现维摩文殊、佛传故事、弥勒及其他造像组合，

图二八　博兴出土北齐兴益造像碑

这些复杂和丰富的内容，显然是在吸收了倒龙化生莲座一铺三尊像构图元素后再创作出来，其中背光外缘树干相互缠绕及倒龙盘桓在金刚座下的动态，可在临漳邺城遗址出土造像中找到很多相似造型元素。北魏晚期以来，山东与河北两地之间造像相互交流和影响的情形一直存在，比如北魏正光年间（520～525年）以来，山东北部和河北中南部石刻佛像同时流行棱角状衣褶的双领下垂式袈裟，其着衣形式和雕刻样式，均有共同的源头[1]。东魏至北齐，山东北部的这种倒龙化生莲座造型，被河北中南部部分造像所吸收，同时，随着更为简洁圆雕造像的流行，山东北部这种背屏式石刻三尊像在北齐之世走出历史舞台。

三　小结

台基莲座一铺三尊石刻造像最早纪年实例是广饶出土北魏神龟元年（518年）孙宝憘造像，包括一佛二胁侍的人物配置和着衣形式在内，都带有鲜明的洛阳龙门窟龛造像特征，其间还包含南朝造型元素。在保存相对完整和更多的背屏式三尊石刻造像中，主尊佛像背光中的多种要素，亦以洛阳龙门窟龛实例为摹本，同时还在背屏上端加入倒龙口衔藤蔓并与头光中缠枝莲花相连。倒龙造型融合了多种图像特征后独立发展，成为山东北部该时期石刻造像中最具代表性的视觉元素。倒龙口衔藤蔓连接缠枝莲花的图像，和背光外缘的伎乐飞天组合在一起，是台基莲座一铺三尊石刻造像的典型特征。这些图像组合在一起，营造了不可思议的佛法祥瑞空间。在雕刻样式上，台基莲座一铺三尊石刻造像，包括主尊佛像袈裟衣褶和背光组合的各种元素在内，都注重浮雕立体感，但很快这种浮雕感让位于平缓的阴线刻，背光中的纹饰除了阴线刻外，还出现了仅以彩绘表现的实例。期间，绝大多数实例背屏

---

[1]　黄文智：《镌岩造像——中原北方东部北魏中期至东魏石刻佛像造型分析》，文物出版社，2017年，第172～174页。

上端的倒龙和背光外缘的伎乐飞天，始终保持浮雕造型。

　　倒龙化生莲座一铺三尊石刻造像，是继台基莲座一铺三尊石刻造像后发展起来的新造像形式，最早纪年实例是青州龙兴寺遗址出土东魏天平三年（536 年）邢长振造像，较晚实例则延至北齐前段，期间一佛二胁侍菩萨的人物组合关系几乎没有变化，佛像普遍穿上了敷搭左肩式袈裟，菩萨着装则大多沿袭旧制，注重细节表现。倒龙化生莲座一铺三尊石刻造像主尊两侧的倒龙，口衔莲枝喷出水束并化生莲叶、莲座，胁侍菩萨跣足立于莲座上。这种巧妙且极富视觉愉悦感的组合形式成为以青州为核心的山东北部最具代表性视觉元素。除少数实例外，大多造像在主尊莲座两侧表现倒龙的同时，背光上端出现宝塔或莲花化佛与之组合，其两侧则是曼妙起舞的伎乐飞天。在雕刻样式上，主尊佛像袈裟衣褶几乎为阴线刻，菩萨也遵循这一法则，璎珞、帔帛等衣饰由此显得更为精巧。背光同样是以阴线刻或全为彩绘表现，宝塔及飞天依然保持浮雕造型。这种形式高度统一的造像形式，在北魏晚期至北齐前段时期成为一时之风，其转型和消亡，一是来自于河北的造像理念将其吸收，二是由于本地单体圆雕造像的盛行，促使这种背屏式造像渐趋走出历史舞台。

　　469 年，以今青州为中心的青齐地区纳入北魏，此后长达半世纪时间，该地佛像少有存世，北魏正光年间（520 ～ 525 年）以来，山东北部开始大规模出现石质背屏式造像，在造像理念上是一次很大的转变。学者认为北魏晚期青齐地区石刻造像水平的明显提升，与河北流民散处青齐有关[1]，这也就解释了北魏正光年间以来，山东北部与河北中南部石刻佛像同时流行棱角状衣褶的双领下垂式袈裟雕刻样式，然而从背屏式三尊石刻造像图像构成及造像自身的发展来看，包括人物着衣形式和雕刻样式在内，更多的是吸收了洛阳龙门窟龛造像特征，局部还融合了南朝的一些造像元素，在此基础上形成典型地域造像样式。整体而言，山东北部背屏式三尊石刻造像，先是对核心地区窟龛造像的模仿与单体再现，继而独立发展，成为中国古代雕塑史中极为耀眼的奇葩。

　　附记：本文撰写过程中受到清华大学美术学院李静杰教授《青州风格佛教造像的形成与发展》一文启发，在此表示衷心感谢。文中插图除标明出处的，其他均为笔者实地拍摄。另，本稿主要观点以《山东北部北朝背屏式三尊石刻造像造型分析》为名发表于《北方美术》（2018 年第 11 期），重新编审时略有修改。

---

　　[1]　宿白：《青州龙兴寺窖藏所出佛像的几个问题——青州城与龙兴寺之三》，《文物》1999年第10期，第46页。

佛教传入高句丽考略

——从统一新罗智证大师寄照塔碑谈起

王飞峰 ★

一

《凤岩寺智证大师寄照塔碑》，全称《大唐新罗国故凤岩山寺教谥智证大师寄照之塔碑铭并序》，今又称《曦阳山凤岩寺智证大师塔碑铭》，由统一新罗末期著名学者崔致远（857～？年）撰写。崔致远，字孤云（或云海云），王京沙梁部人也。崔氏早年入唐求学，少年得志，入仕唐朝，而立之前返回祖国，先受重用，后遭排挤，晚年曾隐居海印寺，以致不知所终，有《四六》一卷、《桂苑笔耕》二十卷等传世。崔氏一生跌宕起伏，政治上并不得志，但是文学、儒学和思想等方面对朝鲜半岛影响深远，有"东国文学之祖""东国儒宗"等称誉，高丽时代被赠谥"文昌侯"。

《凤岩寺智证大师寄照塔碑》[1]（图一、二）位于今韩国庆尚北道闻庆市加恩邑院北里凤岩寺，为韩国宝物第 138 号，碑高 2.73、宽 1.64、厚 0.23 米，螭首龟趺，碑阴末有"龙德四年岁次甲申六月□□日竟建"的题记，龙德为五代时期后梁年号，龙德四年即 924 年 [2]。《凤岩寺智证大师寄照塔碑》与《初月山大崇福寺碑铭》《智异山双溪寺真鉴禅师塔碑铭》《崇严山圣住寺郎慧和尚塔碑铭》为崔致远撰写的四个碑铭，学界称为"四山碑铭"，"四山碑铭"的名字是 17 世纪早期中观海眼（1567～？年）在整理崔致远文集中上述四个碑铭选集时首次命名的 [3]。关于"四山碑铭"的内容及相关研究国内外均出现了一系列的专著和论文 [4]。《凤岩寺智证大师寄照塔碑》是

★ 王飞峰：中国社会科学院考古研究所。

[1] 成均馆大学博物馆：《新罗金石文拓片展》（韩文），成均馆大学博物馆，2008年，照片见第121页图、拓片见119、120页图。

[2] 龙德为后梁末帝朱友贞的年号，仅仅使用了三年，即921～923年，此碑的龙德四年笔者暂定为924年。

[3] 南东信：《崔致远与四山碑铭》（韩文），《新罗金石文拓片展》，成均馆大学博物馆，2008年，第168～176页。

[4] 崔英成：《译注崔致远全集1〈四山碑铭〉》（韩文），亚细亚文化社，1987年。崔致远（著）、李佑成（校译）：《新罗四山碑铭》（韩文），亚细亚文化社，1995年。拜根兴、李艳涛：《崔致远"四山塔碑铭"撰写旨趣论》，《唐史论丛（第15辑）》，陕西师范大学出版社，2012年。于国江：《崔致远佛教思想刍议》，《东北史地》2016年第3期。

图一　凤岩寺智证大师寄照塔碑

崔致远为智证大师道宪（824～882年）撰写的碑文，书者及雕刻者均为芬皇寺的释慧江，道宪俗姓金，生于今韩国庆尚北道庆州市，因九岁丧父到浮石寺出家，后开创曦阳山门成一代宗师。《凤岩寺智证大师寄照塔碑》正面开始部分碑文为：

　　教谥智证大师寄照之塔碑铭并序　　　入朝贺正兼迎奉

　　皇花等使朝请大夫前守兵部侍郎充瑞书院学士赐紫金鱼袋臣　崔致远奉教撰」叙曰五常分位配动方者曰仁心三教立名显净域者曰佛仁心即佛佛目能仁则也道郁夷柔顺性源达迦为慈悲教海寔犹石投水雨聚沙然矧东诸侯之外守者莫我大而地灵既好生为本风俗亦交让为主熙熙太平之春隐」隐上古之化加姓参释种遍头居寐锦之尊语袭梵音弹舌足多罗之字是乃天彰西顾海引东流宜君子之乡也　法王之道日日深又日深矣且自鲁纪陨星汉征佩日像迹则百川含月法音则万籁号风或缉懿缣缃或彩华琬」琰故滥洛宅镜秦宫之事迹照照焉如揭

图二　凤岩寺智证大师寄照塔碑正面碑文拓片

合璧苟非三尺喙五色毫焉能措辞其间驾说于后就以国观国考从乡至乡则风传沙崄而来波及海隅之始昔当东表鼎峙之秋有百济苏涂之仪若甘泉金之祀厥后西晋昙始始之貊如」摄滕东入句骊阿度度于我如康会南行时乃梁菩萨帝反同泰一春　我法兴王剜律条八载也亦既海岸植与乐之根日乡耀增长之宝天融善愿地耸胜因爰有中贵捐躯上仙剔发苾刍西学罗汉东游因尔混沌能□□□」。

上述碑文中崔氏叙述了佛教产生及东传的情况，特别是佛教传入朝鲜半岛的过程，对于研究佛教传入高句丽的时间非常重要。该碑第三列下端碑文部分稍有残漶，第三列及第四列中有："昔当东表鼎峙之秋有百济苏涂之仪若甘泉金之祀厥后西晋昙始始之貊如」摄滕东入句骊阿度度于我如康会南行"的内容，崔致远虽然误将昙始所处的时代说成西晋，但是却记录了昙始入高句丽传法的事实。碑文中"昙始始之貊，如摄滕东入"，即是说昙始到达高句丽地区，如同东汉明帝时到达洛阳的西域僧人摄摩腾和竺法兰一样，使得佛教开始在高句丽地区传播。唐代高句丽人也自称高句丽为貊，这一点可以从高句丽灭亡后居住在唐朝的泉男生之子泉献诚的墓志（大足元年，701 年）中得到证明：君讳献诚，其先高勾骊国人也……公即襄公嫡子也。生于小貊之乡，早有大成之用，地荣门宠，一国罕俦[1]。

佛教在古印度产生之后，就开始向外传播，时至今日仍然是世界三大宗教之一。根据《后汉书》等的记载，佛教在东汉明帝时由西域僧人摄摩腾和竺法兰等传入中原地区。朝鲜半岛与我国东北地区通过陆路相连接，汉唐时期中国与朝鲜半岛的交流异常频繁，随着中国的政治、经济和文化等传入半岛，来自中国的佛教也传入朝鲜半岛。佛教进入朝鲜半岛之时，半岛北部存在着高句丽、西南部为百济、东南部为新罗，在百济和新罗之间的区域还一度存在着加耶。由于高句丽与当时的中原及东北诸多政权相接壤，与后者的联系比百济、新罗及加耶更为方便和密切。根据朝鲜半岛史书《三国史记》《海东高僧传》和《三国遗事》等的记载，佛教在 372 年由前秦传入高句丽、384 年由东晋传入百济，538 年由南朝传入新罗。但是上述史书关于佛教传入高句丽的时间与中国史料及《凤岩寺智证大师寄照塔碑》等朝鲜半岛早期石刻相抵牾，因此研究佛教传入高句丽的时间不但对于探讨中国及朝鲜半岛的交流具有重要的参考价值，而且对于朝鲜半岛佛教史的研究也具有非常重要的意义。

二　相关的文献资料

关于佛教何时传入高句丽，目前研究者的意见并不一致，概括起来主要有以下

---

[1]　周绍良（主编）：《唐代墓志汇编（上）》，上海古籍出版社，1992年，第984页。

四种观点。一，根据《三国史记》的记载，认为 372 年佛教由前秦僧人顺道传入高句丽[1]。二，根据冬寿墓出现的莲花纹，认为不晚于 357 年的 4 世纪中叶佛教已经传入高句丽地区[2]，甚至认为冬寿本人可能也是佛教信徒[3]。三，根据《高僧传》中支道林（314～366 年）与"高丽道人书"的记载，认为"高丽道人"即是当时高句丽地区的佛教徒，因此在 366 年之前佛教已经传入高句丽地区[4]。四，根据《高僧传》《凤岩寺智证大师寄照塔碑》等关于昙始的记载认为东晋太元二十年（太元为东晋孝武帝年号，376～396 年，太元二十年即 395 年）佛教由东晋僧人昙始传入高句丽[5]。其中第一种观点成为目前学界的主流观点，以上各种观点基本上是以目前可以见到的文献材料为基础，并没有实质性的考古证据，因此我们首先将对相关的文献资料进行整理。

目前可以见到最早关于高句丽佛教传入的记录见于南朝梁代僧人慧皎（497～554 年）撰写的《高僧传》（又称《梁高僧传》），该书实际上是东汉永平年间至南朝梁代天监时期著名僧人的传记，成为以后历代《高僧传》的范本。《高僧传·卷十·昙始传》：释昙始，关中人，自出家以后，多有异迹。晋孝武太元之末，赍经律数十部，往辽东宣化，显授三乘，立以归戒，盖高句骊闻道之始也。义熙初，复还关中，开导三辅。

唐代西明寺沙门释道世（？～683 年）于总章元年（668 年）完成的《法苑珠林·卷三十一·昙始传》：宋伪魏长安有释昙始，关中人，自出家以后，多有异迹。晋孝武太元之末，赍经律数十部往辽东宣化，显授三乘，立以归戒，盖高句骊闻道之始也。义熙初，复还关中，开导三辅。

唐代梓州慧义寺沙门神清所撰《北山录·卷三·昙始传》：晋昙始，孝武末（东晋也，帝临位，深奉佛法，苻坚兵至，谢玄破也）适辽东，高丽开导始也。后还三辅（三辅，咸阳县，昔秦皇于此置殿观），三辅人宗仰之。

元初无名氏所撰《神僧传·卷二·昙始传》：释昙始，关中人。自出家以后多有异迹。晋孝武太元之末，赍经律数十部，往辽东宣化，显授三乘，立以归戒。义

[1] 魏存成：《高句丽考古》，吉林大学出版社，1995 年，第 74 页。李裕群：《高句丽佛教造像考——兼论北朝佛教造像样式对高句丽的影响》，《4～6 世纪的北中国与欧亚大陆》，科学出版社，2006 年，第 233 页。李乐营：《佛教向高句丽传播路线的探析》，《社会科学战线》2008 年第 11 期，第 124～126 页。国内学者、朝鲜半岛学者及日本学者也多持此观点。

[2] 梁志龙：《高句丽儒释道三教杂论》，《北方文物》2004 年第 2 期，第 88～94 页。

[3] 吴焯：《从相邻国的政治关系看佛教在朝鲜半岛的初传》，《中国史研究》2006 年第 1 期，第 69～80 页。

[4] 温玉成：《集安长川一号壁画墓》，《北方文物》2001 年第 1 期，第 32～38、70 页。李海涛：《佛教在高句丽、百济和新罗传播足迹考》，《全球化下的佛教与民族》（第三届两岸四地佛教学术研讨会），光明日报出版社，2011 年，第 501～511 页。

[5] 〔日〕木村宣彰著，姚义田译：《昙始与高句丽佛教》，《博物馆研究》2002 年第 2 期，第 38～44 页。

熙初，复还关中，开导三辅。

我们可以看到自慧皎撰《高僧传》以后，直到元代中国历代文献有关昙始的记录均是以《高僧传》为基础，或是直接援引，或是稍加归纳，并无多大出入，可以确定《高僧传》是以后各种记录昙始史料的祖本。对于昙始的籍贯都说明了是关中，昙始到达高句丽的时间是东晋孝武帝太元（376～396年）之末，但是中国文献没有说明昙始到达高句丽的具体时间，仅有太元之末。太元时期有21年，如果分成三期的话，太元之末大体为390～396年，此时关中地区正是后秦（384～417年）的势力范围，后秦和后燕相邻、而后燕通过辽东与高句丽接壤；而且《高僧传》等多提及昙始"义熙初，复还关中，开导三辅"，说明昙始可能是从关中出发前往高句丽，以后又返回关中，因此我们认为当时昙始为后秦僧人；至于《高僧传》所记昙始的活动均以东晋年号纪年，我们认为这与东晋南朝时期偏安江南一隅的东晋南朝上自皇族、下至一般的士大夫始终是正统自居有关，而且慧皎本身就是南朝的僧人。因此结合后秦、后燕和高句丽的相对位置，我们认为当时后秦关中僧人昙始可能通过陆路由关中到达辽西，经辽东进入高句丽。

朝鲜半岛三部成书于高丽王朝的史书《三国史记》《海东高僧传》及《三国遗事》对佛教传入高句丽均有记载。《三国史记》为金富轼（1075～1151年）奉旨编纂，高丽仁宗二十三年（1145年）成书，《三国史记·卷第十八·小兽林王本纪》：二年（372年），夏六月，秦王苻坚遣使及浮屠顺道送佛像、经文……四年（374年）僧阿道来。五年（375年）春二月，始创肖门寺，以置顺道。又创伊弗兰寺，以置阿道。此海东佛法之始。

《海东高僧传》为高丽僧人觉训奉旨撰写，成书于高丽高宗二年（1215年）。全书共有两卷，其中第一卷前有"流通一之一"叙述佛教产生、传入中国、朝鲜半岛的过程及成书原因，另有顺道、昙始及阿道等僧人传记。《海东高僧传·卷一·流通一之一》：若我海东，则高句丽味留王（应为解味留王，即小兽林王，笔者注）时，顺道至平壤城。继有摩罗难陀从晋来于百济国，则枕流王代也。后于新罗第二十三法兴王践祚，梁大通元年丁未三月十一日，阿道来止一善县。

《海东高僧传·卷一·顺道传》：释顺道，不知何许人也。迈德高标，慈忍济物，誓志弘宣，周游震旦，移处就机，诲人不倦，高句丽第十七解味留王（或云小兽林王）二年壬申夏六月，秦符坚（应为苻坚，笔者注）发使及浮图顺道送佛像、经文，于是君臣以会遇之礼奉迎于省门。投诚敬信，感庆流行，寻遣使回谢，以贡方物。或说顺道从东晋来，始传佛法，则秦晋莫辨，何是何非……后四年神僧阿道至自魏（存古文），始创省门寺以置顺道，古记云以省门为寺，今兴国寺是也，后讹写为省门。

又并伊弗兰寺，以置阿道，古记云兴福寺是也。此海东佛教之始。

《海东高僧传·卷一·昙始传》：释昙始，关中人也，自出家多有异迹。足白于面，虽涉泥水，未尝沾湿，天下咸称白足和尚。以晋太元末年赍持经律数十部往化辽东，乘机宣化，显授三乘，立以归戒。梁僧传以此为高句丽闻法之始，是当广开土王五年（应为六年，即396年，笔者注）、新罗奈勿王四十一年、百济阿莘王五年，而秦符坚（应为苻坚，笔者注）送经像后二十五年也……晋义熙初师复还关中，唱道三辅。

《海东高僧传·卷一·阿道传》：释阿道，或云本天竺人，或云从吴来，或云自高句丽入魏，后归新罗，未知孰是。风仪特异，神变尤奇，但以行化为任，每当开讲，天雨妙花始。新罗讷祇王时有黑胡子者从高句丽至一善郡，宣化有缘郡人毛礼，家中作窟室安置。于是梁遣使赐衣着香物。

《三国遗事》为高丽王朝僧人一然（1206～1287年）撰写，书中记录的最晚年代为1281年，依此推算应完成于1281～1287年之间。《三国遗事·卷三·兴法第三》：顺道肇丽。高丽本记（应为纪，即《三国史记·高句丽本纪》，笔者注）云：小兽林王即位二年（372年）壬申，乃东晋咸安二年，孝武帝即位之年也。前秦苻坚遣使及僧顺道送佛像、经文（时坚都关中，即长安）。又四年（374年）甲申，阿道来自晋。明年（375年）乙亥二月，创肖门寺，以置顺道。又创伊弗兰寺，以置阿道。此高丽佛法之始。僧传（《海东高僧传》）作二道自魏云者误也，实自前秦而来。又云肖门寺今兴国，伊弗兰寺今兴福寺者亦误。

以上三部高丽王朝的史书对于佛教传入高句丽的记载各有特点，三部史书均认为372年由前秦僧人顺道将佛教传入高句丽，其中《三国史记》和《三国遗事》未提及昙始；《海东高僧传》不但提及昙始到高句丽弘法之事，而且给出了明确的年代（396年）；以上记载究竟源于何处，由于在中国早期史料中并未找到相关资料，我们不得而知。但是就史料学的角度而言，我们认为《高僧传》关于昙始的记载较高丽王朝三部史书的记载更为可信，高丽王朝的三部史书在涉及顺道、阿道及昙始的相关记载中都存在不同程度的杜撰。

因此参考包括慧皎《高僧传》在内的中国史料及崔致远撰写的《凤岩寺智证大师寄照塔碑》我们认为高句丽佛教是在东晋太元末年（约390～396年）由后秦关中僧人昙始传入的，昙始当时可能是从关中出发由陆路到达辽西、经辽东进入高句丽。

《三国史记》《海东高僧传》及《三国遗事》的作者在编写过程中可能并未参照《高僧传》等中国史料及《凤岩寺智证大师寄照塔碑》所记载的内容。至于《高僧传》所记载的与东晋僧人支道林（314～366年）书信来往的"高丽道人"虽然在

《海东高僧传》也有相关记载，但是我们无法证明这位"高丽道人"就是当时高句丽地区的佛教徒。此外唐代道宣（596～667年）所撰《续高僧传·卷二十五·僧意传》：释僧意……元魏中，住泰山朗公谷山寺。聚众教授，迄于暮齿，精诚不倦。寺有高丽像、相国像、胡国像、女国像、吴国像、昆仑像、岱京像，如此七像，并是金铜，俱陈寺堂。部分学者认为此处所述高丽像即高句丽佛像，此佛像为前秦时期（351～394年）高句丽赠送给竺僧朗[1]。也有学者认为此处所述高丽像、相国像均为高句丽佛像，其中相国像可能是好太王时期（391～412年）高句丽"相国"赠送给竺僧朗[2]。但是从目前朝鲜半岛特别是高句丽地区发现的佛像资料来看，除首尔纛岛发现的一尊鎏金佛像时代较早外[3]，高句丽地区其他佛像资料的时代大体不早于5世纪初。虽然也有学者认为纛岛鎏金佛像属于高句丽佛像，可能是5世纪初制造于中国北方地区[4]，但是纛岛佛像周围均为百济墓葬和遗址，没有发现与高句丽相关的遗迹和遗物，因此这件佛像是否属于高句丽佛像还有待进一步研究。

三　冬寿墓的莲花纹

冬寿墓又名安岳3号墓，是目前已知年代最早的（357年）高句丽壁画墓。由于冬寿墓发现了多种形制的莲花纹，对于冬寿墓莲花纹的理解也成为研究佛教传入高句丽时间的重要问题之一。冬寿墓封土为覆斗形，其中南北长33、东西宽30、高6米，墓葬结构是用石板砌筑的多室墓，南北向，包括墓道、甬道、前室、后室、前室两侧的东侧室和西侧室，后室北侧的北回廊和东侧的东回廊，前、后墓室顶部均为叠涩形成的天井。西侧室入口南侧侍从上部发现7行68字的墨书题记（原题记为竖排）：

　　永和十三年十月戊子朔廿六日
　　□丑使持节都督诸军事
　　平东将军护抚夷校尉乐浪
　　相昌黎玄菟带方太守都
　　乡侯幽州辽东平郭
　　都乡乡敬上里冬寿字

[1] 李裕群：《高句丽佛教造像考——兼论北朝佛教造像样式对高句丽的影响》，《4～6世纪的北中国与欧亚大陆》，科学出版社，2006年，第233页。

[2] 温玉成：《高句丽"相之国"》，《北方文物》2004年第3期，第67、112页。

[3] 金元龙：《纛岛出土金铜佛坐像》（韩文），《历史教育》1961年第5期。

[4] 李裕群：《高句丽佛教造像考——兼论北朝佛教造像样式对高句丽的影响》，《4～6世纪的北中国与欧亚大陆》，科学出版社，2006年，第235页。

□安年六十九薨官

冬寿墓前室和后室之间有三根八角形石柱和一根四角形石柱（四角形石柱位于三根八角柱东侧）、后室及北面的回廊之间有三根八角形石柱和两根四角形石柱（四角形石柱位于三根八角柱两侧），除前室和后室之间东侧四角柱、后室与北回廊之间东侧的四角石柱上有一斗二升外，其他石柱上均直接承接栌斗，栌斗正面均绘有兽面纹，前室和后室之间立柱栌斗的东西两侧绘有莲花纹。墓室天井部均为三角叠涩 2 层 + 大型盖顶石结构。

冬寿墓莲花纹位于前室西侧室西壁冬寿坐帐两角及顶部（图三，1；彩版一一，1）、南壁冬寿夫人坐帐两角及顶部（图三，2；彩版一一，2），前室与后室之间四个立柱栌斗的东西侧面，后室天井顶部。除后室天井部莲花纹为俯视莲花纹外（图三，3；彩版一一，3），其余莲花纹均为侧视的莲蕾或莲花。莲蕾见于冬寿坐帐两角（图三，4；彩版一一，4）。侧视的莲花纹莲瓣数量有三瓣、五瓣和七瓣三种，其中三瓣莲花纹见于冬寿夫人坐帐两角（图三，5；彩版一一，5），五瓣莲花纹见于冬寿坐帐顶部（图三，6；彩版一一，6），七瓣莲花纹见于冬寿夫人坐帐顶部（图三，7；彩版一一，7）、前室和后室之间立柱栌斗的东西两侧（图三，8、9；彩版一一，8、9）。栌斗正面的兽面（图三，10；彩版一一，10）形制略有差异，其中西起第二立柱和西起第四立柱栌斗上的兽面纹的下端部分绘制于栌斗下立柱的上部。

四　冬寿墓莲花纹的研究

在研究冬寿墓莲花纹之前，我们首先对冬寿的经历作一简单介绍。根据墨书墓志记载 357 年十月 69 岁的冬寿去世，依此推算冬寿当生于 288 年或 289 年[1]，冬寿在逃往高句丽之前，曾经是前燕的司马。东晋咸和八年（333 年）五月被东晋朝廷封为辽东郡公的慕容廆去世，六月慕容廆第三子慕容皝嗣辽东郡公，由于即位之初用法严苛等引起了慕容皝的弟弟慕容仁等人的不满，当年十月慕容仁引兵征讨慕容皝，慕容皝随即以高诩、慕容幼、慕容稚、慕容军、慕容汗、司马冬寿等率军讨伐慕容仁。后慕容皝兵大败，慕容幼、慕容稚、慕容军被慕容仁俘获，由于冬寿曾为慕容仁司马，遂降于慕容仁。咸和九年（334 年）十月至十一月慕容皝征讨辽东并多次击败慕容仁。咸康二年（336 年）正月慕容皝亲率大军踏冰越海击败慕容仁并将其赐死，冬寿与郭充等逃往高句丽。咸康八年（342 年）十一月慕容皝大举进

---

[1]　现在人们计算死者年龄时是以虚岁计算，这样的结果往往是比实际年龄多出一岁，对于生活在冬寿时代的高句丽人在计算死者年龄时是以虚岁计算还是以实际年龄计算，我们并不知道。因此如果当时以实际年龄来计算冬寿的年龄，则冬寿生于288年；如果当时以虚岁计算冬寿的年龄，则冬寿生于289年。

1.前室西侧室西壁冬寿坐像　　　　　　2.前室西侧室南壁冬寿夫人坐像

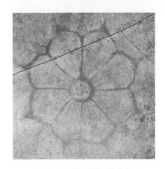  

3.后室天井顶部莲花纹　　4.冬寿坐帐两角的莲花纹　　5.冬寿夫人坐帐两角的莲花纹

6.冬寿坐帐顶部莲花纹　　　　　　7.冬寿夫人坐帐顶部莲花纹

8.前室和后室之间西起　　9.前室和后室之间西起　　10.前室和后室之间西起
　第一柱东侧莲花纹　　　　第二柱东侧莲花纹　　　　第一柱正面兽面纹

图三　冬寿墓莲花纹及兽面纹

攻高句丽，攻破丸都山城，俘虏高句丽故国原王王后、王太后等，发故国原王之父美川王之墓并载其尸体而还。永和十三年（357年）十月冬寿去世。通过以上的梳理我们可以知道333年十月之前冬寿曾经做过慕容仁的司马，当年十月作为慕容皝的司马讨伐慕容仁，兵败后降于慕容仁，336年正月慕容皝击败慕容仁后冬寿逃往高句丽。冬寿到高句丽以后的活动由于各种文献并无相关记载，其具体经历不详但是从342年丸都之战高句丽经历的惨败来看，冬寿可能并未经历这场战争而是在其逃到高句丽以后被派往朝鲜半岛北部的高句丽地区，而且从其墓葬规模和内容等来看，冬寿应当受到了高句丽王室的重用。

在研究冬寿墓的莲花纹时，弄清冬寿墓莲花纹的含义和渊源是非常必要的。十六国北朝时期曾经流行以莲花或流苏等装饰坐帐，《邺中记》："石虎御床，辟方三丈。冬月施熟锦流苏斗帐，四角安纯金龙，头衔五色流苏……帐顶上安金莲花，花中悬金箔，织成繏囊。"与此类似的帐在北朝时期也曾作为北魏太极殿的装饰，《南齐书·卷五十七·魏虏列传》："正殿施流苏帐，金博山，龙凤朱漆画屏风，织成幌。"冬寿墓的坐帐、帐顶及帐角装饰莲花和流苏（图四，1）不但与上述文献记载有一定相似之处，而且和辽阳上王家村晋墓壁画中男主人的坐帐[1]（图四，2）也十分相似。郑岩先生认为魏晋南北朝时期的墓葬壁画在一定时间或空间范围内存在着粉本，而粉本存在着被多次借用、复制、选择、组合、改造的问题[2]。田立坤先生通过对朝阳袁台子壁画墓、冬寿墓和德兴里壁画墓墓主人形象的对比认为魏晋十六国时期辽西和朝鲜半岛墓葬壁画可能流行一种相同的粉本[3]。与辽阳上王家村晋墓墓主人位于坐帐内的形象相比，我们发现冬寿坐帐帐顶出现了侧视莲花装饰、帐角出现了莲蕾形莲花，另有璜、珠子和流苏装饰，冬寿夫人坐帐帐顶及两角的装饰与冬寿的坐帐装饰大体相同；而上王家村晋墓墓主人坐帐帐顶虽然装饰有莲花，但是帐角没有莲花、仅有龙衔流苏的装饰；这些变化可能暗示了这两座墓葬墓主人身份的差异。郭大顺先生认为上王家村晋墓使用了龙衔流苏的装饰、再结合墓葬结构及当时的历史情况等，其墓主人是与中原地区诸侯王级别相当的辽东的公孙氏[4]。由于冬寿墓墓主人位于坐帐内的形象与辽西魏晋十六国时期的墓葬壁画具有很大的相似性，我们认为冬寿墓墓主人位于坐帐内的形象实际上是利用、复制后者壁画中的某些片段为粉本，同时还存在着根据墓主人身份等对粉本进行选择、组合和改造的情况。因此对于冬寿墓的莲花纹及墓主人位于坐帐内的形象在当时的高句丽地区只能视为

[1]　李庆发：《辽阳上王家晋代壁画墓清理简报》，《文物》1959年第7期，第61页，图8。

[2]　郑岩：《魏晋南北朝壁画墓研究》，文物出版社，2001年，第267页。

[3]　田立坤：《袁台子壁画墓的再认识》，《文物》2002年第9期，第41～48页。

[4]　郭大顺：《〈辽阳壁画墓群〉学习笔记》，《东北亚考古学论丛》，科学出版社，2010年，第20～34页。

1.冬寿墓墓主人像　　　　　　　　　2.辽阳上王家村晋墓墓主人像

3.冬寿墓后室天井莲花纹　　4.朝阳袁台子壁画墓出土铜铃纹样　　5.朝阳老城出土莲花纹瓦当

6、7.喇嘛洞采集鎏金铜箭箙及其莲花纹　　　8、9.十六国时期鎏金铜佛及台座宝瓶中的莲蕾形莲花

10.天龙山石窟北朝礼佛图　　　11.西晋太康九年（288年）花纹砖纹样

图四　冬寿墓壁画、辽阳上王家村晋墓壁画及相关莲花纹

一种装饰纹样，并不代表佛教已经传入高句丽地区 [1]。

由于冬寿是由前燕逃亡到高句丽的将军，而且当时前燕与高句丽领上接壤，因此我们首先来了解一下前燕或三燕时期的莲花纹。三燕时期的壁画墓由于发现数量不多和保存情况不好等原因，目前还没有发现与冬寿墓莲花纹相同的图案，但是在朝阳地区出土的一些三燕遗物上发现了与冬寿墓莲花纹类似的纹样。冬寿墓的俯视莲花纹（图四，3）与朝阳袁台子壁画墓（354 或 366 年）出土的小铜铃 [2]（图四，4）和朝阳老城出土的前燕时期莲花纹瓦当 [3]（图四，5）上的图案比较相似。喇嘛洞三燕墓地采集的鎏金铜箭箙上发现了与冬寿墓侧视三瓣莲花纹相似的纹样 [4]（图四，6，7），由于箭箙为采集品准确断代有一定的困难，但是可以确定是三燕时期的遗物。虽然冬寿墓莲蕾形莲花纹在目前三燕地区并未发现相似的图案，但是莲蕾形莲花纹在五胡十六国时期的鎏金铜佛上已经发现，传河北省石家庄出土，现藏美国哈佛大学福格美术馆的鎏金铜佛像是十六国早期典型的佛教造像 [5]（图四，8），其年代大体在 4 世纪初，也有学者认为年代在 4 世纪前半叶 [6]，佛像结跏趺坐，位于狮子形方形台座上，台座中间有一圆形宝瓶，宝瓶的插花中即有莲蕾形莲花（图四，9）；莲蕾形莲花纹在随后北朝时期的佛教石窟中 [7]（图四，10）也非常流行；与北方相比南方的莲蕾形莲花纹可能出现更早，盱眙县发现的与佛教有关的西晋太康九年（288 年）花纹砖上已经存在此类纹样 [8]（图四，11）；因此我们相信随着今后三燕考古工作的逐步深入，与冬寿墓相似的莲蕾形莲花纹应该可以在三燕地区发现。

[1] 王飞峰、夏增威：《高句丽丸都山城瓦当研究》，《东北史地》2008 年第 2 期，第 67～74 页。

[2] 辽宁省博物馆文物队、朝阳地区博物馆文物队、朝阳县文化馆：《朝阳袁台子东晋壁画墓》，《文物》1984 年第 6 期，第 38 页，图三三，1（略有改动）。田立坤先生通过对墓中题记和壁画等的研究认为袁台子壁画墓的年代为 354 或 366 年，见田立坤：《袁台子壁画墓的再认识》，《文物》2002 年第 9 期，第 41～48 页。

[3] 万雄飞、白宝玉：《朝阳老城北大街出土的 3～6 世纪莲花纹瓦当初探》，《东北亚考古学论丛》，科学出版社，2010 年，图版一八，5。笔者认为该瓦当可能为前燕时期，见王飞峰：《三燕瓦当研究》，《边疆考古研究（第 12 辑）》，科学出版社，2012 年，第 295～313 页。

[4] 辛占山：《从三座壁画墓的发现看辽东、三燕、高句丽壁画墓之间的关系》，《东北亚考古学论丛》，科学出版社，2010 年，第 43 页，图六。

[5] 〔日〕曾布川宽、冈田健（编辑）：《世界美术大全集·东洋篇第 3 卷·三国南北朝》，小学馆，2000 年，第 330 页，图 261。

[6] 玛丽琳·M·丽爱著，台建群译：《5 世纪中国佛像和北印度、巴基斯坦、阿富汗及中亚塑像的关系》，《敦煌研究》1992 年第 1 期，第 26～34 页。

[7] 孙迪：《天龙山石窟——流失海外石刻造像研究》，外文出版社，2004 年，第 171 页，图 1。

[8] 秦士芝：《盱眙县发现一批西晋墓砖》，《文物资料丛刊（第 8 辑）》，文物出版社，1983 年，第 126 页，图一。

五　结语

通过对中国古代及朝鲜半岛相关史料的梳理，再结合高句丽地区佛像的发现情况等，我们认为东晋太元之末（390～396年）后秦关中僧人昙始将佛教传入高句丽，这可能是目前官方认可的关于佛教传入高句丽的记录，至于佛教是否在这之前已经通过民间交往的方式传入高句丽，还需要进一步研究。考虑到后秦、后燕和高句丽的相对位置，昙始当时可能从关中出发由陆路到达辽西、经辽东进入高句丽。

佛教的传入是高句丽莲花纹瓦当产生的重要因素。冬寿墓出现的莲花纹及坐帐形象应是直接源于辽西地区魏晋十六国的壁画墓，而且是利用后者壁画中的某些片段为粉本，根据墓主人的身份进行了选择和改造，为研究这一时期壁画粉本的传播和分布提供了新的材料，并对以后高句丽壁画墓的发展产生了深远的影响。因此冬寿墓的莲花纹在当时的高句丽地区仅仅是作为一种与坐帐共存的粉本中的装饰纹样，并不代表佛教已经传入高句丽地区。

本文系国家社科基金2017年度研究项目（项目批准号：17VGB002）、国家社科基金2018年度研究项目（项目批准号：18VGB004）、国家社科基金2019年度研究项目（项目批准号：19VGH003）阶段性成果。

四川南北朝造像共性与差异的再思考

雷玉华　　陈正菊 ★

一　共性与差异的认识

在审视文化艺术发展的历史过程中，可以清楚地看到：佛教文化及艺术的发展贯穿了整个亚洲大陆、穿越古今。传播与发展中的佛教，在不同民族政权、不同的文化区域内调整、适应、并变化与发展着，无远弗界，无可替代。直到唐初，中国各地的佛教造像仍保留有较多地方特色，同一时期造像有共性的同时，差异仍然存在。

南北朝时期是中国历史上的分裂时期，也是中外文化和中国各民族文化交流与融合的高峰时期。佛教是这个时期文化交流最重要的成果，西来与东去的高僧大德不绝于路，新的佛教艺术形象被源源不断带到了中国。近年来，西起甘肃，东至河北、山东，南至四川、云南 [1] 等地，越来越多南北朝时期佛教造像资料被发现并公布。结合对同一区域佛教石窟寺内造像的研究，学者们清楚地看到了南北朝时期，中国各区域、各个时段造像存在的时代共性和巨大差异，例如以敦煌为代表的河西地区、西安—洛阳为中心的中原核心地区、河北邺城及其周围地区、以成都为中心的四川地区、山东青州及其周围地区等，同一个时期的造像有很多共性的同时差异也很大，地域特征明显，不能以一个区域的时代特征概括那个时期全部的中国造像。

四川只是其中一个不大的区域，但其南北朝时期的造像却非常有特点，不同于迄今所见任何区域的同期造像。四川南北朝时期的造像特征包括我在内的多位同行此前已作过归纳 [2]，并根据造像特征的变化进行了分期，同期其他区域的造像特征

　　★　雷玉华：西南民族大学；陈正菊：大足石刻研究院。

　　[1]　云南巍山曾出土过一批佛教造像，其中有6~7世纪的造像，大部分藏于巍山县文物管理所。

　　[2]　李裕群：《四川南朝造像的题材及与北方石窟的关系》，《四川出土南朝佛教造像》，中华书局，2013年，第228~242页。罗世平：《四川南朝佛教造像的初步研究》，《汉唐之间的宗教艺术与考古》，文物出版社，2000年，第397~417页。雷玉华：《成都地区南朝造像研究》，《少林文化研究论文集》，宗教文化出版社，2001年，第199~299页。

也已经有很多研究成果，不再赘述 [1]。这里主要是对四川此阶段造像与其他地区同期造像的共性与差异产生的原因进行简要分析。

二 共性与差异的再思考

此前，中国大多数学者对印度及东南亚国家的了解非常有限，对佛教文化及其遗迹遗物的研究主要集中在北线陆上丝绸之路上，少数有远见的学者注意到了印度笈多艺术的广泛影响以及在海路的传播 [2]，但苦于不能进行实地考察，甚至少有见到实物的机会，没有具体的比较研究，他们的观点并没有被国内学者广泛重视。

随着一带一路倡议，一带一路沿线国家之间的文化交流日渐频繁，中国学者们的视野进一步扩展，在西面，除了关注西域与国内陆上丝绸之路沿线的佛教传播关系外，将视线延展到了更远的区域；在南面，途经东南亚诸国的海上传播之路越来越受到重视。中国与印度及沿海国家学者之间的交流增多，中国学者有更多机会了解海上丝绸之路上的实物。特别是随着中印间文化交流增加，中国学者对佛教艺术的母源地印度的造像艺术了解越来越多，印度、东南亚沿海及海岛上的佛教艺术越来越被中国学者所熟悉，对佛教艺术传播途径、造像风格的变化等开始从更广、更多的角度来思考。我对四川南北朝时期造像风格的形成与变化也有了更深的理解，我认为应该主要从以下三个方面来考察：

1.南北朝时期佛教艺术母源地印度

笈多王朝是印度历史上相对统一的一个政权，主要存在于 4 ～ 6 世纪，即中国的南北朝时期，这个时期以印度本土化为特征的艺术达到顶盛。随着印度教和佛教向外传播，其艺术风格影响了中亚、东南亚及中国的雕塑艺术，余波达于 7 世纪 [3]。中国的东晋南北朝时期，正是佛教在中国成为独立宗教形式并逐渐走向兴盛的时期，也是印度笈多艺术向外传播时期，现在中国的学者才普遍开始意识到有笈

[1] 如：罗世平：《青州北齐造像及其样式问题》，《龙兴寺与青州风格研究》上，山东人民出版社，2015年，第57～70页。黄春和：《印度笈多艺术与青州佛教造像》，同前书，第105～110页。刘建华：《北齐时期青州与定州地区青白石佛教造像艺术》，同前书，第220～227页。夏名采、王瑞霞：《青州龙兴寺出土背屏式佛教石造像分期初探》，同前书，第80～92页。

[2] 罗世平：《青州北齐造像及其样式问题》，《龙兴寺与青州风格研究》上，山东人民出版社，2015年，第57～70页。黄春和：《印度笈多艺术与青州佛教造像》，同前书，第105～110页。罗世平：《四川南朝佛教造像的初步研究》，《汉唐之间的宗教艺术与考古》，文物出版社，2000年，第397～417页。宿白：《青州龙兴寺窖藏所出佛像的几个问题——青州城与龙兴寺之三》，《龙兴寺与青州风格研究》下，山东人民出版社，2015年，第522页。

[3] 罗文华：《笈多风格及其在中国的渐进》，《梵天东土 并蒂莲花——公元400～700年印度与中国雕塑艺术》，故宫出版社，2016年，第488页。经过本人在各地的田野调查和参观所见实物的观察与分析，认为罗先生所说非常正确。

多元素风格的佛像样式无处不有。

但是，在我们想弄清楚笈多风格以便比较研究的时候才发现，笈多王朝范围很大，似乎没有一个统一的笈多样式。好似我们的魏晋南北朝时期一样，很难用一种风格来概括全部那个时候的造像，虽然很多时候它们特别相似，甚至有一模一样的东西存在，但它们还是有差异。人们现在认识到的笈多艺术风格，正如罗文华先生所言，"笈多时期的雕塑艺术不仅是佛教艺术，而是印度教、耆那教、佛教共同激荡下发展起来的艺术风格，也不再是标签化的马图拉和萨尔纳特样式，而是一种多中心的区域化和多元化艺术。"[1] 但是，同一个时期，同一个王朝的东西，有区域的多样性，当然有时代的共性。罗文华先生对印度笈多时期多个艺术中心的特点进行了归纳：不同于犍陀罗样式那样以宽厚袈裟和自然写实的衣褶为特征，笈多风格都以显示出躯体轮廓为特征，但马图拉地区是细密条棱状衣纹，表现薄透的质感，透出身体的轮廓线（图一），而萨尔纳特地区则完全不表现衣纹，只在腹部有一条线或下摆底端表现出有衣服的样子（图二），这两种样式在中国南北不同区域都可找到其流。笈多时期还有很多艺术中心[2]，丰富多样的笈多时期造像有很多共性，各地区之间也有差异，它们都或多或少地随东行传法的印度僧人或西行取经的中国僧人辗转到了中国。因此，中国各地，无论南北，都有了一些笈多风格元素的艺术形象，并且表现形式还各有差异。例如成都南朝梁武帝时期阶梯状衣褶的立佛像，与马图拉风格相似，青州的无衣纹的立佛与萨尔纳特造像形似。这些风格在南路、北路都留下过传播的痕迹。这也是同一件造像或相似风格的造像，我们的学者有说南来因素，有说北来因素的原因。其实是同样的风格在南线、北线均有传播，并且笈多艺术中，也保留了很多早期的元素，如用珠子串成的玉米穗状的璎珞从很早就已大量使用，在这个阶段的南、北两线的造像中仍然流行，并且被广泛使用于 6 ～ 7 世纪中国各地的造像中，如图（图三～六）所示，不同时期、不同地点，均有使用。

2.佛像样式的传播路径

中国与印度的交往有南北两个方向。北方最早主要是从丝绸之路通过中亚，经新疆、甘肃进入中国北方地区，以长安、洛阳为主要目的地。还有很多支道，其中与四川相关的除了从丝绸之路上的河西走廊经汉中等地入川外，还有经今青海、甘肃、四川交界地入川的丝绸之路河南道，在西凉与南朝、特别是南朝梁时期与西方交往中曾发挥过重要作用；北魏都平城时期还开拓了从甘肃北端经内蒙古达平城的

---

[1] 罗文华：《笈多风格及其在中国的渐进》，《梵天东土 并蒂莲花——公元400～700年印度与中国雕塑艺术》，故宫出版社，2016年，第488页。经过本人在各地的田野调查和参观所见实物的观察与分析，认为罗先生所说非常正确。

[2] 罗文华：《笈多风格及其在中国的渐进》，《梵天东土 并蒂莲花——公元400～700年印度与中国雕塑艺术》，故宫出版社，2016年，第493～498页。

图一　五世纪马图拉地区的佛像

图二　五世纪萨尔纳特地区的佛像

图三　二世纪巴基斯坦马丹
地区的菩萨造像

图四　五世纪印度马哈拉施特拉邦的筏摩那像
（毗湿奴的第五化身）

图五　成都同仁路出土的北周菩萨像　图六　十三身菩萨之一——库木吐喇石窟新2窟

草原丝绸之路。它们都是佛教北线传播的重要路线。四川这个小区域从来不是中国僧人西去取经归来与梵僧东来传法的目的地，也没有处在佛教传播的主干线上，中外传法僧或有来四川者，都有其他的原因。经中原或沿海到长江中下游传播的佛教经典与造像样式，也可以经过长江水道进入四川。从沿海到四川也有多条通道，最常见的有二：一是从广州等地登陆，辗转至建康（今南京）为中心的长江下游地区；二是从今越南等地登陆，进入武昌、荆州等为中心的楚、湘地区，再顺长江入川。

　　中国南方与印度的交往很早就有。从文献上我们知道，汉武帝开西南夷，打通了中原至西南边陲的陆上道路（其实这些道路本来就存在，只是汉武帝时期，以官府之名把它们联系起来了），使中印从南边陆路交流成为可能。同时，中国与印度之间，通过东南亚海岛与沿海岸的国家和地区，使节与商人、僧侣一直都很活跃。文献上记载了中国汉代与印度东海岸一带的黄支国（后来的建志补罗国）就有往来。中国西南与印度之间陆上交往的通道之一"身毒道"的讨论亦多。在从印度经海路归国的僧侣与商队当中，以东晋法显一行的事迹最著名[1]。1944年在印度坦贾武尔

　　　　[1]　《高僧传》卷第三《释法显》："后至中天竺于摩竭提……显留三年……于是持经像寄附商客到师子国……既而附商人大舶循海而还。舶有二百许人……及归汉土众僧任风而去得无伤坏。经十余日达耶婆提国。停五月。复随他商东适广州。举帆二十余日。夜忽大风合舶震惧……既水尽粮竭唯任风随流。忽至岸但未测何方。即乘船入浦寻村见猎者二人。显问此是何地耶。猎人曰：此是青州长广郡牢山南岸……遂南造京师。"《大正藏》第五十册，新文丰出版公司影印，1996年，第0337页。

（Tanjore）地区发现了 838 枚东汉至南宋时期的钱币 [1]，这是中印从汉代以来商贸往来最好的证明。同时，印度学者还注意到，因为与中国的海上贸易，印度人在越南的海岸定居下来。中国文献中今越南一带的林邑国，后来称占婆，在相当于中国东汉时期由玛拉王朝统治，这个王朝是来自印度的家族，此家族在印度全境有自己的商业帝国 [2]。中国沿海港口遗址的考古工作也有很好的例证。比如：广西合浦县古代以出产珍珠驰名，是著名的南珠产地，也是著名的港口；福建泉州也是著名的古代港口，除了文献记载外，也得到了考古材料的证明。中国文献上关于与林邑、扶南等国的交往颇多，南朝梁期间尤多。经过林邑、扶南等国从陆路进入长江流域，或者从我国沿海广州、福建等地登陆，再辗转进入长江流域，近年的考古工作有力地证明了史书的记载，散存于各地的以佛教为代表的宗教艺术作品是最好的物证。穿越这些沿海的南亚、东南亚国家的通道我们叫"海上丝绸之路"或者"南方丝绸之路"，在这些路上与北方丝绸之路一样同时期传播着同样来自于印度的佛教和佛教艺术，同时还有印度教和印度教的艺术（图七～一〇），在前举各例中，可以看到，南方与北方丝路上的佛教造像有很多共性，文献上记载的例子很多。文献的记载也表现出有的地方当时造像就是南北二线传播来者兼容，例如，慧远在庐山既大量吸收从印度经葱岭的北方丝路传来的佛典与造像，也与南海来的阿育王像的传播关系密切 [3]，还吸收经从中原辗转到南方的佛典。南北不同线路上传来的佛像中笈多时期的艺术风格影响最大、最深远，也最复杂。

美国大都会博物馆曾举办过一个展览，叫 Lost Kingdoms-Hindu-Buddhist Sculpture of Early Southeast Asia，此展中我们可以看到，出土于柬埔寨、印度尼西亚、马来西亚、缅甸、泰国、越南等东南亚海岛与沿海岸的国家有大量的源于印度笈多艺术风格的印度教和佛教艺术雕刻品，他们从很早就传到这里，并且一直保留到很晚 [4]。其最明显的特征就是透出身体轮廓或者说曲线，有的如马图拉地区是细密条棱状衣纹，表现薄透的质感，透出身体的轮廓线；有的如萨尔纳特地区则完

---

[1] 〔印度〕罗凯什·钱德拉、尼摩罗夏尔玛：《笈多风格在中国艺术中的同声相应》，《梵天东土 并蒂莲花——公元400～700年印度与中国雕塑艺术》，故宫出版社，2016年，第504页。

[2] 〔印度〕罗凯什·钱德拉、尼摩罗夏尔玛：《笈多风格在中国艺术中的同声相应》，《梵天东土 并蒂莲花——公元400～700年印度与中国雕塑艺术》，故宫出版社，2016年，第504页。

[3] 例如：《高僧传》卷第六《释慧远》："……见庐峰清静足以息心。始住龙泉精舍……远闻。天竺有佛影。是佛昔化毒龙所留之影。在北天竺月氏国那竭呵城南古仙人石室中……会有西域道士叙其光相。远乃背山临流营筑龛室。妙算画工淡彩图写……又昔浔阳陶侃镇镇广州。有渔人于海中见神光每夕艳发。经旬弥盛。怪以白侃。侃往详视乃是阿育王像。即接归以送武昌寒溪寺……后有罽宾沙门僧伽提婆。博识众典。以晋太元十六年来至浔阳。远请重译阿毘昙心及三法度论。于是二学乃兴……每逢西域一宾辄恳恻谘访……葱外妙典关中胜说。所以来集兹土者。远之力也。外国众僧咸称汉地有大乘道士。"《大正藏》第五十册，新文丰出版公司影印，1996年，第0337页。

[4] John Guy, *Lost Kingdoms—Hindu—Buddhist Sculpture of Early Southeast Asia*, (Distributed by Yale University Press, New Haven and London.).

图七　南方丝路，泰国曼谷博物　　　图八　南方丝路，印尼雅加达博物馆藏
馆藏4~5世纪佛像（泰国出土）　　　　7~8世纪佛像（可能是斯里兰卡造）

图九　北方丝路，克孜尔石窟　　　图一〇　北方丝路，甘肃炳灵寺
第188窟中的立佛　　　　　　　五世纪有笈多元素的立佛

全不表现衣纹，只在腹部有一条线或下摆底端表现出有衣服的样子。南北朝时期流行于中国和同期南亚、东南亚的还有同样发源于印度的螺状发卷、突起的嘴唇（图一一~一三）、大大的圆头光，卷草纹、联珠纹（图六）、三角形纹装饰带等。在中国南方，除了四川的南朝造像外，有些元素在今天四川、云南、广西等南方地区保存下来的唐、宋造像中仍可看到影子。例如，四川广元千佛崖唐初还有类似于印度笈多时期萨尔纳特地区完全不表现衣纹，只在腹部有一条线表现出有衣服样子做法，也有类似南朝的通肩袈裟、透出身体轮廓的样式（图一四）；在云南大理时期流行的阿嵯耶观音，身体曲线突出，很少表现裙褶的样子，都可看作是其遗风（图一五）。其流影响之深可见一斑。

因此，佛教艺术在北路传播进入中国的过程中，同样的样式同时期也在南亚、东南亚传播，并进入中国，而且很早就有，至法显时期增多，至南朝梁时期尤多[1]。所以说，可以认为到梁武帝时期从南海来的笈多样式大量流行，也影响了成都造像。

同期，北方以河北邺城和山东青州为代表的中原北方的东部地区受到了笈多风格的强烈影响，学者们有说新的造像样式是从南海直接达青州，有说受南朝影响所至，也有认为北方草原丝路也是传播路线，无论如何，它们与同期的四川造像是不一样的。成都梁武帝时期大量出现的身披通肩袈裟、衣褶偏于一边的新样式佛像就是这时从印度经海路来的笈多因素影响下的形象（图一六、一七），目前所见者都是雕刻于成都，经过了再创造的形象。而青州的样式与此有较大的区别，佛像主要有三种形式：一为袒右者（图一八）；二为通肩袈裟，衣褶呈阴刻的平行圆弧纹者（图一九）；三为通肩袈裟露出胸前内衣，衣褶以竖条或斜向一边为主（图二〇）。它们都不见于成都，也不见于中原西部地区。只有第三种在成都南朝造像中可以找到一些相似元素，而且直到广元千佛崖6世纪末7世纪初的立像上还可以看到相似元素（图一四）。

3.南北朝时期的四川

过去我曾指出：在东晋、南朝统治长江中下游地区的264年（317～581年）中，成都地区只有一百三十多年的时间连继归属其版图（347～373年，413～551年）。也就是说从413～551年四川算是归属于南朝建康政权。有将近一半的时间或属少数民族控制，或归北朝政权，或独立于南北政权之外，在归属南朝期间也一直处于其边远地区，川西、川北一些地方并未划入南朝的版图[2]。在天监四年（505年），成都以北的广元就被北魏占领，所以广元城区内出土过北魏造像。其与南朝梁的分界线在今天的剑阁与绵阳之间，距成都并不远[3]。548年，梁朝发生侯景之乱，梁建康政权分裂，梁武陵王萧纪在成都一直使用分裂前的"太清"年号，并于551年在成都称帝，但很快败于西魏，成都归西魏所有。所以，四川对建康来说，只算是偏远

---

[1] 除了正史外，僧传上有很多直接记载。如：《续高僧传》卷第一，《僧伽婆罗》："梁言僧养。亦云僧铠。扶南国人也。"《大正藏》第五十册，第0426页；又《正史佛教资料类编》卷第六，《扶南国有佛发等》："（扶南）王亦能作天竺书，书可三千言，说其宿命所由，与佛经相似，并论善事……天监二年，跋摩复遣使送珊瑚佛像，并献方物……（扶南）俗事天神，天神以铜为像，二面者四手，四面者八手，手各有所持，或小儿，或鸟兽，或日月……普通元年，中大通二年，大同元年，累遣使献方物。五年，复遣使献生犀。又言其国有佛发，长一丈二尺，诏遣沙门释云宝随使往迎之。"《大正藏》第一册，新文丰出版公司影印，1996年，第0400页。

[2] 雷玉华：《成都地区南朝造像研究》，《少林文化研究论文集》，宗教文化出版社，2001年，第199～299页。

[3] 成都以北的绵阳平阳府君阙上有南朝梁造像龛，在其以北与广元之间的剑阁新县城及广元城内，同期造像则是北魏年号。

图一一　五世纪印度
鹿野苑的佛头像

图一二　成都南朝
佛头像之一

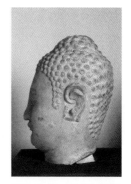

图一三　成都南朝
佛头像之二

图一四　四川广元
千佛崖七世纪造像

图一五　阿嵯耶观音立像，
南诏末－大理（10～12世纪）
（云南省博物馆）

图一六　成都南朝梁有
笈多元素的新样式之二

图一七　成都南朝有
笈多元素的造像之一

图一八　山东青州
北齐袒右袈裟佛像

图一九　山东青州
龙兴寺出土佛像

图二○　山东青州北齐通肩露胸袈裟佛像

的边防重镇之一。地理上，虽然并不在佛教东传的主干线上，但它比长江中下游地区更靠近佛教东传的陆路必经之地——西域和河西走廊，与西域和河西走廊的交通它比长江中下游地区更便利、更直接。在北方陷入争战时，它甚至是长江中下游地区与西域交往的通道。四川地区通过甘青道与西凉及吐谷浑地区交往颇多，而从民族构成、文化传统、地域上看与西北和长安都更接近，与建康相对较远。

　　四川的造像在南朝宋齐以前受建康的影响也相对较小。从造像内容和形式上我们可以看到，四川南朝造像第一期[1]中的交脚弥勒菩萨在凉州地区5世纪上半叶的石塔中相当流行，佛像背后所饰的七佛题材也是最早出现于北凉石塔上，并且在北方石窟中一直很流行。在成都以西的茂县甚至还发现了北魏平凉州后，凉州僧的造像碑。不仅可以从西北的造像上直接找到四川地区南朝早期造像的渊源，同时从地

---

[1]　我将成都南北朝造像分成了三期：第一期，南朝齐及以前；第二期，南朝梁，分两个阶段，前后两个阶段以天监十年左右为界；第三期，梁末以后。雷玉华：《成都地区南朝造像研究》，《少林文化研究论文集》，宗教文化出版社，2001年，第199～299页。

理交通、历史背景和文化传统上也存在这种可能性。到南朝齐梁间，南朝在建康的政权控制成都已久，成都接受其影响渐深，这时四川造像中发生的变化是：建康的新样式——清瘦的佛、菩萨形象大量流行，形成了第二期第一阶段的特征。天监以后，与南方海上诸国及沿海岸的交往比以往更加频繁，从海上来的佛教经像和传教僧人很多，他们的目的地虽然绝大多数是政治中心建康，但长江沿线的武昌、荆州、襄阳等地也常有传法者驻留。并且这些地方通过长江水道与四川联系密切。这时四川的佛教及其造像的风格受到多种因素的影响，渊源问题比较复杂，应该说是多元的，而非单单来自某一方面的因素，当然，政治中心建康肯定是主要来源，这与梁以前的情况不能同日而语，导致了第二阶段造像特征的形成：传统的汉式袈裟的佛像仍然流行，但佛与菩萨面形开始丰满，颈部、发髻等发生了很大变化，更重要的是出现了大量披通肩袈裟的新式佛像，即带有笈多元素的佛像，造像显露身体曲线或轮廓。

至梁中期，北魏内部发生了变化。北魏正光年间（520～525年）发生了六镇之乱，接着群盗蜂起，国家陷入混乱，很快北魏被权臣控制，并被瓜分成东、西两个政权，各立傀儡皇帝（534年），各自都称自己是正统，力争灭掉对方，于是原来北方的政治中心洛阳成为双方争夺的边境，彻底沦为战场。北魏后期的政治和佛教中心消失，人民离散，造像几无可能。川北被北魏占领的广元等地，自然在西魏及继领的北周领土范围内。西魏废帝二年（553年）："三月，太祖（宇文泰）遣大将军、魏安公尉迟迥率众伐梁武陵王萧纪于蜀……五月，萧纪潼州刺史杨乾运以州降，引迥向成都……八月，克成都，剑南平"[1]。至此，以成都为中心的四川大部分归于西魏、北周政权。

西魏政权（535～556年）从存在的那一天起实际上就是由宇文泰控制，他也被北周尊为太祖文皇帝，是北周的实际创立者。西魏政权存在这十几年，作为都城的长安相当混乱，与周边民族政权时有战争，南边与梁交界地也多有争战，而且于505年，占领了梁北面的梁州等地，并扩展到成都以北的剑阁一带。宇文泰死后，北周正式立国，宇文泰基业的继承是他的儿子们，即帝位的第一个儿子被杀死（第三子，孝闵帝宇文觉），第二个被毒死（长子，明帝宇文毓），在位时间很短，施政效果可以不计。第四子宇文邕，史称高祖，也就是著名的北周武帝，他继承了宇文泰的事业，在军事上使北周超过东边的北齐和南边的陈王朝，为隋代的统一打下了基础。武帝之后，其子宣帝宇文赟昏庸无道，短命而亡，权臣杨坚立小皇帝静帝，很快又代周立隋。可见，北周真正掌权的只有武帝。从《周书·武帝纪》中可以看到，武帝的爱好与追求以及政策重心与此前北方的北魏、南方的梁、同时期东边的

---

[1]　（唐）令狐德棻等：《周书》卷二《文帝纪》下第一册，中华书局，1971年，第33、34页。

东魏、北齐、南方的陈都大异其趣，他主要采取了以下措施[1]：

第一，思想认识上：（1）复礼，讲古礼；（2）定三教序；（3）灭佛道二教。

第二，实行新政：（1）改革军队：改变军旗，加强训练，实行奖励，改良兵器；（2）改良官制：举贤良、清正者；（3）调整经济措施：铸钱等。

第三，实行便民政策：（1）个人宽厚、崇尚节俭；（2）重农；（3）尊老。

第四，调整对外政策，对外表面和亲通好，包括与齐、陈示好，实际上暗自强兵富国，以图齐、陈之国。

所以，继梁之后，占领了四川的北周武帝是个文武双全的皇帝，但其根本还是尚武，军功压倒一切，为统一大业打基础。他确实为后来隋代的统一打下了足够的基础。在他掌权的国家里，佛教及其造像是不大可能有多少发展的。郑教穆是当时一个最普通的官员，他的传记是这样写的：

"郑教穆字道和……魏孝昌初，解褐太尉行参军，转司徒主簿。属群盗蜂起，除假节、龙骧将军、别将，屡有战功……大统五年……行岐州刺史、当州都督……先是，所部百姓，久遭离乱，饥馑相仍，逃散殆尽。孝穆下车之日，户止三千。留情绥抚，远近咸至，数年之内有数万家。"[2]

这个传记说明两个问题：第一，官起军功；第二，人民因战争，饥馑逃散多。这是西魏—北周纪传中最常见、也是最多的一类，反映的是那个历史阶段，长安为中心的关内地区，统治者务在争战，以图灭掉其他政权，建立自己的江山。老百姓则饱受战乱，多有逃避，权臣均从军功出，普通官员仕途升迁以军功为主。因此，从形势、人力、财力来讲，西魏、北周的国土内几乎都没有如此前的北魏、同期的北齐那样崇敬佛教、雕造佛像的空间，更不要说造像艺术的发展。成都在553年以后即实行的是这样的政策。这是第三期造像发生较大变化的原因。而与西魏、北周同时期的东魏、北齐仍然继北魏的传统，非常崇敬佛教，虽然政策上也有复古之风，但佛教雕刻艺术继承北魏传统并继续发展，至北齐时，崇信之风更上一层楼，造像不惜成本。从响堂山及其周围的大小石窟寺、邺城的佛寺遗址及造像的营造雕刻来看，佛教艺术得到了空前的发展，吸收了大量新来因素，远远超过了此前北魏的水平，并持续发展。因此，可以说由于受到更远的海路或陆路新传来笈多样式的启发，又有强大的政策支持，北齐的造像代表了6世纪中国造像的最高水平，是中国佛教造像艺术走向盛唐最重要的基础。

---

[1]　（唐）令狐德棻等：《周书》卷第五《武帝纪》第一册，中华书局，1971年，第84、85页。

[2]　（唐）令狐德棻等：《周书》卷三十五《郑孝穆列传》第三册，中华书局，1971年，第609、610页。

三　结语

北方的凉州、邺城、平城（大同）、长安、洛阳、南方的建康等地均曾是一个或多个王朝的政治中心，经常出现在文献中梵僧或西域僧人的弘法目的地中，也是汉地名僧聚集传法的场所。但是，成都在佛教初传至渐渐兴盛的东晋南北朝时期，从来没有作为某个王朝的政治中心，因此，在中国与印度的交流中，一般不是梵僧来华的目的地，也不是中国僧人取经回来的目的地，也较少成为著名僧人弘法的目的地，来者往往也是为了去建康绕道至此，或因为别的原因才进入。所以，成都的佛教样式来源多要借别的地方中转。因此，四川的佛教及造像与上述佛教重镇有很大的不同，其佛教造像艺术受特殊历史背景的影响更多一些。政权归属的变化及地理位置因素，导致了不同时期主要的来源途径应该是不同的。也就是说，佛教造像样式的来源地和主要传入方向不同时期是有变化的。

在此前的研究中已经明确指出，成都无论从地域上、文化上、行政归属时间上都与南朝政治文化中心建康不同。四川与凉州相邻，除河西走廊外，还有河南道相通。更主要的是凉州集聚了大量中原士族，他们主张东晋、南朝为汉文化正统，与南方通好。所以，早期，即南齐及其以前，受建康的影响不象后来那么大，如我在《成都地区南朝造像研究》中归纳的那样，成都受到来自西北凉州模式的影响更多[1]。

至南朝梁时期，成都归南朝时间已久，同时南梁对成都也很重视，建康对成都的影响成为主流。南梁时期对成都造像风格的影响主要表现在两个方面，一是海路来的新样式，即笈多风格因素，成都的笈多风格元素主要表现在：袈裟褶纹偏于一侧，衣褶用条棱状表现，隐约透出身体轮廓的立佛像；一腿微屈，身体曲线突出，身躯健美，颈部有蚕纹，戴圆形大耳环，手上握一条大璎珞的菩萨像；卷发、裙带贴体的护法小人；大而圆的头光等。这些特征有些几乎与印度本土所见同类形象一致（图二一、二二），有的与东南亚一带同类造像相似，但它们应当都不是直接来源于印度，是经过了长江中下游地区辗转传播，由中国艺术家再创造的结果。这个阶段成都的笈多元素来源主要是建康。另一个方面，这个时期，梁初流行的以汉族服饰为基础产生的有领边的汉式袈裟（旧称双领下垂式袈裟）仍然流行，只是佛与菩萨的形象从清瘦渐至丰满、健壮，颈部出现了蚕节纹，菩萨腰部曲线开始显露。这是成都南北朝造像的黄金时期，或可称为南朝造像的代表。

西魏占领成都带来了造像的变化，有造像风格的变化，也有造像内容的变化。主要原因，首先是地域差别，其次，复古政策也是原因之一，西魏—北周造像中更

---

[1]　雷玉华：《成都地区南朝造像研究》，《少林文化研究论文集》，宗教文化出版社，2001年，第199～299页。

图二一　印度基座前的小人像

图二二　成都南朝基座上的人像

多的是与笈多风格大不相同的汉式袈裟，这种袈裟样式在长安一带一直到隋代甚至更晚还很流行。至西魏、北周之时，萧梁时期在成都的佛教政策中断，此前造像新样式的主要来源建康已不再，此时造像的风格主要来自两个方面，一是蜀地保存下来的梁时期形成的传统，二是或有从西安来的少数军人带来的北方样式，这与此前的政策背景完全不同。从2014年同仁路发现的这批造像看，梁以后的西魏北周时期造像的艺术水平实不能与梁武帝时期相提并论，同仁路出土的梁以后的造像，雕刻都较粗糙，很多造像线条生硬（图二三、二四）。直到隋初成都地区的造像艺术

图二三　成都同仁路出土北周菩萨像

图二四　成都同仁路出土北周佛像

水平都不能与萧梁时期相比，更不能与同时期的北齐造像相提并论。成都造像的黄金时期只有萧梁时期。由于政策背景与梁时期完全不同，来自于统治中心的影响完全改变，造像水平下降也很正常。

如果要将北方的青州与成都比较，行政归属上，青州与成都有些相似，大多数时间归北朝，曾经归属过南朝。而青州对于邺城，类似成都之于建康。邺城历来是佛教重镇，从三国曹魏时期起就是政治中心，是很多传法僧的目的地，因此，它的笈多造像样式来源比成都更直接，南方与北方的通道都应当考虑。

本文为国家社科基金重大项目"四川新出土南朝造像的整理与综合研究"的阶段性成果，课题编号：18ZDA222。

北朝"丈八佛"的考古学观察

李振光　张玉静　马　超★

在山东、河北、四川等地，保存有数尊高达五六米的北朝单体石雕大佛，俗称"丈八佛"。徐光辉、刘海宇等先生有专文进行讨论，刘凤君先生也有高论。

但以往的研究文章多基于原有的资料对造像本身进行分析，笔者对大佛进行分段（发髻、头、颈部、身高、底座）重新丈量，就丈八佛（研究的对象是单体大佛）的形制、年代、制作、产生的历史背景、搬运方式等进行探讨，对佛像的制作比例从美学角度进行分析，并对残损的造像进行高度复原。

一　丈八佛的发现

目前，我国北朝时期丈八佛主要发现在山东、河北和四川等地。

（一）山东地区发现的丈八佛

山东地区共发现大型单体石佛 9 尊。分布在博兴、临淄、青州、寿光、诸城和长清等地。青岛博物馆现存的龙泉寺双丈八佛，来自临淄龙泉寺，应属临淄地区供奉的大佛。青州南阳寺碑刻记载大佛和东平司里山摩崖石刻大佛作为研究参考。

1.博兴兴国寺丈八佛

博兴兴国寺丈八佛像，位于博兴县城东南 10 公里的湖滨镇丈八佛村（原名寨高村）兴国寺。"文化大革命"期间曾遭人拉倒，佛头也掉了下来，1979 年进行了修复，1998 年建大殿对佛像进行保护。

兴国寺大佛高髻螺发，面带笑容，身着僧祇支，束带打结下垂于胸前，外穿褒衣博带式通肩袈裟，左手施与愿印，右手施无畏印，跣足立于双层莲花座上，莲花呈双瓣，瓣外端稍圆（图一）。莲花座下有一方座，方座正面中间刻一力士，双手托博山炉，两侧各刻供养人像六身、供养比丘一身。据兴国寺遗址所存明清两代重修兴国寺碑记载，兴国寺始建于天平元年（534 年）。

★　李振光：山东省文物考古研究院；张玉静：邹平市博物馆；马超：博兴县博物馆。

1　　　　　　　　　　　　　　　　　　2

图一　博兴兴国寺丈八佛

石造像原尺寸：通高 7.10、像高约 5.60 米。莲花座和方形底座通高 1.55、宽 2.80、长 2.19 米。据称，此造像为我国平原地区发现的最大单体立式圆雕石造像。

新测量尺寸：通高 7.1265 米；佛像高（发髻顶部到脚底部）5.7121、其中发髻高 0.2736、头高 0.845、颈部高 0.366、身高 4.2225 米；莲花座高 0.753、底座高 0.5365 ~ 0.6614、宽 2.3728 ~ 2.6379、厚 2.3413 ~ 2.6837 米。

佛像高度与佛头高度之比，佛像高 : 头高 = 5.7121 : 0.845 = 6.7599。

2. 临淄龙泉寺丈八佛[1]

龙泉寺，位于临淄区齐陵街道西龙池村北 [2]。1962 年青岛市博物馆调查，查明龙泉寺面积 3 万平方米。两尊丈八佛原立于大殿内，居中面南并立，两尊菩萨在丈八佛南侧，坐东面西而立。"据青岛市文物管理委员会调查，这四尊佛像及石碑等文物，原来是在山东省临淄县龙池村的龙泉寺内，日本人企图劫往日本。1930 年由淄河店运往青岛……二两尊小石像被留于淄河店，头被凿下来劫走了。"四尊造像及石碑现存青岛市博物馆。

目前两尊丈八佛在青岛市博物馆院内并排陈列（图二），关于两尊大佛的尺寸，

---

[1]　刘海宇、史韶霞：《青岛市博物馆藏双丈八佛及相关问题探析》，《敦煌研究》2011年第4期。

[2]　《青岛的四尊北魏造像》及有的研究文章把佛像出土地点写作淄川龙泉寺是错误的，孙善德在《对〈青岛的四尊北魏造像〉一文的补充意见》中做了订正，见《文物》1964年第9期。

仅见时桂山先生《青岛的四尊北魏造像》中测绘数据。将该文文字图片与青岛博物馆现陈列佛像比较，我们发现，现陈列摆放的左侧佛像应为《青岛的四尊北魏造像》文中的图三大石像，现陈列的右侧佛像为文中图二大石像。据此，我们将二尊佛像详细介绍如下：

左侧石佛像：螺发高髻（图三）。面带微笑，稍显清瘦，脸角轮廓清晰。眉心间有石头减地雕凿凸显出来的白毫。高长颈，头微前倾，肩部微耸，身形高而略瘦，

图二　临淄龙泉寺双丈八佛

膝部和裙角较窄，膝部横宽 0.82、衣带（裙角）宽 1.65 米。右手施无畏印，左手施与愿印，跣足立于莲花座上。内着交衽内衣，束带结于胸前下垂，衣领靠上高于右手指尖。外着褒衣博带式袈裟，左右领襟从双肩自然下垂，衣纹的断面呈"V"字形。下穿长裙，裙摆外侈。像高 4.79 米。单层宽瓣覆莲花座，莲瓣宽扁，头较尖。莲花座高 0.38 米。下为长方形底座，正面分三格，中间一个的正中刻一赤身力士，头顶博山炉，两侧相对各刻一罗汉，顶礼膜拜；左右两个均刻三个浅龛，内刻立姿小像，似为供养人及供养比丘。底座长 2.86、高 0.68、厚 2.16 米。造像头部的后面均有上下两个用以固定的卯眼，或安装背光所用。身高与佛头的比例，身高：佛头 = 4.79 ÷ 0.82 = 5.84。

1.临淄龙泉寺左侧丈八佛

2.底座左

3.底座中

4.底座右

图三　临淄龙泉寺左侧丈八佛

右侧石佛像：螺发高髻，呈宽扁状，可能维修形成（图四）。面带微笑，面部较左侧像稍圆润。高长颈，头部微前倾。圆肩，体型较左侧佛像矮胖，膝部横宽 0.98、衣带（裙角）宽 1.90 米。右手施无畏印，左手施与愿印，跣足立于莲花座上。内着交衽内衣，束带结于胸前下垂，衣领靠下，近右手中部。外着褒衣博带式正披，左右领襟从双肩自然下垂，衣纹的断面呈 "V" 字形，下穿长裙，裙摆外侈。像高 4.8 米（测算尺寸：发髻高 0.26、头高 1、颈高 0.28、身高 3.24 米）。单层覆莲座，高 0.4 米，莲瓣较左侧略瘦高，瓣呈尖头状。下为长方形底座，高 0.62 米，正面也分三格，中间一格正中刻一力士右腿盘踞、左腿屈立前伸，头顶博山炉，两侧各刻一人，左侧人物上身微曲侧向中立，右侧人物似僧人，单膝跪地；左右两侧均刻一浅龛，左侧刻一女子，盘坐于地，手执琵琶，面向右前方，右侧刻一女子，似持一管状乐器，面向左前方。造像头部的后面有上下两个用以固定的卯眼，或安装背光所用。身高与佛头比例，身高∶佛头 = 4.8 ÷ 1 = 4.8。

　　两菩萨像:高皆3米,头均残缺。二者造型相似。双肩着披下垂,胸前饰项圈,腹前结僧祇支,跣足立于莲花座上。两菩萨手势不同,其一,右手施无畏印,左手拿环状桃形法器,其底座明显低矮。其二左手施无畏印,右手拿玉璧形法器,底座较高。应为阿弥陀佛的胁侍菩萨,一为观音菩萨,一为大势至菩萨。

　　"双丈八碑":碑首半圆形,高1.60、宽2.10米。正面正中阳刻两行文字,每行四字,篆书"双丈八碑,苏公之颂",碑首背面两侧各刻两只蟠龙,头向下而尾部交叉于碑首上部。蟠龙中间刻一佛龛,龛内刻一佛二菩萨。中间佛像着袈裟,右手施无畏印,左手与愿印,戴头巾,面部清秀。佛像右侧阴刻铭文一行"像主苏万基妻张供养"。妇女形象的一佛二菩萨罕见。

　　"龙泉寺记"石碑:圆首,带底座,高2.20、宽0.80、厚0.28米。碑额"龙泉寺记"。碑文模糊不清。

2.底座

3.底座左1

1.临淄龙泉寺右侧丈八佛

4.座右

图四　临淄龙泉寺右侧丈八佛

3.临淄西天寺丈八佛[1]

西天寺，位于临淄齐都镇西关北村。据民国九年《临淄县志》载，该寺为南北朝十六国后赵石虎（336～349年）所建。当初名为兴国寺，到北魏拓跋珪登国元年(386年)时，又在寺院后修建大石佛。至宋初该寺更名为广化寺。元至正年间被毁，明洪武初重新建寺，更名西寺，又名西天寺。明万历年间，有太师李良监理重修的记载。

石佛3座，2座在齐国故城遗址博物馆，其中1座仅存头部。另1座放在临淄石刻艺术馆内。经落实，齐国故城博物馆里有的是背屏菩萨。仅1尊大佛，现存临淄石刻艺术馆大殿内。

佛像：高发髻，波浪状螺发，螺发正中刻一圆珠（图五）。面部丰润，微胖，脸型较短。额中破坏，是否刻有白毫不清。大眼圆睁，眉角下垂，眼珠凹陷，嵌有绿松石。小嘴微闭。颈部较短。溜肩，右手施无畏印，左手施与愿印，跣足立于榫座上。内着斜衽长衫，束带结于胸前，衣纹呈"U"字形下垂。身披通肩袈裟，裙角外摆。榫座较高。单层宽瓣覆莲座。底部为长方形座，位于地下，高度不清。

图五　临淄西天寺丈八佛

---

[1] 淄博市临淄区文物管理局：《临淄文物志》，文物出版社，2015年。

原记载尺寸：身高 5.60、宽 1.80、厚 1.00 米。5.6×1.8×1 = 10.08×（2.5～3.3）= 25～33 吨。

实际测量尺寸：地上部分通高 5.9005 米。佛像高 5.3599、发髻高 0.3、头高 1.02、颈部高 0.21、身高 3.8299 米；榫座高 0.2048、莲花座高 0.3358 米。下有近方形底座，埋入地下，底座面与现大殿地面平，宽 2.5150、厚 2.3668 米，高度不清楚。佛像高：头高 = 5.3599：1.02 = 5.25。佛像高：身高 = 5.3599：3.8299 = 1.399。

4. 临淄康山寺丈八佛[1]

康山寺，位于临淄齐陵街道朱家终村以东约 500 米，原有寺庙，三面环沟，东傍苍山（康山）西麓，故称康山寺。因村西北曾有一旧寺，曰西寺，故该寺又称东寺。石佛像现存临淄石刻艺术馆大殿前亭子内。

1. 丈八佛像

2. 底座前侧

图六 临淄康山寺丈八佛

佛像头部及颈部残，复原形象不对。圆肩较宽厚，右手施无畏印，左手施与愿印，跣足立于方形矮台上（图六）。内着斜衽内衣，束带结于胸前，衣纹呈"U"字形下垂。外披通肩袈裟，裙角外摆。下为较高的方形底座，前面和左右两侧雕有 212 个佛像。底座的前侧画面分为左右两部分，中间空白，左右各刻上下两层人物，皆面向中间空白处，前侧一人作前倾或半跪状，余皆直立，手执莲蕾状物。底座的左右两侧，

[1] 淄博市临淄区文物管理局：《临淄文物志》，文物出版社，2015年。

各刻上下三层佛像。似为弟子参拜状。该佛像的雕凿是采用的红色砂岩，不同于其他佛像采用青灰色的石灰岩。

原尺寸：佛像高 4.15、宽 1.90、厚 0.90 米，佛重 10 吨，底座重 21 吨。

据测绘：头和颈部皆为复原，高 0.70、身高 3.3948、方形榫座高 0.1381 米（原测绘脚的高度，那样的话尺寸缺少方形小底座的高度）；底座宽 2.7816、厚 2.6946、高 0.8862 米。复原总高 5.1818 米。

如果用西天寺的佛高与身高之比复原康山寺佛像的高度：康山寺佛像复原高度 = 身高 × 1.399 = 3.3948 × 1.399 = 4.7493 米。

5. 青州岔河村丈八佛头像[1]

2012 年 2 月，在青州市尧王山西路延伸段工程邵庄镇岔河村南路段工地施工过程中发现一尊大佛头。

佛头，高肉髻，螺发，面部圆润，头顶部微外凸（图七）。大眼睛，眼角上挑，眼珠深陷，眉间有白毫（深窝）。鼻子残，嘴角上弧，面带微笑。

该佛头高 1.47 米，发髻高 0.22、头高 1.13、颈部残高 0.12 米。

据王瑞霞介绍，有人称这种佛为"笑佛"，佛头前额正中有一白毫，双眼凹陷，应该嵌有宝石或琉璃。

如果用西天寺、兴国寺大佛的佛头与身高之比，推测这尊大佛的原先高度约为：1.13 × 5.25（西天寺）= 5.93 米或 1.13 × 6.7599（兴国寺）= 7.63 米。

图七　青州岔河村丈八佛

---

[1]　佛头现藏青州市博物馆。

图八　寿光县圣寿寺丈八佛

6.寿光县圣寿寺丈八佛寺[1]

1984 年 4 月，寿光古城街道贺家村出土。身残高 3.00、头残高 0.55 米（图八）。石灰石质。保留了造像头部的一部分和躯干，佛头存上部的前半部分，肉髻残，宽额。螺发和额正中保留两个圆窝，应为所嵌髻珠和白毫遗失所留。细长弯眉，长目低垂，高鼻。肩宽而平，胸部隆起，细腰，小腹微凸，身姿挺拔健美。身着褒衣博带式大衣。右衣缘覆搭左肩左臂。胸前露出僧祇支和结带。衣纹浅细疏朗，下衣纹呈"U"字形，左手施与愿印，右手残。

佛头存放寿光市博物馆新馆，佛身存放老馆。

据民国《寿光县志》："圣寿寺在城北十五里贺家庄，有石佛，高丈八尺，佛座刻云唐开元十二年重修"。

7.诸城龙兴寺丈八佛[2]

1979 年 9 月，诸城市五金公司建筑工地发现唐代龙兴寺遗址，出土 1 件巨大的佛头像（图九）。头像螺发，肉髻缺失，面带微笑，稍显细长，眉间有白毫，鼻尖及左颐稍残，颈部有用以修复的安装卯眼。同出的唐开元二十年（732 年）"卢舍那放光碑"的碑文记载，佛像名称为"卢舍那丈八圣像"。测量尺寸：佛头残高 1.26 米，发髻残高 0.08、头高 1.08、颈部残高 0.1 米。

[1] 王瑞霞：《潍坊佛教造像》，山东城市出版传媒集团济南出版社，2019年。
[2] 韩刚：《山东诸城龙兴寺》，《文艺生活》2011年第9期。

1　　　　　　　　　　　　　2

图九　诸城龙兴寺丈八佛

　　唐代龙兴寺建在后魏大觉寺的基础上，从头像的风格特征以及艺术手法判断，卢舍那丈八佛头像应为北朝晚期所雕造的。

　　如果以博兴兴国寺的比例，身高是头高的 6.7599 倍，那龙兴寺的佛像身高为：$1.08 \times 6.7599 = 7.3$ 米，如果以临淄西天寺的 5.25 倍算，佛像身高：$1.08 \times 5.25 = 5.67$ 米。

　　8. 长清龙兴寺丈九佛[1]

　　位于济南市长清区陈庄村南，北距长清镇约 4 公里。东北 1 公里为石山，东南侧约 3 公里为山地。这里分布有唐代的龙兴寺，相传这里有 3 尊大佛，丈八佛、丈九佛和二丈佛，俗称三兄弟。现存丈九佛 1 尊，保存在明代嘉靖年间重建的佛殿内。

　　佛殿门向南，半地穴式，平面呈正方形，边长 7.5、半地穴深 0.76、佛殿通高 8.2 米（图一〇）。墙体上部四隅抹角，呈八角形，环边内收叠涩呈穹隆顶。殿顶外面施沙灰成圆丘状，上置石刹。殿内供奉释迦牟尼佛 1 尊，俗称丈九佛，圆雕，肉髻，身披僧衣，跣足立于宝装覆莲座上，手施无畏、与愿印，通高 5.87 米。手臂前端凿有方形榫窝，传说前接木头小臂。上身施红彩，绘云朵纹。文物地图集定为唐代遗物。

　　周围有立姿圆雕佛像 5 尊，头部均残，高约 1.7 米，2 尊为唐代，3 尊为明代。

　　刘凤君先生将丈九佛的时代定为东魏初期。

　　在大殿外壁门口东侧墙体上嵌有"重修龙兴寺佛殿记"，详述龙兴寺的地理位置、环境和重修佛殿经过。

<hr>

[1]　国家文物局：《中国文物地图集·山东分册》，中国地图出版社，2007年。

1　　　　　　　　　　　　　　　2

图一〇　长清龙兴寺丈九佛

9.青州南阳寺大佛[1]

北齐武平四年娄定远所立的《司空公青州刺史临淮王像碑》。该碑谓当时寺名南阳。"南阳寺者,乃(齐国)正东之甲寺……(临淮王娄定远)遂于此爱营佛寺,制无量寿一区,高三丈九尺,并造观世音、大势至二大士而侠侍焉。"该碑制刻精妙,高 4.44、宽 1.60 米。

南阳寺大佛,高达三丈九尺,但是制作材料不清楚,时代在北齐武平四年以前。若以北魏时期一尺长 30.9 厘米计算,佛高 12.05 米。

10. 东平司里山大佛[2]

司里山大佛,位于东平县戴庙乡司里山山顶矗立的两大岩石上,俗称千佛岩。岩石高 11、东西长 33、南北宽 17 米。共有高浮雕造像 582(800 余)尊,最大的为东岩南壁的一佛二胁侍,佛披袈裟,结迦趺坐,手施无畏印、与愿印,高约 10 米,左右二胁侍立姿,手合十于胸前,高 8.5 米。其他造像分布于各壁,多有小龛,

[1] 宿白:《龙兴寺沿革——青州城与龙兴寺之二》,《文物》1999年第9期。

[2] 国家文物局:《中国文物地图集·山东分册》,中国地图出版社,2007年。

成排排列。造像有佛、菩萨、侍者、供养人等。造像旁有北齐"皇建"、唐"圣历"等年号（文物地图集）。刘凤君先生将该尊大佛定为北齐时期。

（二）河北地区发现的丈八佛

1.河北定州石佛寺丈八佛[1]

出土 1 尊丈八佛，北魏时期作品。右手施无畏印，左手施与愿印，左跣足立于莲花座上，下部衣摆明显宽于肩部，具有早期造型特点，但衣纹多呈下垂状，总体上缺乏飘动感。徐光辉先生认为时代应晚于北魏，在东魏晚期到北齐时期。

2.曲阳青化寺丈八佛[2]

据介绍该大佛通高 7 米，属唐代作品。佛

图一一　成都宽巷子出土大佛头

像头部和下部残，存中间部分。右手施无畏印，左手施与愿印，左手执念珠类法具，跣足立于莲花座上。衣纹繁缛下垂，缺乏飘逸感。徐光辉先生认为其年代较晚，或可进入北齐。

（三）四川地区发现的丈八佛[3]

成都宽巷子大佛头

在成都宽巷子基建施工中发现 3 件大型佛出土头像，此 3 件佛头像据鉴定为南朝作品，均螺髻，嘴角有胡须，颈下有插孔，复原高度 5 米以上。实物现藏成都文物考古研究院。

大佛头，仅存头部。肉髻残，螺发（图一一）。头部较平，四周向外凸出。脸颊瘦长，面部丰润。浓眉垂目，眼睛微开，眼睛外角上挑。鼻角隆起，小嘴微开，嘴角上翘，面带微笑。面目清秀，端庄美丽。

李裕群先生认为"在建康没有更多造像发现的情况下，成都的南朝造像可以代表南朝的造像，"并推论北朝后期出现的一些造像样式和组合系学习南朝之结果。

---

[1] 徐光辉：《北朝丈八佛像研究》，《新果集（二）——庆祝林沄先生八十华诞论文集》，科学出版社，2018年。

[2] 徐光辉：《北朝丈八佛像研究》，《新果集（二）——庆祝林沄先生八十华诞论文集》，科学出版社，2018年。

[3] 雷玉华：《成都地区的南朝佛教造像》，《魏晋南北朝史论文集》，巴蜀书社，2006年。

二 丈八佛的形制与时代

对发现的丈八佛进行对比研究，根据发现的佛头可以分为：

A 型 3 尊。博兴兴国寺大佛和临淄龙泉寺 2 尊大佛。

3 尊大佛头部特征及身体特征比较一致。高发髻，大方脸，面部轮廓方正，大眼睛。颈部瘦高，前倾。

其身体部分的特征，身材高大魁梧，圆肩。3 尊大佛皆为左手施与愿印，右手施无畏印。身着交衽内衣，胸前束十字结。外披肥硕袈裟，臂外侧呈波纹状凸起，衣角两侧外摆，裙角多层褶皱叠起。胸前衣纹呈"U"字形下垂。宽大肥袖搭于右臂之上。3 尊佛像相比较，临淄龙泉寺的下部两侧衣角较直，衣纹较扁平。

底座：跣足立于覆瓣莲花座上。博兴兴国寺莲花呈双层宽瓣，临淄龙泉寺呈单层双瓣。下部皆为方形底座，宽大厚重，皆刻有故事画像。博兴兴国寺方座正面中间刻一力士，双手托博山炉，两侧各刻供养人像六身、供养比丘一身。临淄龙泉寺左侧佛像底座，正面分三格，中间一个的正中刻一赤身力士，头顶博山炉，两侧相对各刻一罗汉，顶礼膜拜；左右两个均刻三个浅龛，内刻立姿小像，似为供养人及供养比丘。临淄龙泉寺右侧佛像底座，正面也分三格，中间一格正中刻一力士右腿盘踞、左腿屈立前伸，头顶博山炉，两侧各刻一人，左侧人物上身微曲侧向中立，右侧人物似僧人，单膝跪地；左右两侧均刻一浅龛，左侧刻一女子，盘坐于地，手执琵琶，面向右前方，右侧刻一女子，似持一管状乐器，面向左前方。

对 3 尊造像从远处观察，我们发现佛像的头部高大，发髻上耸，面部前倾，颈部瘦长，而下肢短而宽扁。比例见前文详述。但是我们把自己作为参拜者，匍匐跪于佛像前蒲团上，觉得一切那么和谐完美。大佛低头垂目慈祥地看着你，一切是那么和谐自然。

B 型 青州岔河村大佛、临淄西天寺大佛和临淄康山寺大佛。

青州岔河村大佛头仅存佛头，和临淄西天寺佛头的共同特点，面部较之 A 型圆润肥美。也是高发髻，青州岔河村大佛发髻为较高的螺发，临淄西天寺大佛为阴刻的曲线纹。眼睛皆为深刻的凹槽，内镶嵌绿松石作眼球。青州岔河村大佛眉心刻圆形窝槽，也镶嵌珠宝；临淄西天寺佛像前额中心雕凿成圆饼状。二者比较，青州岔河村大佛，眼角和嘴角上翘，面相更加甜美。

临淄西天寺大佛，与 A 型大佛相比，颈部略短，圆肩，左手施与愿印，右手施无畏印，跣足立于莲花座上，莲花座为单层宽瓣莲花，底部方座埋入地下。内着斜衽薄衫，十字结交于胸前。外披圆肩肥硕袈裟，下部衣纹较为扁平。

临淄康山寺大佛较矮，头部残，跣足立于方石座上。底座的前侧和左右两侧共刻佛像 212 个。底座的前侧画面分为左右两部分，中间空白，左右各刻上下两层人物，皆面向中间空白处，前侧一人作前倾或半跪状，余皆直立，手执莲蕾状物。底座的左右两侧，各刻上下三层佛像。似为弟子参拜状。

C 型　诸城龙兴寺大佛和成都宽巷子大佛。

仅存佛头。二者发髻残，螺发。诸城龙兴寺大佛，头顶部微隆起，面部略长，面相肥美圆润，眼睛微开，眉心和眼珠刻凹槽，鼻角隆起，小嘴，嘴角上翘。成都宽巷子大佛，顶部略平，四周微外凸，面部较短，眼睛微闭，低首垂目。鼻角略宽，嘴较宽，下唇微下翻，嘴角微上翘。二者风格更加端庄秀丽。

D 型　寿光圣寿寺大佛。

寿光圣寿寺大佛仅存部分佛头和躯干部分。头部螺发，较矮平。发髻和眉心上各刻有一凹槽，应为髻珠和白毫残留，原应镶嵌宝石。身体部分，薄衣贴体，肌体显露，为典型的北齐青州风格。

E 型　长清龙兴寺大佛。

长清龙兴寺丈九佛，不同于前面见到的各尊大佛。面部肥硕，衣纹及裙角贴体，肘部前端凿有方形孔槽，镶嵌木头胳膊所用。跣足立于高耸起的榫座上，单层莲花座，莲瓣较宽，莲座顶部较平，四周较直。不同于其他佛像莲花座。

东平司里山大佛，为摩崖类坐佛，形制不同于单体大佛，仅做参考。

通过发现的丈八佛的形制比较，我们初步认为：

A 型博兴兴国寺大佛和临淄龙泉寺 2 尊大佛，北魏晚期至东魏初年。

B 型青州岔河村大佛、临淄西天寺大佛、临淄康山寺大佛，东魏时期。

C 型诸城龙兴寺和成都宽巷子大佛、D 型寿光圣寿寺大佛，北齐时期。

E 型长清龙兴寺大佛，隋唐时期。

三　关于丈八佛的制作比例

《佛说佛像量度经》记载："以自手指量，百有二十指，肉髻崇四指，发际亦如此。面轮竖纵度，带指十二指"。

据此我们推算，佛像高 120 指；肉髻和发际高度同，皆为 4 指，是像高的 1/30；面轮高 12 指，是肉髻的 3 倍，是像高的 1/10；头高（发际高与面轮高之和）16 指，是像高的 16/120 = 1/7.5。

我们对博兴兴国寺丈八佛、临淄西天寺丈八佛进行了实际测量，2 尊大佛的制作比例为：

如此看来，佛像的制作比例参《佛说佛像量度经考》头与佛高度的比 1/6，数据多少存在差异。

如果用博兴兴国寺丈八佛去推算，丈八佛的尺寸等于 120 指，那一指的尺寸 = 5.7121/120 = 0.0476 米。用西天寺大佛去推算，一指的尺寸 = 5.3599/120 = 0.0447 米。每指的尺寸约四五厘米，因佛像大小而存在差别。

四　关于丈八佛的美学观察

我们站在丈八佛的前面，远看大佛，感觉佛头很大，颈部很高，上体宽厚肥大，感觉佛的下身瘦短。佛的头，特别是早期的，如博兴兴国寺丈八佛和临淄龙泉寺丈八佛，头向前倾，颈部向前弯曲，呈现头部微低的感觉。似乎佛的制作不合乎人体的比例。而从目前拍摄的正视图片看，更有这种不合比例的感觉。

但是我们转变思路，佛的制作和竖立，其目的是供信徒参拜或跪拜，是让人们在佛前跪下来看的。当人们虔诚地跪在佛的面前，抬头望佛，感觉到一切是那么的和谐自然，佛是那么的和蔼可亲，低头观望着你，满脸的慈祥、关心和爱。

究其原因，佛的制作时，考虑到了跪拜者拜看佛像的视角，是从下近乎 60° 的视角向上看，看到的高大佛像各个部位的距离是不一样的，和下肢距离最近，而和上身距离较远，颈部和头部更远，发髻在最顶端。

这样他们在佛像设计制作时，增大佛的上部的高度和宽度，同时，利用佛头和颈部的前倾和弯曲，调整出适合跪拜者从下向上看的角度和和谐。

那么用这个观点去观察北朝时期的大型背屏造像，也存在这样的比例和角度。

五　关于临淄龙泉寺双佛并立与双佛并坐

临淄龙泉寺的双佛，同时并立于一个寺院中，应该有其自身特殊符号的含义。

一个寺院内雕刻双佛并立，正如宿白先生指出："两丈八佛像如原位于一个佛殿内，可以称为一殿二佛布局，并指出可以把青岛博物馆藏双丈八佛像与偃师水泉石窟相比较。"[1]

双佛并立应该来源于双佛并坐。王恒先生认为："二佛并坐的佛经依据是《法华经》，全名《妙法莲华经》……而第十一见宝塔品则在早期石窟寺中常见，其形式就是二佛并坐……在云冈石窟，这种雕刻非常普遍，初步统计约有 385 个'二佛并坐'龛，几乎每个洞窟中都有它的形象。"[2] 二佛并坐在云冈石窟中大量雕刻"一

[1]　刘海宇、史韶霞：《青岛市博物馆藏双丈八佛及相关问题探析》，《敦煌研究》2011年第4期。
[2]　王恒：《二佛并坐及其佛教意义》，《文物世界》2002年第1期。

方面是因为佛教在北魏发展期大行'法华',早期洞窟已大量雕刻这种造像的原因,另一方面,也表现了北魏封建政治处于特殊形势下对艺术表现的要求……在北魏既有皇帝在位,又有太后临朝的形势下,不少皇室亲贵并称冯氏和孝文为'二圣',反映在所建最大规模的佛教石窟寺中,云冈石窟建造了一系列的'双窟'……与此同时,二佛并坐龛也受到了格外的关注。"

　　而偃师水泉石窟刻有二尊并立的丈八佛,雕凿于北魏晚期熙平二年(517年),碑文说明为孝明皇帝、皇太后胡氏造石佛,所以才会有双佛并立的特殊布局。也正是这种思想在石窟中的表现。

　　仔细观察临淄龙泉寺双丈八佛,左侧的大佛底座较矮,佛像更加宏伟高大,脸型轮廓特征更为明显,耸肩,形体瘦高,更具有男性化特征。而右侧佛像,其膝部和裙角处较之左侧佛像更宽,形体显得矮胖,底座较高,上面的佛像显得较为矮小,与左侧立像不同,表现出更多女性化特点。由"双丈八碑　苏公之颂"和北面的"像主苏万基妻供养"分析,双丈八佛可能为像主苏万基与其妻子造石像。

　　偃师水泉石窟佛像,面部特征棱角分明,显得更加魁梧有力,应早于临淄龙泉寺佛像,因此龙泉寺佛像的时代应在北魏末年和东魏初年。

六　关于丈八佛产生的历史背景

　　北朝时期,山东地区流行佛教信仰和崇拜,各地纷纷建造寺院,修造佛像,多年来发现了大量的铜、石、白陶佛像。

　　山东目前所见的纪年鎏金铜造像以北魏太和二年(478年)造像最早。太和年间的鎏金佛像在博兴龙华寺遗址出土了39件。博兴太和二十一年(497年)丁花造像是山东地区最早褒衣带式袈裟佛像。宣武帝之后的北魏晚期,在博兴、临沭、莱州、邹城等地出土了较多的鎏金铜佛像。仍流行单身造像,以弥勒、观世音像为多,其次是释迦多宝。东魏和北齐时期的鎏金铜造像发现的较少。

　　山东地区发现有明确纪年的石佛像,以黄县北魏皇兴三年(469年)赵𤩴造弥勒菩萨像最早。北魏太和年间的背屏式石造像有发现。青州出土的北魏正光六年(525年)的张宝珠造像的主尊佛像高肉髻,螺发,内着交衽衫,"U"字形衣纹下垂,外披褒衣博带袈裟,跣足立于单层覆莲座上,形象与临淄龙泉寺和博兴兴国寺3尊大佛形象相似。背光的左右后三面刻195尊小佛像,对康山寺底座多个小佛的雕刻形成影响。东魏时期背屏式造像主要发现在青州、博兴、高青、广饶、惠民、临淄、诸城、昌邑、莱阳、章丘、曲阜等地,身躯丰实较短,着双领下垂袈裟,面相方圆,细眉秀目,小口薄唇,慈祥微笑。

山东地区摩崖窟龛造像出现的较晚，出现较早的有济南黄石崖摩崖造像，有大石窟 1、小龛 28 个，造像计 79 尊，有北魏正光四年（523 年）、孝昌二年（526 年）、孝昌三年（527 年）等北魏末年和东魏时期造像。济南龙洞也雕刻有东魏时期造像。而青州地区出现摩崖龛窟造像较晚，正如刘凤君先生所述"而青州地区的佛教摩崖龛窟造像除青州市驼山大像窟可能是北周末年始凿的外，目前所见其他摩崖龛窟造像都是隋代以后建造的，所以北齐以前的造像形式没有石窟造像，均为个体造像。"[1]

山东地区的铜石佛像、背屏式造像主要发现在寺院附近，而大型丈八佛也是在城邑大的中心寺院附近发现。佛教、佛像信仰崇拜和发达的寺院经济为大型石佛的产生创造了条件。

"东魏时期佛教在山东境内得到了进一步的发展，建寺造像已成轰轰烈烈之势。在造寺的同时，雕凿大型的丈八佛安置寺中……这种造像也是大型个体单身造像向东传播的结果"[2]。

文献记载，早在晋至十六国初期，西域各国受印度造像艺术的影响，建寺造大像蔚然成风，甚至"王宫雕镂，立佛形像，与寺无异"（《出三藏记集》卷 11）。

5 世纪初，凉州沙门僧表，曾得到于阗国王给予的"一丈之金佛像"。北魏末年，宋云、惠生西行至捍度城，还亲眼见到城南十五里大寺有"举高丈六"的金像一躯（《洛阳伽蓝记》卷 5）。

南方地区自东晋以后，由于受这种造像之风的影响，雕塑大佛亦开一代之风尚。《历代名画记》载：戴逵"善铸佛像及雕刻，曾造无量寿木像，高丈六，并菩萨。遴以古制朴拙，至于开敬，不足动心，乃潜坐帷中，密听众论，所听褒贬，辄加详研。积思三年，刻像乃成，迎至山阴灵宝寺。"《魏书·高僧传》载，宋明帝亦造丈四、丈六、丈八铜像。梁武帝更是广建佛寺，盛造大像，智度寺和光宅寺正殿都建有丈八染金铜像和丈九无量寿佛铜像。

《魏书·高祖纪下》文成帝兴光元年（454 年）"效有司于五级大寺内，为太祖以下五帝，铸释迦立像五，各长一丈六尺，都用赤金二十五万斤。"《魏书·高祖纪》：献文帝天安元年（466 年）"又于天宫寺，造释迦立像，高四十三尺，用赤金十万斤，黄金六百斤。"北魏迁都洛阳后，随着寺院建筑的进一步大发展，雕塑大型佛像的功德活动也进入了全盛时期。《洛阳伽蓝记》云，永宁寺内"有佛殿一所，形如太极殿，中有丈八金像一躯，中长金像十躯……作功奇巧，冠于当时。"城东宗圣寺"有像一躯，举高三丈六尺，端严殊特，相好毕备，士庶瞻仰，目不暂瞬。此像一出，市井皆空，炎光腾辉，赫赫独绝世表。"城东平等寺"门外金像一躯，

---

[1] 刘凤君：《山东佛像艺术》，《佛教美术全集》11，文物出版社，2008 年，第 58 页。
[2] 刘凤君：《山东地区北朝佛教造像艺术》，《考古学报》1993 年第 3 期。

高二丈八尺，相好端严。"

这种风靡京城的造大像活动，逐渐向东影响。北齐武平四年娄定远所立的《司空公青州刺史临淮王像碑》（以下简作《娄定远像碑》）。该碑谓当时寺名南阳，南阳寺者，乃（齐国）正东之甲寺……（临淮王娄定远）遂于此爰营佛寺，制无量寿一区，高三丈九尺，并造观世音、大势至二大士而侠侍焉。博兴、临淄等地的"丈八佛"就是这种活动的延续。文献记载中洛阳等地"作功奇巧""赫赫独绝世表"的寺院供奉大佛都早已失传，山东、河北、四川等地现存于寺院遗址上的"丈八佛"，也就显得更为珍贵了。

七　丈八佛的制作与运输

丈八佛制作的石料应该取材于距离发现地点较近且石材质量较好的石山。

在山东地区发现的丈八佛，就其分布位置看，临淄康山寺位于山的西侧，长清龙兴寺东有石山，所用石料可能开采于寺院附近的山上。青州岔河村大佛和临淄龙泉寺大佛、临淄西天寺离山较近。而博兴兴国寺丈八佛远离地处鲁北大平原，距离临淄或者青州的石山在五十公里以上。

我们知道丈八佛作为单体大型石佛，是在寺院里面供奉的。从博兴龙华寺考古发掘看，小型石佛像是在寺院里面制作的。那么大型佛像存在将石材运到寺院进行加工制作的可能。即使佛像在采石场制作完成，其运输也是一项庞大复杂的工程。那么这样大型的佛像或者石材是怎样运送到寺院里面的？多年来象个谜考验着人们。

明朝运送石料有四种方式：人力、畜力、旱船、冰船。其中人力和畜力只能运送重量较小的石料或石制品，到了吨级别的石料就要用另外两种方式了。旱船运石料，路必须十分平坦，在石料之下垫圆滚木，以人力或畜力拉拽，滚木一般用枣木、榆木、槐木等坚硬木材制成；冰船指的是冬季在运送的途中每隔 500 米挖一口井，泼水成冰，将巨石置于坚硬木架上再于冰面上滑行。重 250 吨的云龙石雕就是通过冰船运送的，共征用民夫 2 万人，调集骡子上千，经数十天才运到京城[1]。

与故宫云龙石雕相比，大佛或大佛的石料要轻的多，可能采用旱船的方式进行运送。

2011 年春天，笔者主持发掘汶上县南旺分水龙王庙，在禹王殿月台下面发现南旺湖碑（图一二），石碑宽 0.85、厚 0.30、高 2.46 米，以每立方 3.3 吨计算，重约 2.41 吨。石碑位于现地面下，清理出来后，由于南侧为禹王殿，北侧为发掘的

---

[1]　杜启荣摘自《良友周报》。

建筑基址，东侧有大树，起重机等机械设施很难进场，石碑的起取存在一定难度。古建修复人员，采用的就是旱船的运输办法，截取多根圆松木，松木的长度与石碑的宽度相仿，松木粗15厘米左右。把松木段铺在石碑的下面和前方，在石碑的后部拦上长绳，与撬杠结合，依靠人力将石碑迁移，石碑前行的方向，依靠改变底部松木摆放的角度，向哪个方向走，那一侧松木间靠近，角度变小，外侧松木摆成角度较大的扇状。

　　汶上南旺石碑的搬运，虽然石碑重量较小，但这是古建维修运用的很好的旱船运送重物的实例，对于思考大型石佛的运送给了我们很好的启发。借鉴故宫云龙石的运输，加强底部木棍的硬度，借用畜力，应该能够很好地完成石佛的运送。

图一二　汶上南旺石碑搬运照片

　　附记：在考察测绘佛像的过程中，博兴县博物馆张淑敏、马超，临淄区文物局王晓莲、王会生，青州市博物馆王瑞霞，诸城市博物馆周昱君，青岛市文物保护考古研究所林玉海等各位先生给予了大力帮助，山东省文物考古研究院王子孟用全站仪对博兴兴国寺、临淄西天寺、康山寺佛像进行了实地测绘。在此致以衷心感谢！

明道寺背光式造像分期初探

宫德杰 ★

明道寺遗址位于临朐县城南 45 公里的大关镇上寺院村，1984 年 10 月，村民在位于村中心的残塔处建房，在宋景德元年舍利塔基下的地宫内发现石佛造像。后经县文化馆抢救清理，共出土佛像碎块 1000 余块。从拼对情况看，明道寺舍利塔地宫共埋藏佛像近 300 尊，其中背光式造像约占总数的一半左右。

明道寺背光式造像带纪年刻铭的多，包括干支纪年在内，共 17 件。自北魏正光元年至隋大业三年跨度达 90 年之久，期间背光式造像的兴衰、时代风格特征的变化亦较为清晰。由于这批造像带纪年刻铭较多，为分析各时期造像风格的变化提供了很好的资料。本文就明道寺地宫出土的背光式造像，依据不同的时代风格特征，衣饰造型特点试作分期，选择典型作品进行介绍，对各期、各型造像的特点进行分析归纳，并对各期年代作大概的划分。

一　典型造像介绍

这批造像就其较明显的风格变化，可分四期。

（一）第一期

依据造型、服饰及雕刻内容等可分五型。

1. I 型

正光元年背光式造像（SLF493）

通高 51、宽 31 厘米（图一）。尖桃形背光上部多处断裂，背光左侧，主尊头、手及左肩残缺，腹下足腕上局部残损。两胁侍头、手残损。主尊残高 30 厘米，上着双领下垂式厚重佛衣，右侧领襟甩搭左肘，肩部衣纹呈凸起棱状，腹下衣纹呈偏右凸起的垂鳞纹下垂，腰系曳地长裙，足尖外露，衣裙下摆外撇，跣足立于长方形台座上。左右胁侍明显小于本尊，菩萨面部残损，袒胸，着褒衣博带式佛衣。内着曳地长裙，下摆外撇，足尖露于裙外，跣足立于长方形台座上。背铭（图二）：

★ 宫德杰：临朐县图书馆。

图一　正光元年造像

图二　正光元年造像背铭拓片

大魏正光年十一月辛未朔□」八日□清□亥□宋□敬造像一区」为亡□
父……母□劫师僧俱」家□□愿生西方□乐国□值」□□……愿□从心无□」
□□□□并同其愿」

造像干支中的辛未十一月为正光元年（520年）。此年七月由神龟元年改为正光，
所以此像可比定为正光元年之作。

2.Ⅱ型

永安二年背光式造像（SLF478）

青绿色滑石质地，残通高24厘米（图三），该造像原为背光式三尊立像，现
仅存本尊与右胁侍。造像顶部、右胁侍台座残缺，本尊与右胁侍颈部断裂，本尊高
20厘米，高肉髻，面部残损，大耳，粗颈，腹微凸。着双领下垂式佛衣，右领襟
甩搭左肘，衣纹呈偏右垂鳞纹下垂，内着僧祇支，下着长裙，衣裙下摆外撇。右手
施无畏印，左手为与愿印，跣足立于方形台座上，台座稍残。右胁侍菩萨高15厘米，
高肉髻，面部残损，上身袒裸，下着长裙，裙下摆外撇。帔帛自双肩下垂于膝间交
叉翻卷向上、向后为佛衣所掩。该像主尊与胁侍服饰虽较宽肥，但并不显厚重。造
像背光背面题记（图四）：

大魏永安二年二月癸朔」□□九日辛□佛弟子」□□道□夫妻二人知」曲

图三　永安二年造像　　　　图四　永安二年造像背铭拓片

儿常□□□□唯有」□□可□□□□愿上为」□……为亡父母□□

该造像为北魏永安二年（529 年）造像。

3.Ⅲ型

建明二年背光式造像（SLF468）

浅黄色滑石质地，残高 27 厘米（图五）。残缺较甚，本尊高 20 厘米，螺髻，内着僧祇支，外穿双领下垂式佛衣，右侧领襟甩搭左臂肘。膝下多重衣褶，呈羊肠状下垂，衣裙下摆外撇。二胁侍菩萨均头戴高冠，面型略显清瘦，上身袒裸，帔帛自双肩下垂腹部交叉，衣褶呈羊肠状下垂，衣裙下摆外撇。三尊像均有简单的线刻圆形项光。背铭（图六）：

建明二年岁次□□三月」□□□间年家□□□」□□上……兴□□坐□」□□□□□愿□□□」

4.Ⅳ型

背光式三尊像的右胁侍菩萨躯干（SLF446）

浅黄色滑石质地，残高 15、宽 9 厘米（图七），胁侍菩萨像高 11 厘米。宽肩，平胸，凸腹，右臂腕下残，左臂屈肘平台。内着僧祇支，腰系曳地长裙，裙摆八字形外撇，条带状裙褶。帔帛掩双肩下垂膝下交叉，翻卷向上搭于肘臂，垂于体侧。背铭（图八）：

……年岁在壬子」……造像一□躯」……□□安□□愿从」……

图五　建明二年造像

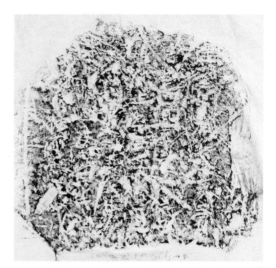

图六　建明二年造像题记拓片

图七　右胁侍菩萨残像

图八　右胁侍菩萨像背铭拓片

造像服饰风格应为北魏晚期，其宽肩的造型颇为少见。"岁在壬子"，在北魏晚期节闵帝普泰二年和孝武帝太昌元年、永兴元年、永熙元年均为壬子年，即532年。

5. Ⅴ型

以王延造像（SLF68）和普（泰）年造像（SLF461）为代表。

王延造像（SLF68）

背光式三尊像，现存主尊、左胁侍与右胁侍足腕以下部分。残高95、宽112厘米（图九）。主尊顶为高肉髻，眉间饰白毫，高鼻深目，眼珠凸起，弯眉上扬，小嘴、唇线清晰。留肩，凸腹。着双领下垂式佛衣，右领襟搭于左肘。腹下衣纹偏右呈鱼鳞纹下垂，肩部衣纹棱状凸起，佛衣较肥厚。内着僧祇支，系带于胸上部打"卍"字形结。右手施无畏印，左手为与愿印，手指残损。左胁侍菩萨头束三角形高发髻，上身袒裸，颈有宽条带状项饰，垂于胸部，下佩圆凸形饰件。帔帛呈宽带状，自双臂上部下垂膝间交叉后翻卷向上向后。腰系肥厚长裙，裙摆外撇，跣足立于龙衔仰莲座上。两胁侍莲台下部雕龙，龙挺胸，曲颈，昂首，口衔莲台，尾部弯曲上扬。柱脚两侧背光平齐。背残留铭文画像，铭文额题："像主王延"，由右向左残存刻铭13行，首行四字残缺难辨，下面依次为（图一〇）：

　　□一切群生等同期愿」王延　王龙　王厚」王□　张因　□祐　□□」□□
□□□　王都　刘仁愿」王□　王元总　王□□　刘□□」王□仙　王□生　孙□礼
季□□　王□」王□之　□文□　□□□　张海□」□□□　赵花　石□生　孙敬姜」
□□　郏神□　□□□　张□善　□□□」□□□　□□□　王好」□□□　王□　王
□□

图九　王延造像

图一〇　王延造像题记拓片

另末两行字迹不清。字体工整，镌刻精细，魏碑风格。

右胁侍背光背部浅浮雕二供养人画像。左侧为一男子，侧身，头戴高冠，着宽袍，身体前倾成前行状；右侧为一女子，头戴花冠，右手举一物。画像右侧刻铭两行（图一一）：

　　清信士佛弟子□」妻并□□□枭二人□□□

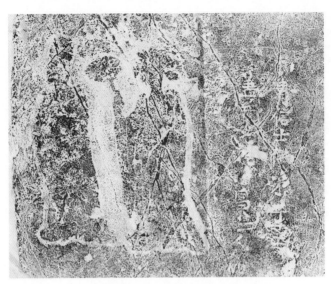

图一一　王延造像背光背面供养人像及题记拓片

普（泰）年背光式造像（SLF461）

一铺三身像，墨绿色滑石质地，残高 28 厘米（图一二）。造像多处断裂残缺，主尊面部残缺，头饰圆形项光，内雕花草枝蔓，肉髻残损，大耳，细颈，溜肩，含胸，凸腹，内着僧祇支，腰系长裙，裙摆外撇。外着双领下垂式佛衣，衣领内侧引出系带于胸前系结。右侧衣襟甩搭左肘，衣纹偏右垂鳞纹下垂。佛衣较厚重。左胁侍菩萨残缺，右胁侍菩萨肩部以上残缺，菩萨上身袒裸，帔帛掩双肩下垂腹下交叉翻卷上扬。腰系肥厚长裙，裙摆外撇。在主尊与右胁侍莲台座之间及下方浮雕龙，龙头曲颈上昂，口衔莲杆，两腿张开呈奔驰状。尖桃形背光顶部亦雕一飞龙，龙下面主尊两侧雕有飞天。造像背光题记 5 行，仅存 25 字，文为（图一三）：

　　　大魏普……月廿四」日诸县人　……妇妹上为亡父□……家」眷属造石……」

应为北魏普泰年（531 ～ 532 年）所造。

（二）第二期

造像依据造型及装饰风格特征等可分两型。

1. I 型

背光式三尊像（SLF72）

青石质地，残高 92、宽 78 厘米，（图一四）。主尊波发，面相方圆丰润。颈细长，圆肩，平胸，凸腹。内着僧祇支，外穿双领下垂式佛衣，右领襟甩搭左臂肘。领内引出系带于胸前系结，双肩衣纹为下垂的阴线纹，腹下衣纹呈偏右垂鳞纹下垂。衣裙下摆曳地略外撇，手施无畏与愿印。两胁侍菩萨衣饰相同，头戴宝冠，冠带自耳

图一二　普（泰）年造像　　图一三　普（泰）年造像背铭拓片

图一四　背光式三尊像

两侧下垂。发由额部后拢，披于两肩。面部方圆丰润。细高颈，溜肩，平胸，腹微鼓。颈饰项圈，圈下坠圆饼形饰物。上着僧祇支，腰系曳地长裙。帔帛掩双肩下垂腹部，叠压交叉穿环后，下垂膝下，然后翻卷向上，搭于肘臂垂于体侧。帛长曳地。肩部帔帛之上垂有头发及系发下垂的带饰。在主尊与两胁侍之间雕有龙、力士。龙衔莲台，两足用力，尾"S"形上展。力士半蹲用力扛托状，双手与颈部抗托左胁侍站立的台座。

2. Ⅱ型

武定元年刘天恩造像（SLF487）

一铺三身像，青绿色滑石质地。残高 32、宽 31 厘米（图一五）。尖桃形顶部，插榫下部，两胁侍莲座下部残损，主尊与左胁侍头部残缺。主尊圆肩，宽臂胛，平胸，平腹，内着僧祇支，外穿双领下垂式佛衣，右侧衣襟甩搭左臂肘。腹下衣纹呈偏右垂鳞形下垂。下着长裙，裙摆外撇。右胁侍长颈，平胸，腹微凸，躯体修长，上身袒裸，下着曳地长裙，裙摆微外撇。帔帛自双肩下垂膝间交叉后搭于肘臂垂于体侧。双腿衣裙处垂有坤带。右手上举，持莲蕾状物，左手持物下垂，跣足立于莲台上。左胁侍衣饰与右胁侍相似。主尊与胁侍有二重圆形项光，主尊雕三重椭圆形大背光。主尊与两胁侍之间雕龙，龙躯瘦小，呈"S"形倒置，昂首、屈体、尾巴弯曲上扬，口衔莲杆引出胁侍菩萨站立的莲蓬形台座。造像局部残留黄、褐色彩绘痕迹。背铭6行（图一六）：

　　　武定元年四月十五」佛弟子刘天恩敬」造世（释）家（迦）牟尼像一躯」愿使居家□□」愿天恩父刘舍奴」毋□□田□□□□□」容恩□贵意伙□」意金剥」

图一五　武定元年刘天恩造像　　　图一六　武定元年刘天恩造像背铭拓片

（三）第三期

依据其造型，衣饰，雕塑形式等分五型。

1. Ⅰ型

背光式造像（SLF108）

仅存主尊躯干、左胁侍菩萨及右胁侍菩萨膝部以下（图一七）。主尊健壮，内着僧祇支，外穿双领下垂式佛衣，衣内引出系带于胸前打结，右侧领襟甩搭左臂

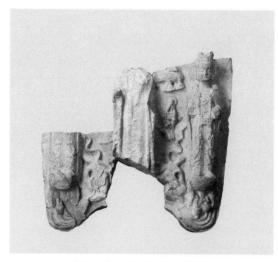

图一七　背光式三尊像

肘，衣纹风化较重。左胁侍菩萨残高 51 厘米。头戴花蔓宝冠，冠正中饰宝相花一朵，冠带由双耳上部系花结后垂至耳旁，额上梳有五个圆形发饰。发由耳后两侧垂至肩部，并有圆饼形发饰结系住下垂的长发。面型方圆丰润，长眉，目半闭，高鼻准，嘴角上翘，呈微笑状。长颈，圆肩，平胸，腹微凸。颈饰凹线纹，佩圆轮状项圈，下系小花坠。上着僧祇支，下着贴体长裙，下摆形成多重衣褶。帔帛自双肩下垂腹下部，交于璧形饰后下垂膝部，再翻卷向上搭于肘臂垂于体侧。衬于帔帛之上的璎珞由双肩系结随帔帛翻卷。璎珞夹饰珊瑚、大连珠、蝴蝶结形饰件，跣足立于龙衔荷莲的台座上。主尊与台座之间雕倒龙，龙独角向后弯曲，龙嘴半张，牙齿外露，口衔莲杆，杆下端为莲盘。由莲盘引出荷叶、莲蕾、莲蓬等。胁侍菩萨跣足立于硕大的莲蓬形台座之上。莲蓬旁侧衬有荷叶莲蕾以及端坐在莲台上的化生童子等。主尊与胁侍之间，龙的上方雕有思维菩萨像、大象等浅浮雕。

2. Ⅱ 型

天保三年背光式造像（SLF474）

青绿色滑石质地，通高 40、宽 23、厚 7 厘米（图一八）。主尊头、胸部残损，头饰三重凸起的圆形项光。手施无畏与愿印，着双领下垂式佛衣，右领襟甩搭左肘，腹下衣纹呈偏右垂鳞纹下垂，内着裙，裙略显短，跣足立于圆台上。右胁侍菩萨面部磨损较重。细颈，宽肩，颈有项饰，右手上举胸前，手握一物。左手提肘上抬，手持瓶下垂。平胸，腹微凸，腰系长裙。帔帛自双肩下垂，至膝部相交叉翻卷上扬，搭于肘臂垂于体侧，跣足立于仰莲座上。左胁侍菩萨头上及面部残损，右臂抬起，手残，左臂残缺，衣饰姿态与右胁侍菩萨相似。尖桃形背光顶部，浮雕一坐姿状小化佛。化佛下部，尖桃形背光两侧各浮雕化生飞天二尊，化佛和化生飞天之间，由

图一八　天保三年造像　　　　　图一九　天保三年造像背铭拓片

莲杆、叶片相连。背铭（图一九）为：

　　　天保三年岁次壬□二月」□□山□僧□惠□」□□等作为」敬造石
□□□」□」

3. Ⅲ型

季豚造像（SLF69）

青色石灰石质地，残高102、宽71厘米（图二○）。左胁侍残失，背光顶部与右胁侍头部残缺。主尊头饰莲瓣形项光，顶为矮螺髻，面相方圆丰润，细目，高鼻，小嘴，略带微笑。细高颈，颈下刻两条细凹线文，含胸凸腹。内着僧祇支，外穿双领下垂式佛衣，领内引出系带，于胸前打结，带端隐于衣内。佛衣贴体平展无衣纹，下着裙。圆刀技法纯熟，薄衣呈现出肌体丰满健美感。手施无畏与愿印。右胁侍上身袒裸，胸垂项饰，平胸，凸腹。下着长裙，腰间长带下垂膝部，帔帛掩双肩于腹部交叉穿环后垂于膝部，再翻卷向上搭于肘臂垂于体侧，帛长曳地。胸腹前、帔帛之上有双阴线纹。连珠串饰自左肩帔帛下引出，斜向垂至下腹部，分为两股，衬于帔帛之上。主尊与胁侍之间下部雕倒龙，龙仅雕出头部侧面、右前腿、左后腿及龙尾。龙口吐水柱，水柱下端形成莲盘，由莲盘引出莲蓬、莲蕾荷叶等，莲蓬上站立夜叉，夜叉右腿屈曲，呈用力状，以头肩部抗托台座。右胁侍上方残留飞天与人物。飞天薄衣透体，呈现出丰满柔美的体态。头残损，侧身向外，屈腿坐姿状，手捧乐器，裙带轻薄，呈火焰状上扬。飞天背后为"维摩像"，侧身向内，屈腿跪于莲座上，双手执麈尾上举。维摩右下角刻有"维摩主孙祖"五字。主尊与胁侍之间刻有铭文3行（图二一）：

图二〇　季豚造像　　　图二一　季豚造像题记拓片

右菩□主季豚兄弟三」人为□父母及一切」维摩主孙祖」

背光底部平齐。

4.Ⅳ型

□清二年赵继伯造像（SLF455））

青绿色滑石质地，残高17、宽13厘米（图二二）。舟形背光顶部及像体头、肩部残缺，平胸，腹微凸，躯体修长，着右袒式轻薄紧身佛衣，将身体轮廓凸显，近似裸体。左手上举，手残损，右臂垂于体侧，跣足立于莲台上。背铭共4行（图二三）：

（缺）清二季四（缺）六日赵继伯」（缺）亡妹文香敬」（缺）像一躯」

字体端庄俊秀，为由北朝向隋唐过渡的正楷书体。

5.Ⅴ型

透雕背光式造像（SLF227）

青石质地，残高37、宽24厘米（图二四）。肩部以上残缺，像躯左侧为一截透雕树干，束腰形须弥座下部残缺。袒右胸，宽肩，平胸，腹微凸。着双领下垂式

图二二　□清二年赵继伯造像　　　图二三　□清二年赵继伯造像背铭拓片

图二四　透雕背光式造像

佛衣，内着僧祇支，有系带，双手残缺，右侧衣襟附搭左肩臂，半结跏趺坐在束腰形须弥座上。须弥座正面雕化佛、狮头、力士像。

（四）第四期

造像为隋初至隋末，因数量较少，在此仅举一例。

□皇十六年王昕希造像（SLF475）

青绿色滑石质地，残高31、宽35厘米（图二五）。背光上部残缺，下有插榫，插座已佚。主尊颈上残，宽肩，平胸，平腹。内着僧祇支，外穿双领下垂式佛衣，

图二五　　□皇十六年王昕希造像　　　图二六　　□皇十六年王昕希造像背铭拓片

右侧领襟甩搭左肘，衣纹仅体现出衣襟、衣边。佛衣显短、厚，裙下摆略内收。跣足立于圆台上。两胁侍菩萨身型瘦小，左胁侍腹部以上残损，右胁侍面部残损。菩萨细长颈，袒上身，宽大帔帛由双肩下垂腹部交叉穿环后，垂于膝下，再翻卷向上，搭于肘臂，飘垂体侧。本尊与胁侍之间雕倒龙，龙尾"S"形上展，口吐水柱与荷叶、莲蓬等组成莲盘台座。造像数处残留褐色、白色、彩绘痕迹。背铭8行，字体粗陋（图二六）：

　　　　□皇十六年岁次□」□□□朔王昕希为」□母孟容敬造石□」一区上为国王□主□」□□□王天祚□□」（缺）光王景远弟□」（缺）生西方无量国」（缺）□并为一切众□」

从造像风格看应为隋开皇十六年（596年）造像。

二　各期特点归纳及年代划分

1.第一期

背光式造像因两胁侍菩萨小巧，主尊显得较突出，主尊与两胁侍均身形矮短。主尊面相清瘦，头饰磨光高肉髻，该期造像多为溜肩，窄臂胛，平胸，鼓腹的形体，两胁侍头饰三角形发髻或圆柱形高发髻，面相与形体同主尊。服饰厚重，衣纹凸起，有的衣纹剖面呈三角形，衣裙下摆"八"字形外展，与青州龙兴寺[1]出土的早期造像及诸城早期造像[2]颇为相似。需要特别指出的是，在第一期的Ⅱ型造像，其形体与其他各型有较大的差异，即宽肩厚臂胛的健壮形体，佛衣亦显轻薄。

[1]　青州博物馆：《青州龙兴寺佛教造像艺术》，山东美术出版社，1999年。
[2]　杜在忠、韩岗：《山东诸城佛教石造像》，《考古学报》1994年第2期。

　　Ⅰ型主尊着厚重的褒衣博带式佛衣是其主流，右领襟甩搭左臂肘，腹下衣纹呈偏右垂鳞纹下垂，佛衣下摆外撇。胁侍上身袒裸，下着厚重长裙，帔帛掩双肩下垂腹下交叉，主尊与两胁侍菩萨立于长方形台座上，不见莲座。有的背光正面隐约可见彩绘的同心圆项光，和椭圆形大背光。背光式单尊像多见单尊的菩萨，菩萨上身袒裸下着肥厚的长裙。颇为厚重的帔帛自双肩下垂腹下交叉后上扬，搭于肘臂，垂于体侧，衣裙下摆外撇，菩萨装饰极简单。背光式单尊佛像少见。

　　Ⅱ型造像宽肩壮硕，佛衣不显厚重，此类造像数量较少，如永安二年像、王淙造像等。

　　Ⅲ型仅建明二年造像一例。造像衣裙下摆较为别致，下垂的衣纹呈羊肠形，与诸城一期造像ⅡB型颇为相似[1]。

　　Ⅳ型无较完整的造像，残存的胁侍菩萨作宽肩平胸、腹造型。

　　Ⅰ～Ⅳ型造像多为小型滑石质，除个别造像残留项光、背光彩绘痕迹和主尊与胁侍之间线刻有荷莲图案外，极少有雕饰。三尊像，主尊脚柱两侧的背光下沿平齐，与青州龙兴寺早期造像相似。主尊与胁侍立于长方形台座上，不见莲座。造像带铭文题记的多，题记内容多为发愿文，由铭文知造像者多为中下层民众。铭文字迹潦草，且多错别字。该期造像体现了作为山野寺院的明道寺在北魏末年石质造像刚刚兴起时的造像情况。从铭文题记也可看出佛教当时在民间的影响之广。

　　Ⅴ型造像出现较大型的石灰石造像和龙与莲台、飞天是其最大特征。该型造像以王延造像为代表，明道寺造像已出现石灰石质较大型的造像，由题记知，已出现多人集资共同造像的情况，造像雕琢细腻，铭文题记字体工整。主尊发髻仍为素面高髻，方硬的头额，清瘦的面孔、窄瘦的肩胛、厚重的佛衣、肩部棱状凸起的衣纹等特征与此前造像并无二致，但王延像的两胁侍菩萨下方出现了口衔莲台以承胁侍菩萨的龙莲图案，王延造像背光上部残损，有无图案不得而知。而该型造像中的普泰年造像在背光装饰上，不仅有龙衔莲台以承胁侍菩萨的龙莲一体台座，还出现了主尊上方衣裙覆足上扬的飞天与莲瓣形顶部的飞龙。这种一佛二胁侍三尊像，上有八字形飞天，下有龙衔莲台以承胁侍菩萨的造型，是之后广为流行，且最具古青州地区特色的背光式三尊像的基本组合。普泰年造像还是目前见到的古青州地区造像中，有明确纪年的龙衔荷莲以承胁侍菩萨较早的石造像。王延造像和普泰年造像，龙莲图案中的"龙"与后期的"龙"还是有一定的区别。两件造像龙所衔的莲台均为单枝的荷莲，与后期较复杂的荷莲构图不同。另外龙的造型与所处位置与后世的龙亦有较大的差别。王延造像与普泰年造像龙体均较扁平，龙姿呈折叠的"Z"形，

　　[1]　杜在忠、韩岗：《山东诸城佛教石造像》，《考古学报》1994年第2期。

之后"Z"形的龙后部龙体与龙尾进一步上扬而演变成倒挂的"S"形。王延造像"龙"所处位置在胁侍菩萨的正下方，且龙头面向主尊，与后世常见的倒挂形的龙，龙头面向胁侍，龙尾在主尊与胁侍之间呈"S"形上展不同，较之普泰年龙的造形，王延像更显古朴。龙莲组合图案早在正光三年的金铜造像中即已出现，该金铜像中的龙更接近普泰年造像中的龙[1]。王延造像龙衔莲台以承胁侍菩萨，或为目前发现的这一造型模式较早的造像。王延造像胁侍菩萨自由活泼的动态姿势，一改肃穆庄严的宗教气氛，显现出明道寺早期造像即富于创新的造形特点。以王延造像、普泰年造像为代表，已初具古青州地区背光式三尊像的基本特征。Ⅴ型造像在衣饰方面主尊与胁侍都变化不大。这时期的造像虽然有了较大型的青石（石灰石）造像，但仅是个别造像。主流仍为中下层民众所造小型滑石质造像。

在雕塑工艺上，一期造像多采用平直刀法，个别造像衣纹横截面近于三角形，这一雕刻工艺与诸城一期造像[2]，和青州龙兴寺一期造像的用刀手法相似[3]，但也有少量造像已采用漫圆刀法。

第一期造像年代约从 520～534 年，即北魏末年前后。宿白先生曾指出："469年青齐入魏之前，其地造像同于江表，仅闻铜木，不见石雕……至于较多的石质造像的出现已迟至北魏正光（520～525 年）之后。"[4]明道寺石质造像刻铭纪年最早的为正光元年，而某些未刻纪年造像或略早于正光年。

2.第二期

以出现较多的大型背光式石灰石造像为其特点，但小型滑石质造像仍占相当的比例。该期造像无论大型石灰石造像还是小型滑石造像，在服饰造形上都有一个渐进性的发展变化过程，佛与菩萨面向由清瘦到方圆丰润，由溜肩到宽肩，服饰由厚重到轻薄，衣饰下摆由外撇到垂直，都有一个渐趋发展的过程。依据造像在不同发展阶段上的这些特点大致分了两型。两型之间仅有小的区别。该期造像也是明道寺背光式造像由成熟走向鼎盛期的阶段。

Ⅰ型，主尊波发高髻，面相方圆丰润，细高颈，肩部变宽，较一期造像佛衣变薄，肩部凸起的棱状衣纹几乎消失，右领襟甩搭左臂肘，佛衣下摆外撇程度减轻，主尊与胁侍项光、背光图案变的较为复杂（一般由内而外为齿轮带、阴线圈纹带、忍冬纹带等纹饰，背部一般饰阴线刻椭圆形背光），胁侍菩萨仍显小巧。这时期的菩萨面部亦变的较为方圆丰润，细高颈，溜肩，肩部可见下垂的发辫。颈有项饰。上着

[1] 李玉珉：《山东早期佛教造像考——刘宋至北魏时期》，台北《故宫学术季刊》第21卷第3期，2004年。

[2] 杜在忠、韩岗：《山东诸城佛教石造像》，《考古学报》1994年第2期。

[3] 夏名采、王瑞霞：《青州龙兴寺出土背光式佛教石造像分期初探》，《文物》2000年第5期。

[4] 宿白：《青州龙兴寺窖藏所出佛像的几个问题》，《文物》1999年第10期。

僧祇支，并垂有带饰，帔帛由一期下垂膝部的简单交叉，变为腹上部的交叉叠压穿环。龙仍衔单枝硕大的莲台以承胁侍，但莲台下多出了扛托莲台的力士，龙体则由莲台下方转移到主尊与胁侍之间，龙体变的粗大，龙尾弯曲上展，龙姿由"Z"形变为"S"形。

Ⅱ型以武定元年刘天恩造像为例，主尊与胁侍的身形变得修长，胁侍的身高仅略矮于主尊，没有此前佛与菩萨形体大小上的悬殊。主尊仍着较厚的佛衣，肩部不见凸起的棱状衣纹，右领襟甩搭左肩臂，衣裙下摆程度进一步降低。龙的造型较Ⅰ型变的瘦小，与青州龙兴寺东魏中晚期龙的形态相似[1]。龙位于主尊与胁侍下部莲座之间，呈倒挂的"S"型，口衔单支硕大的莲台。

该期造像出现了波发高髻的主尊和头戴花蔓宝冠的胁侍菩萨。服饰的变化也较为显著，Ⅰ型下摆程度减小，至Ⅱ型佛与菩萨衣饰下摆幅度更小。主尊与胁侍菩萨由瘦弱变得高大，尤其是武定元年像，身形修长，主尊与胁侍面部变的较为丰满，胁侍变高，与主尊体量差距减小。佛衣由北魏时期的厚重变为轻薄，右领襟仍敷搭左肘。菩萨璎珞佩饰逐渐增多。护法龙有"Z"形变为"S"形，龙莲图案变的复杂，并有力士。主尊脚柱两侧背光下部由平直变为略带弧形。在雕塑工艺方面，二期造像早期偶见平直刀法，中后期则为漫圆刀法和圆雕刀法。

第二期造像的年代约在东魏初至东魏晚期，即534～545年前后。

3. 第三期

是明道寺背光式造像有盛到衰的转折期，时间段上属于东魏末年至北齐时期，需要特别指出的是，北齐时期，古青州地区背光式造像除明道寺外，包括青州龙兴寺在内的其他各寺庙遗址出土的造像中均以圆雕造像为主，背光式造像少见，甚至是罕见。当然明道寺这时期造像亦是以圆雕造像为主，但背光式造像仍有一定的数量。造像雕琢工艺精湛，内容丰富，衣饰造型方面个别沿袭了二期的某些特征，但绝大多数造像则完全是一种新样的改变，尤其是造像着装、造型与此前的老样没有承接上的联系。主尊螺发右旋与低矮的肉髻受印度阿玛拉瓦蒂造像影响明显。主尊或胁侍均作宽肩、平胸凸腹，有的身形似柱，衣裙下摆内收，佛装为平素贴体的袈裟衣饰纹样，受印度笈多造像艺术影响较为显著。在衣纹表现上大致分两种情况，一是表现衣褶纹，贴体的佛衣衣褶纹一般作"U"形下垂，且较有规律。此种服饰即所谓的曹衣出水，又称曹家样，是由来自中亚曹国的曹仲达所创，薄衣贴体宛如出水之感。再一种是衣纹平展或看不到衣纹。两类服饰一般均有贴金彩绘，有的甚至通体贴金。因贴金彩绘易脱落，所以出土的造像多看不到彩绘，或仅残留少许彩

---

[1] 王华庆、庄名军：《析龙兴寺造像中的"蟠龙"》，《文物》2000年第5期。

绘。后一种不见衣褶的造像，贴金彩绘衣纹脱落后，看起来近似裸体。胁侍菩萨装饰或简单或较为复杂，简单装饰的胁侍不见项饰及璎珞串饰，仅见祖裸的上身帔帛掩双肩沿体侧下垂，有的腰系贴体长裙。有的腰系双层裙，裙腰前翻，内层裙下垂足腕，外层裙下垂膝部。装饰较为复杂的胁侍，其帔帛掩双肩下垂于腹部交叉叠压穿环，再下垂膝部后绕肘上翻垂于体侧，帔帛之上一般有较复杂的璎珞穿饰。该期造像，背光上的佛传故事构图复杂，有的造像在背光上还有刻经及成组的线刻菩萨、比丘画像等。造像形式也有新的变化，出现了主尊为坐姿的三尊像，和透雕镂空的背光式造像。造像龙莲图案进一步复杂化，或作巨龙倒挂姿，突显在主尊与胁侍之间；或作钻龙出没在胁侍身后，仅露龙头；或作盘龙盘卷腾起在浪花之上；或作短小的龙兽倒挂在主尊与胁侍莲座之间。有的龙吐水柱中心为胁侍所踩的莲台，而水柱外侧则有摩尼宝珠。有的龙莲局部透雕。总之该期造像是除个别较保守沿袭上期某些风格外，基本是一种新样的改变，就造像衣饰造型、风格特点可分五型。

Ⅰ型以SLF108造像为例，主尊宽肩平胸，腹微凸，着双领下垂式佛衣，右领襟甩搭左肩臂，佛衣较平展，衣纹较浅，左胁侍菩萨头戴花蔓宝冠，面形方圆丰润，细高颈圆肩，颈有项饰，帔帛掩双肩下垂腹部较于璧形饰后，下垂膝部翻卷向上，腰系长裙，跣足立于莲台上。帔帛之上衬有璎珞，璎珞间夹饰珊瑚、大连珠、蝴蝶结形饰件，菩萨一改前期的简单装束，变的华丽复杂。不仅菩萨的装束有了巨大的变化，就连造像背光装饰也变的复杂起来，龙的躯体进一步盘叠、扭曲、口衔的不再是单枝的莲台，而是口衔莲盘，由莲盘引出莲台、荷叶、荷花、莲蕾等，并出现了坐在莲蓬上紧贴在胁侍菩萨所承莲台下方的化生童子。主尊与胁侍之间和主尊与胁侍头上方八字形飞天之间，都刻划了不少生动的佛传故事等内容。这期造像开明道寺造像背光上部的浮雕佛传故事之风。背光式造像背光上出现的这些内容颇为丰富的浮雕故事，也是明道寺背光式造像在雕塑内容上富于创新的一大特色。除此，古青州其他各地少见。

Ⅱ型以天保三年背光式造像为代表。主尊宽肩、平胸、凸腹，虽仍着北魏时期厚重的褒衣博带式老样佛衣，但衣纹已趋于简单化，衣裙下摆略内收。菩萨帔帛虽然仍是北魏流行的自肩部垂至膝下相交叉，然后翻卷向上搭于肘臂垂于体侧，但体侧帔帛与下部长裙近于垂直。天保三年造像背光上部飞天作莲花化生状，是明道寺仅见的背光图样，颇为奇特。天保三年像保守的装束在第三期造像中较为少见。

Ⅲ型主尊发髻低矮，一般作波发矮髻、螺髻或素髻，面相方圆丰润，宽肩、平胸、腹微凸，多着双领下垂式佛衣，下着裙，佛衣轻薄平展贴体，仅看到双臂处下垂的衣边和下部衣边。佛衣下摆内收。佛像躯体轮廓清晰，身姿健壮。胁侍多上身祖裸，腰系长裙，宽肩、细腰、平胸、腹微凸，颈有项饰，帔帛掩双肩下垂腹部交又穿环后再下垂膝部翻卷向上，搭于肘臂垂于体侧。璎珞穿饰或衬于帔帛之上随帔帛翻卷上扬，或自一侧肩部下垂腰腹间再分成两股衬于帔帛之上随帔帛翻卷，富于变化。主尊与胁侍下摆均内收。

Ⅳ型主尊与胁侍躯体造型比例更准确，写实感更强。主尊佛像十分注重表现强健的身姿，有的身形如柱。菩萨则突出柔美的腰身为其特征。面部表现均作方圆丰润的面相。主尊佛像，佛衣轻薄，衣纹更为简化，有的佛像若不是足腕处有一点衣服的曲边，甚至不会认为有衣饰的存在，如河清二年背光式单尊像，佛像身体轮廓清晰，肌肤隐显近似裸体。这种褶皱全无的袍服，是一种由印度传入的鹿野苑式雕塑风格，通常此类风格的造像，在明道寺及古青州地区已发现的造像中仅见于圆雕造像（而圆雕造像刻铭题记罕见，圆雕造像题记刻铭多在莲座上，从出土情况看，绝大多数像、座分离，因此几乎不见带明确刻铭的圆雕纪年造像）。在浮雕背光式造像上出现是比较罕见的，造像有年号刻铭，说明至迟在河清二年此种风格的造像已在古青州地区流行，对鉴别此种风格圆雕造像年代具有重要的标尺作用。北齐中后期造像较普遍着薄衣，不刻衣纹，仅刻出衣边。薄薄的佛衣遮挡不住主尊挺拔的躯体，掩盖不住胁侍菩萨浑圆的臂膀和柔美的腰肢。包括飞天在内，若无几条向上飞扬的衣带则看不到衣饰的存在，其纤细的肢体，方圆丰润的脸庞，略带微笑的表情，活泼可爱。Ⅰ～Ⅲ型造像背光主尊脚柱两侧的背光下沿或作弧形翼角状下垂，或作平直边，北齐中晚期多作平直边。

Ⅴ型透雕镂空坐姿背光式造像，改以往模式。这一模式的造像在古青州地区罕见，而这类造像的出现，可能受河北地区此类透雕造像的影响，"河北南部出土的北齐举身背光石造像多透雕成美丽复杂的菩提树形"[1]。明道寺造像不仅自身富于创造性，还广泛吸收周围地区造像式样及风格特点。

该期造像，背光上出现浮雕佛传故事内容。这些浮雕故事构图复杂，有的画面人物多达16身[2]。还有一类背光式造像在背光的侧面和背面刻有刻经内容，及成组的线刻菩萨、比丘、力士、供养人等图案。这期的护法龙也非常富于变化，其姿态或以硕大醒目的龙躯，倒挂在主尊与胁侍之间，口衔荷莲引出胁侍站立的台座。或作钻龙，仅露龙头、龙尾、或龙足。或作盘龙盘卷在浪花之上。龙衔荷莲的组合又增加了新的内容，出现了夜叉。在服饰方面，Ⅱ型虽着北魏晚期的褒衣博带式佛衣，但佛衣变薄，有些造像佛衣衣纹皱褶采用细阴线和双阴线刻法，与诸城三期造像的衣纹表现颇为相似[3]。造像衣裙下摆不再外撇，佛与菩萨的形体已发生了质的变化。Ⅲ型、Ⅳ型佛与菩萨的形体写实感增强，追求表现强壮或优美的身姿，胁侍菩萨装

[1] 刘凤君等：《黄河三角洲佛教造像研究》，山东人民出版社，2003年，第242页。

[2] 宫德杰：《明道寺造像佛传经变故事与双神像》，《敦煌研究》2014年第5期。

[3] 杜在忠、韩岗：《山东诸城佛教石造像》，《考古学报》1994年第2期。

饰分简单和较为复杂两种，装饰简单的胁侍，甚至不见璎珞穿饰。装饰复杂的胁侍，主要在璎珞穿饰上增加了些内容。佛衣服饰则完全是一种新样的改变，与此前老样没有承接演变上的联系。这种新样的出现有其复杂的社会因素与时代背景，但总的来说这时期的造像是富于改革与创新的，它不仅成就了古青州地区造像所独有的风格与魅力，也对唐代造像风格的形成产生了较大的影响。由于北齐时期圆雕造像的兴起，背光式造像处于次要位置。

　　第三期造像在雕刻艺术手法上，早期尚有漫圆刀法，中晚期则均为圆雕刀法。

　　第三期造像的年代约从东魏晚期至北齐末年，即 545 ～ 577 年前后。

　　4. 第四期

　　本期是明道寺背光式造像走向衰落的时期，在经历北周武帝灭佛运动后，造像活动一段时期内处于停滞状态，至隋代，虽然隋文帝提倡佛教，佛教再度兴盛，但在造像方面已不能与昔日相比，明道寺出土的隋代造像数量很少，质量也不比北齐时期精美。主尊与胁侍造型较北齐造像变化不大，佛衣衣纹简单稀疏，主尊与胁侍衣裙下摆均作内收，菩萨装饰以王昕希造像为例，趋于简单的帔帛之上不见璎珞，但显得较为肥厚。护法龙不再突出，变的较为瘦小。

　　第四期造像年代约在隋初至隋末，即 581 ～ 618 年前后。

　　以上依据明道寺背光式造像的发展变化情况及其特点，经分析归纳分为四期。分期侧重于以有明确纪年造像的风格特点为标尺，进行划分，以利于年代划定更准确。有的造像的划分虽然依据某些风格特征归入了某期某型，但不一定准确，还请方家指正。明道寺背光式造像从一期雕琢朴拙的大量小型滑石造像的流行，到二期青石质（石灰石）较大型背光式造像的大量出现，约经历了 20 余年的发展，期间除带刻铭的少量纪年造像外，数量较多的是不带刻铭的造像，这些造像集中体现了这一地区北魏末年，下层民众所造个体石制造像在雕塑艺术风格上的特色。也从一个侧面反映了民间寺院所供养的一部分佛像的来源情况。从古青州地区目前已出土的造像情况看，象明道寺一样比较集中的展现北魏末年下层民众造像，还比较罕见。因此这批造像对研究北朝末年这一地区中下层民众石造像情况具有重要的意义。二期、三期造像，是明道寺背光式造像由成熟到鼎盛直至走向衰落的时期。期间经历近半个多世纪，这时期的造像集中体现了明道寺背光式造像题材、内容丰富，富于创新，和广泛吸收外来造像艺术的风格特点。以及在雕刻艺术手法方面，所表现出的自由活泼而多变的特点，从而体现出明道寺造像所独有的艺术风格特色。四期造像在经历了北周毁佛运动之后，至隋代虽有所发展但已不能与昔日相比。

潍坊地区南北朝时期佛教造像区域特点概述

李宝垒　韩　珺★

宗教与人类社会几乎是与生俱来的。从几千年前的人类文明开始，潍坊地区的东夷先民们便以鸟为崇拜图腾。至殷商时期，人们开始用龟壳进行占卜。直至先秦时期出现了中国的原生宗教——道教。南北朝时期，战乱频仍，社会动荡，人们在残酷的现实中寻找内心的慰藉。恰恰此时，佛教文化传入中国已有一段时间，并与土生土长的道教文化相结合，宣扬生死轮回、因果报应等，具有极大的引诱力，故而迅速地传播，并得到了人们的认可，佛教文化盛极一时，甚至到了威胁皇权的地步，随之而来的就是灭佛运动。现在的潍坊大地上也不例外。恰恰就是这种盛与衰，成就了各种造像的遗存。

一　佛教在潍坊地区的传播

一般认为在两汉之际佛教传入中国，东汉时佛教开始受到统治者的重视而流传起来，并且迅速中国化。三国两晋南北朝时期，得到了很大地发展。随后出现了几次发展的高峰。佛教的过于兴盛引发了灭佛运动，于是出现了"三武一宗灭佛"，即北魏太武帝灭佛、北周武帝灭佛、唐武宗灭佛、后周世宗灭佛。其中两次发生在北朝，可见南北朝时期佛教的兴盛。

自汉代以来，潍坊地区就是山东的政治、经济、文化、军事中心。南北朝时期的潍坊一直是省、府、县治所所在地，《周礼·职方氏》中记载："正东曰青州，其山镇曰沂山，其泽薮曰望诸，其川潍泗，其浸沂沭"。根据地方史料记载，简单地梳理一下佛教在潍坊地区的传播过程。

东汉时期，佛教已传入当时的潍坊地区，但并未建寺院。佛教传入后即受帝王将相和皇亲国戚所信仰，并因晋室南渡及佛经的口耳相传使佛教逐渐走入平民百姓的生活。此时的佛教经历了一个从王室贵族到"寻常百姓家"、教义教理逐渐为百姓所熟知的一个过程。

★ 李宝垒：潍坊市文化和旅游局；韩珺：潍坊市博物馆。

西晋太安二年（303 年），建宁福寺，是潍坊地区目前见诸史料记载最早的寺院，其建造年代比泰山西侧的长清灵岩寺早数十余年之久，故址位于今青州郑母镇倪家庄北。

东晋十六国时期，南燕国慕容德以竺僧朗参与国事，最终定都青州广固城。竺僧朗是当时在青州建寺传法的高僧中影响最大的，据《水经注》记载，其"少事佛图澄，硕学渊通，尤明气纬"。南燕国皇帝慕容德听闻竺僧朗颇精于未卜先知之术，于是在于何处建都的问题上问计于竺僧朗，并最终定都广固城，可见佛教对当时政治的影响力。

佛教的传播使得不少中国僧人到印度学经：法显，东晋隆安三年（399 年），从长安出发去往天竺；义熙八年（412 年）携经像在长广郡崂山登陆，在青州传法一年；义熙九年（413 年）南行到建康（今南京，当时是东晋的都城），这也为后期潍坊地区佛教的发展奠定了深厚的基础。

南北朝时期是佛教大发展时期。各地都建造有大量的寺院，据不完全统计，仅青州就有近 20 座。至此潍坊已逐渐成为中国东部的佛教中心。

隋唐及以后，或兴盛、或衰落，最终走向三教合一。兴盛时青州、临朐大造佛教石窟，雕刻单体佛像，寺院僧侣来往频繁，也接待了大量外国僧人；衰落时，政府灭佛，但也留下了多处窖藏。

宋代以后佛道相争，导致佛教衰落，儒释道不断融合，再加上历朝皇帝对宗教的好恶程度不同，潍坊地区寺院与僧侣也不断减少，当时重要的寺院仍存一二，如青州法庆寺等。

二　佛教造像的总体特点——青州风格

两汉之际，佛教自古印度传入中国，经过数百年，至南北朝时获得长足发展。这时，在中西部地区出现了像敦煌莫高窟、洛阳龙门石窟、大同云冈石窟等著名的石窟造像。而在东部以青州为中心，则出现了另一种佛教艺术的表现形式——单体佛教造像。

南北朝时期，潍坊地区佛教造像在造像组合形式与装饰风格等方面明显区别于其他地区，形成一种独树一帜的风格，显示出一种不同寻常的个性。佛教造像面部清瘦秀丽，带有独特神秘的微笑，衣裙飘逸，简约大气，护法龙栩栩如生，莲花荷叶等交相呼应，这些都是与传统南北朝时期佛教造像不同的一种艺术特色，可以认定为一种区域性特色，即所谓"青州风格"。"青州风格"的佛教造像，并非限于狭义的青州地区，而是泛指以青州为中心的山东北部具有明显当地特征的佛教造像。

"青州风格"佛教艺术形成、发展和演变有一个过程：从北魏晚期至东魏初期的秀骨清像，到东魏至北齐初期的曹衣出水，从北齐至隋代的端庄华丽，一直到唐宋时期的典雅流畅。无论石雕还是泥塑，均绘彩贴金，详备绘艺，以供瞻拜。北齐"曹衣出水"式造像，薄衣显体。菩萨像造型极为丰丽，装饰繁多，璎珞悬挂，环带配饰，亭亭玉立。造像中的飞天伎乐，手持乐器，翱翔凌空的姿态十分突出。背光上雕刻螭龙，倒悬而立，伸爪展尾，口吐花蕾荷叶，曲成莲台，承托胁侍菩萨，最具特色。总之，"青州风格"代表了南北朝时期潍坊地区佛教造像的总体风格，也是其区别于其他地区的显著特征。

三 小文化圈类型特点

潍坊地区南北朝时期佛教兴盛，佛教造像在发展过程中，既具有典型的时代特征，又具有不同的地区特色，我们暂称典型的时代特征区域为大文化圈，不同特色区域为小文化圈。潍坊地区诸城、临朐、青州三个小文化圈内典型佛教遗址出土的佛教造像，从埋藏方式、佛菩萨像组合形式、三尊像背光内容、佛菩萨衣着装饰等方面各有自身的区域性特点。

（一）埋藏方式各有不同

1.诸城

1988～1990年，在修建体育中心时，发现一处佛教窖藏遗址，位于城区南郊的高土埠上，后经专家考订为龙兴寺遗址，出土造像的范围东西约80、南北近100米。据勘探，此处为汉代遗址，断崖上暴露文化层1～2米，含有大量陶片和砖瓦片。上层经过多次扰乱，含有汉代至明代的陶瓷残片，曾出土过汉瓦、晋罐和明代瓷碗等。大量的石造像发现于上部的扰乱层中，有个别的造像堆积坑打破汉文化层。出土石造像残体400余件。集中出土的现象较多，其中佛躯体65件，菩萨躯体42件，双脚及榫58件，佛头25件，莲花座8件，飞天、背光、断肢等残片200余件。同时，还出土瓦当、滴水等建筑遗物50余件。

2.临朐

1984年秋，临朐县大关镇上寺院村村民建房时发现原明道寺遗址，清理舍利塔一座，塔基为六边形，塔基下面地宫为圆陀螺形。地宫底面至顶部深2.98、底部直径2.1米，砌至高达0.5米后，周匝留有宽0.4米的平台，直径扩为2.5米。再垂直砌至0.48米后，开始叠砌聚拢，顶端有小口封以方砖。在舍利塔塔基下的地宫中清理出了大量石造像残块，大小佛像碎块1200余块，约300尊。

3.青州

集中发现的有龙兴寺、广福寺、石佛寺等,最具代表性的为龙兴寺。1996年10月,在山东省青州博物馆南侧相邻的地方平整土地过程中,发现了一些佛教造像的残块,随后文物部门进行了抢救性清理,该处遗存为龙兴寺遗址所属的一处大型土坑式佛教造像窖藏,出土了各类造像200余尊,佛头像144件(包括石灰石、汉白玉石、花岗岩等)、菩萨头像46件、带造像身或半身造像头36件、其他头像10件(包括铁、陶质罗汉、供养人、飞天等)、残头像一宗、造像残身200余件(仅指较为完整的残身)、残经幢3件。

从三地的佛教造像考古发掘来看:诸城龙兴寺造像虽皆出土于人为挖掘的土坑中,但不是一个窖藏出土,而是多坑埋藏;躯体、头、足各部分多为分坑埋藏,大者和小者也分坑埋藏。临朐明道寺造像出土一舍利塔地宫内,砖砌而成,十分规整,造像分布有规律,最上层是中小型佛像的躯干、下肢、胸部、头像等;中层和底层多是较大的造像躯干、佛头、背屏式造像碎块等;佛头面向下,绕墙根平摆。青州龙兴寺佛像则是出土于不规则的土坑窖穴之内,造像有规律地摆放,大致按上、中、下三层排列摆入,较完整的造像放置于窖藏中部。

(二)佛菩萨像出土数量上有所偏重

从佛菩萨背屏式三尊像所占比例上看,青州龙兴寺最多,其次为临朐明道寺,最少者为诸城龙兴寺。

思维菩萨像,临朐明道寺出土数量最多,其次为青州龙兴寺,诸城龙兴寺未见。

法界人中像,青州龙兴寺出土最多,临朐明道寺次之,诸城龙兴寺仅见佛头一尊。

(三)造像质地有所差异

诸城龙兴寺佛教造像主要为石灰石质,其他材质未见。

临朐明道寺佛教造像石灰石质占大部分,但还有一定比例的中小型滑石造像和模制陶造像。

青州龙兴寺佛教造像质地有陶、铁、泥、木、汉白玉、花岗岩和石灰石七种,且以青州所出石灰石为最多。

(四)三尊像背光内容各有特色

佛菩萨一铺三身像,背光内容上各有特色主要指的就是主尊与两侧胁侍菩萨之间的雕刻,以及护法龙的形象。

青州龙兴寺背屏式造像则大小差异较大,雕刻内容繁简有别,但整体造型复杂准确。主尊与两侧胁侍菩萨之间大部分为彩绘或线刻主尊的身光,或再绘以火焰纹装饰,形式相对固定,表现出一定的程式化。

诸城龙兴寺出土背屏式造像较完整的较少,但从较完整的来看,表现出一种与青州近似的风格，但从残存的造像来看，有的还是在主尊与两侧胁侍菩萨之间通过高浮雕的形式体现佛教故事，目前发现来看，此类风格造像数量并不多，具体雕刻的佛教故事也不清楚。

临朐明道寺出土的背屏式造像最让人关注的就是大量的佛教故事存在于主尊与两侧胁侍菩萨之间。其中有些可从形象特征等推断所雕内容，如举手指天的童子像，应为释迦降诞后而指誓之像。还有太子思维像与六牙白象入胎故事或半跏思维菩萨与骑乘白象的普贤菩萨高浮雕。在佛像背光上浮雕之局部处，往往并有佛菩萨名等题铭，如有佛像背光上雕小坐像旁铭"维摩诘"，结合对称一侧浮雕，可知其属《维摩诘经》中文殊、维摩对坐之题材。还有些铭刻于背光之上的佛陀、菩萨、弟子名号等，数量颇多而成系统，经查阅比定可知属于某佛经之某段落。

对于背光下部的护法龙姿态样式的雕刻来说，青州造像十分规整或者说过于整齐，护法龙都是悬于佛菩萨之间，尾细腿粗，一足蹬于菩萨身后，一足蹬于主尊台座，另一足攀于口吐莲枝花蕾荷叶之侧，曲成莲台，承托胁侍菩萨。而临朐护法龙雕刻的手法就十分的活泼多变，龙的姿态变化丰富多样，有的龙身半掩于主尊身后，有的则是在莲台旁又雕刻童子等。另外，在单体造像中，还出现了河北地区多见而古青州少见的透雕的龙树造型。

（五）佛菩萨衣着配饰各有特点

青州北魏时高浮雕背屏式造像，主尊多身着褒衣博带式袈裟，内着僧祇支，袈裟下摆外展大，菩萨像缯带束发，装饰也简单，帔帛宽大，交叉于胸前或膝下，少有璎珞装饰；东魏时主尊多穿褒衣博带式袈裟，内着僧祇支，袈裟下摆由外展变为垂直下垂，衣服由厚重向轻薄转变，菩萨由以缯带束发转变为戴各种宝冠及束发器，个别袒露上身，其余多着僧祇支，所佩璎珞变得华丽繁缛，在腹前通过玉璧形圆环交叉；北齐时单体佛像大都外披袈裟，上穿内衣，下身穿长裙，有些身上有褶纹有些则无，无褶纹者完全靠彩绘来处理。此外，菩萨像虽数量少但极为繁琐，头饰复杂，颈带项圈，帔帛精美，璎珞精细，长裙多变，有的手部也持有各种装饰，变化多端。这些特点从面上也适用于临朐、诸城造像，但他们在衣着配饰上各有各的特点。临朐与青州差距较小，但也有差别，而诸城与青州造像差距较大。

临朐造像值得一提的是那些但难以辨识或明确比定的配饰作品，如一佛陀身体之上，又浮雕出龙、曲体吐莲，其间还有端坐化生童子甚或猕猴等。这种特别的造像，由于原像只是一段残件，又缺类似手法雕像对照，确实难以说清。由此可知临朐造像题材较多的一个方面。

诸城菩萨像配饰则要比青州的复杂多，绝大多数的菩萨立像，璎珞配饰异常美丽，多层帔帛之外佩挂多层璎珞，这在青州、临朐造像中是不多见的。再者就是单体佛造像佛衣两侧衣带系于胸前后下垂于腹间打结后下垂至膝下，佛像着多层佛衣，衣带以多种形式打结下垂等等，这些情况在青州、临朐造像中也不见。

四　小结

潍坊地区出土了大量的石佛造像，其形制特别，工艺精湛，极为罕见。从背屏式造像到佛立像、菩萨立像，都为学界进行佛教研究提供了全新的视角和丰富的资料。不难看出，潍坊地区南北朝时期佛教兴盛，佛教造像自成体系，独树一帜，尤其是青州风格的演变与发展，更是潍坊地区佛教造像特点的集中代表。从佛教造像的发展演变中，各个小文化圈又有自身的特点。

参考书目

1. 杜在忠：《杜在忠先生文集》，文物出版社，2014年。
2. 山东临朐山旺古生物化石博物馆：《临朐佛教造像艺术》，科学出版社，2010年。
3. 庄明军、王静芳、王华庆：《青州佛教文化与龙兴寺佛教造像》，中国文史出版社，2012年。

淄川华严寺碑刻研究

李宝军 ★

　　淄川华严寺为鲁中名刹，位于淄博市淄川区昆仑镇磁村村南百余米处，现为淄博市重点文物保护单位。全寺坐落于高地之上，坐北朝南，四面环谷、环河。该寺久负盛名，为古淄川八大寺之一，相传始建于唐开元年间，明清两代曾多次修葺，如今山门、大雄宝殿等早已被毁，现存于世的只有玉皇阁、魁星楼、文昌阁三座建筑。《海岱考古（第十三辑）》《淄博市淄川区华严寺、磁村水库桥碑刻调查报告》[1]一文公布了现存华严寺与磁村水库的八通碑刻，这八通与华严寺有关的碑刻，分别刻立于明永乐、嘉靖年间和清乾隆、光绪年间。对于研究华严寺较为重要，但迄今未引起学者关注，今结合相关史料，试做阐释。

一　碑刻录文

　　八方碑刻分别为现存华严寺的永乐十七年《华严寺重修硯石佛殿碑记》、嘉靖十年华严寺地界碑记、嘉靖十五年华严寺《修建湿石佛殿文记》、明嘉靖二十年《华严寺重修天王殿文记》；现存磁村水库桥的乾隆十七年维修华严寺碑、清代《华严寺观音社□□碑记》、光绪十八年华严寺《栽树并重修大门碑记》、清代华严寺信众题名碑。《淄博市淄川区华严寺、磁村水库桥碑刻调查报告》一文发表后，我们又多方查找资料，重新核对拓片，对碑文进行了增补，相对于已发表资料，本次录文部分略有修改，为便于叙述，先将碑文迻录于下。

　　1.明永乐十七年华严寺重修硯石佛殿碑记

　　碑残长约 134、宽约 56 厘米，厚度不详（图一），因砌于墙壁，除个别行外，每行末尾少一字，个别行开首少一字，后得见程永淑先生整理之碑文[2]，彼时碑刻尚完整，今据此补入，用□内加字表示，程文与拓本不同之处仍以拓本为准。依照

　　★ 李宝军：山东省文物考古研究院。
　　[1] 山东省文物考古研究院、淄川文物事业管理局：《淄博市淄川区华严寺、磁村水库桥碑刻调查报告》，《海岱考古（第十一辑）》，科学出版社，2018年。
　　[2] 程永淑：《磁村华严寺》，《淄博名胜古迹》，齐鲁书社，1988年，第83页。

图一　明永乐十七年华严寺重修碨石佛殿碑记

碑文格式录文如下：

济南府般阳郡壹西南贰拾伍里境居人 寿」

华严寺重修碨石佛殿碑记」

善乐居士陈中道文继」

昔 唐玄宗皇帝问左街僧录神光法师曰佛于 众」

生有何恩德致使舍君亲弃妻子而师事之 说」

若有理朕当建立说若无理朕当削除神光 奏」

曰臣启陛下佛于众生恩过天地明逾日月 德」

重父母义越君臣帝曰天地日月具造化之 功」

父母君臣具生成之德何以言佛并过此乎 更」

宜分拆不可讹谬神光曰天只能盖不能载 地」

只能载不能盖日则照昼不照夜月则夜朗 而」

昼昏父则能生不能养母只能养不能生君 王」

有道臣僚则忠天下太平五谷丰登以此而 言」

德则不全且佛于众生恩则不尔论盖则四 生」

普覆论载则六道俱乘论明照曜十方论朗 则」

光辉三有论慈则提拔苦海论悲则庆脱幽 冥」

论圣则众圣之王论神则六通自在所以存 亡」

普救贵贱皆携惟愿」

皇 帝迴心敬佛帝闻师奏龙颜大悦曰佛恩如 此」

非师莫宣朕愿回心生生敬佛仍出敕文天 下」

军州各造一寺目曰开元用表寡人开初信佛」

次□引儒书中表法用证佛门依正各各皆有」

所表也今逢」

圣世永乐十七年四月十六日幸遇」

太宗文皇帝求畿内好善之士有以父名闻召至」

褒奖旌为善人今子不敢隐没故謄录在石碣」

上看遵奉敕曰」

朕惟古先圣帝明王之治天下莫不以化民为务」

而化民之道不过使其为善去恶趋吉避凶而」

朕万幾之暇常取佛经所载诸佛世尊如来菩萨」

尊者名号编成歌曲因以镂梓流通广传俾」

人敬礼奉诵欢喜赞叹作无量功德而前后所」

序四篇及忏悔之语一字一句皆诸佛如来圣」

贤之格言非庸俗之所可及盖以世人茫昧不」

知善恶之因或至误犯特揭以示人使知避凶」

趋吉之道以为作善祈福之阶此朕化民拳拳」

之深意也夫诸佛如来慈悲广大智惠圆融超」

出三界充满十方历万劫而长存乘千化而不」

朽其言如金玉菽粟贫者得之以富饥者得之」

以饱然其要无非劝善警恶欲使含灵蠢动皆」

游于佛天之境功德弘深难以言喻然所谓劝」

善者岂有他哉教臣以忠教子以孝教兄以友」

教弟以恭教朋友以信教夫妇以顺教敬天地」

教奉祖宗教重三宝教身慎行谨守王法□」

························

2.明嘉靖十年华严寺地界碑记

碑残宽94、残高36厘米,厚度不详(图二),疑该碑仅为后段,前段已失,依照碑文格式录文如下:

□□元元年癸丑建立为记」

华严寺召传永远碑记凡有昏」

赖□有边界开列余后」

古□寺墙南北长二百尺东西」

阔一百尺四面直四角俱全墙」

一里并无粮草今立四至寺东」
一外余地菜园东至大沟寺南」
一外余地清泉菜园南至大沟」
寺西一外余地西至小路水沟」
寺北一外余地北至大沟四面」
四沟各有边界赡寺征粮官厶」
二十厶□四至分明」
华严寺直西四十里德隆买到」
围山顶山庄一处上带征粮一」
厶凡有昏赖今立四至东至分」
水岭南至排马岭西南至石堐」
西至小树峪上稍北至核桃峪」
东北至鹦窝堐四至分明」
嘉靖十年二月二十日为记」

　诗曰创业非难守业难」
　　诸徒莫作等闲看」
　　时如蠹地重如海」
　　轻若毫毛重若山」
　　一梁一柱宜护惜」
　　片砖片瓦勿抛残」
　　老僧此语能遵守」
　　方见吾假有祸担」

　佛门宗派」

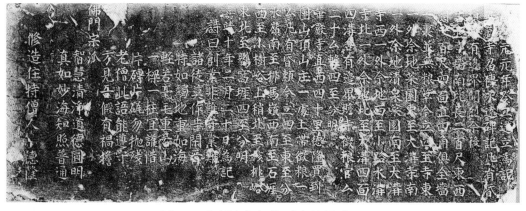

图二　明嘉靖十年华严寺地界碑记

智慧清净道德圆明」

真如妙海知照普通」

修造住持僧人　德隆」

3. 明嘉靖十五年华严寺修建湿石佛殿文记

碑残宽 152、残高 54 厘米，厚度不详（图三），碑文末尾纪年损泐，仅见"辛卯月辛亥日"，揆之朔闰表，应是嘉靖十五年，由于砌于墙壁，碑文每行末尾缺失一字，从碑文内容知前半部分为《莲宗宝鉴》，今依原文补上缺字，用□内加字表示。依照碑文格式录文如下：

山东济南府淄川县以西南贰拾伍里境居仁寿」

华严寺住持德隆修建湿石佛殿文记」

佛为三界大师法是群生眼目僧乃六和上士并为 真 」

净福田背之则邪顺之则正神功莫并圣力难思 除 」

苦如药鼓落镞脱难若霜剑突围变苦为乐而刹 那 」

革凡成圣而顷刻是以火车相现皈依而便获清 凉 」

地狱将临称念而悉皆离苦普明与诸王难免空 定 」

功焉帝释却顶生之威般若力也所以信心佛子 皈 」

依三宝真慈香花供养于」

僧读诵流通于法宝集兹善利回向菩提普暨众 生 」

同生净土不见道频伽鹦鹉称念而得生西方诸 天 」

帝王钦敬而誓求圣道皆能上成佛果下脱苦轮 可 」

谓禅是大沩诗是朴大唐天子只三人切言住持 □ 」

原乃寺北三里石牛埠庄俗祖姓李于弘治六年 □ 」

次癸丑正月下旬二日受形在世托蒙父母恩德 □ 」

哺存身自幼天然骨格一心弃俗投释生而慈善 □ 」

性良柔至正德三年十六岁禀领父命礼师道贤 □ 」

依法卷撰立释名曰德隆随以经卷传受虽然深 □ 」

门用事而不以十方副应为奇恐失古佛正行之 □ 」

有误大道而矣尤避财利迷乱其心污染真性昼 □ 」

好礼禅宗时刻不忘于道业行持数载正德十一 □ 」

岁次丙子十二月上旬八日师传以卒荼毗窆之 □ 」

迁化之后合寺师兄弟侄保让为首虽为寺中之 □ 」

时时忧念生死之路何日而了佛祖大恩尚未报 □ 」

至嘉靖拾壹年岁次壬辰年三十九岁忽上心来 □ 」

图三　明嘉靖十五年华严寺修建湿石佛殿记碑

月消磨恐年老矣计为释子积财何用发心修盖湿」
殿一所约用白金万两之余暂表佛恩大道另有□」
持焚香立愿随择吉日请诸梓匠三十余人立就□」
价以西山岖彩青石以东南三峰山起取白石以□」
长大力壮殿梁为用造车用牛日载无休运而不□」
六年方止积石如山似厂造立大碾一盘日不住□」
攻积食米十方舍助人工常有二百不绝昼忘其□」
夜废其寝用尽心勤因□十方施助钱粮遂将饮」
减去每日止放一餐恐坠其身矣因有虔诚以感□」
蓝灵应警报十方家家知道户户名闻人人持斋□」
个个发善心各发善愿捐舍己资赶送牛马五谷□」
绢日如皈市尤感神天照鉴连年风调雨顺累岁□」
谷丰登甘雨偏降苗茂籽成一境人民自知报矣□」
□善意有善民侯雄等闻此好事前来拱许齐会□」
□以助大功有石碣为记不复录耳此寺原最小□」
□重修院墙宽远前佛殿伽蓝祖师三座及后方」
两廊僧舍俱以更新其功尽结予意乐然报其苦□」
□之大恩遗其后人之眼目末来知识细详而矣」
　　县承付道　　　　　制士官陶聪」
知县李性　典史张凤鸣 省祭官沈傲张宠」
　　主簿段士仪　了缘」

龙兴寺首僧　德勤 徒弟正滕 祖住 佛号 圆住 法成」

兴教寺长老　成玉」

上泉庵主持　德山」

本寺住持　　僧人 德隆 德实 德弘 德成 徒弟 师侄

圆瓒 圆昶 圆曰 圆敬 圆果 圆喜 圆姜 圆息 圆滕 圆达 圆兴

明喜 明信 明解 明空 明和 明性 明真 能晓 明同 明松 明礼 明林

明□ 明慈 明贯 元□

□管工善人 邢名王进忠」

□车人 元昂于成王的山曹三王眼明」

碾磀头 徐的 眼松 明善宋堂福的福志广通元惠」

饺头 祖深 李果惠敬明来 章丘县石匠 孟添良」

淄川县把总石匠 王哲 程保 王思国 王守成」

王强等王奈 王荣 程好 铁匠张和刘添兵 木匠王□」

嘉靖十五年 辛卯月辛亥日建立文记 边守擎撰 元喜书」

4.明嘉靖二十年华严寺重修天王殿文记

碑残宽74、残高50厘米，厚度不详（图四），依照碑文格式录文如下：

济南府淄川县华严寺重修」

天王殿文记」

立会施财助缘善人」

边守擎 孙絖 孙纯 李栾 李虎 刘子春 韩厚」

李真　刘□ □代 董怀 □惠臣 元聪 董云」

了缘　德成 元瓒 法成 元太　董昶 陶隆」

倡 造 住 持 僧 德隆 徒弟 元昶 明为」

元果 明性」

元喜 明空 明贯 明金 明照」

元敬 明和 明气」

元宽 明经」

元贝 明来」

泥瓦匠 张的道 男张臣 徒弟　胡廷梅 李臻 吴宋宁」

木匠　王章　王玉　段梅 男 段贵 段守志」

铁匠　侯贵　曹大亮」

北总石匠 王强 男王守仁 侄王良才」

王哲 男王思国」

王奈」

王荣」

　章丘县孟添良」

嘉靖二拾年三月十六日建立大吉」

图四　明嘉靖二十年华严寺重修天王殿文记碑

5.清乾隆十七年维修华严寺碑

碑高 115、宽 77 厘米，四周刻宽约 6 厘米的缠枝花纹，厚度不详（图五），文字多损泐，从文意推测，末尾似至少少一字，根据内容判断应是维修华严寺的记事碑，依照碑文格式录文如下：

□□寺之真也以为之□神为之也但将□人而□□人□无以显□□耳」

一旦□霖为灾□庙□□□□整饬而维新之□□以人事之□□成一方」

而神为之□既修之日而神为之□微之居何□□依寺□居□石□□跋」

恭□诸佛菩萨皆□元□化之□□遭其风散雨零之厄神不安□人何以」

□□群推李公天仁为首倡而市□之志□矣且兴工伊始□菩萨即大显」

□□咸□□□里外□□捐□□□□□□□或应之祈□□之募化者□」

□寺之无人为之乎弗神为之□□神者善信一念之精诚而神人之威以」

古历丹青之思□神王之盛□□犹是也又何伟须显功之不克立也哉□」

邑庠生康家□」

□人举人刘荣绍□生于迁□监生汤维岳庠生于鹏翔庠生□□□庠生于在泽」

□□张 杨 郑元世 孙允□ □□□ 孙允喜 康慕先」

□□□□□ 孙千□ 孙□□ 赵□昕 康承先 韩可介」

□□□□□震 孙千□ 韩□仁 李绍宗 李□幹」

□□□□□华吕育祥 王 荣 □大□康 □」

□□□□□祥 康履吉 侯□□ 袁壬□ 孙□贞」

□□□□□ 孙□岚 孙 峤 孙□□ 白靖□」

□官□□□ 王兆煦 张显登 许□□ 孙允□」

□□□□□ □□□ 廪生毕海模 赵讷梅 孙允□」

□□□□□ □雪徵 廪生赵士□ 孙存□ 康象遂」

青□□□□ □□□ 廪生穆省身 杨恒修 王 樟」

□□□□□ □□□ 增生康□ 孙 瑶 陆南□」

□生贾□□ □□□ 赞礼李世臣 王□□ 康其□」

□阳□□□ 贾廷勋赞礼康□□ 康□□ 康恭先」

□□□□□ 孙□□ 廪生孔□□ 孙允磐 李□□」

众□□生立 □□□ 廪生张 俊 王兆喜 康子明」

□□□ 增生孙允鸿 王宜倬 孙克仁」

□□佐□孙□□」

商人」

王□五 李荣光梁生□刘景成梁东□周德□侯□□郝□顺任□□韩万□」

庠生康里三」

乾隆十七年岁次壬申季春」

6.清代华严寺观音社碑记

碑断为两截，中上部有一道宽约 6 厘米的水泥抹缝，水泥抹缝附近有一直径约 10 厘米的圆形穿孔。碑残高 136、宽 63 厘米，厚度不详（图六），碑文中提到"光绪初元""十七年"，刻立时间应在清光绪十七年或之后，依照碑文格式录文如下：

方格内额题：福缘善庆

华严寺观音社□（水泥）碑记」

盖闻幽明虽殊其理则（水泥）顾其有益於人世者似莫若施济之为要而其有裨於幽冥者则无」

醮之为愈然□洞幽烛（水泥）于其际鲜不以人所弗觌遂谓其事之茫无可据耶吾乡华严寺」

菩萨殿旧有观音社历年（水泥）建醮相沿已久洎乎光绪初元因年□歉收

□致中□自十七年幸」

　　赖磁窑坞众善信同心倡（水泥）极力劝募□□施主云集兴□□百□自是每年□月□建醮□」

　　鼓铙钹喧阗□□（穿孔）伊（水泥）□□甚盛事也统计建醮之外每岁尚有赢余因公议善□」

　　若非购置田□（穿孔）诸公（水泥）遂于附近购买中下地叁段官亩五亩核计所□可敷一月建」

　　用□至□□□（穿孔）社中（水泥）无议欲勒诸贞珉以垂永久□□将前后施财姓氏一一胪列」

　　公允但□□既久屡有损减□（水泥）核良非易易且有姓名尚标册簿其人业已作古再□酌夺□」

　　哉惟□当前之□祉□以次附（水泥）□□碑阴□□知脱略之□□□□□□何况积德之士亦非」

　　但使所施尽归有用此□尚庆（水泥）永登于社中诸君□□后社中如有□□亦应随时陆续增」

　　能积小善钜庆置田□于□□□（水泥）更能为施济之举庶不负众善信□之诚义岂惟有益」

　　□哉望诸君□□而□□□之以（水泥）□□来之□□□□□□□□□□拜撰」

　　　　　　　　………（此行磨灭）………穆同仕」

　　领袖（其下内容损泐不清）」

7.清光绪十八年华严寺"栽树并重修大门碑记"

　　碑残高117、宽60厘米，厚度不详（图七），文字多损泐，从内容看，所记应是邑人为华严寺重修大门并栽树事，末尾纪年损泐，从"壬辰仲冬"推断应是光绪十八年，通读碑文，正文末尾似乎少一字，今依照碑文格式录文如下：

　　额题：百世不朽

　　栽树并重修大门碑记」

　　自古庙宇之壮观每借赖于松柏此庙内外松柏虽多而犹有余地寺有雪□」

　　云峰常公凌云康公倡领庄众乐捐赀财复栽柏树贰百叁拾余株□□□□」

　　行一望焉而愈蔚然深秀也前此是院大门历久摧残阖庄共捐布施鸠工庀」

　　修焉并镌之于石永垂不朽云」

　　　栽树施财姓名」

　　　　　　监理栽树人王有盛　　陈□□捐□□□□」

图六　清代华严寺观音社碑记　　　　图七　清光绪十八年"栽树立重修大门碑记"碑

陆光瑞　捐钱贰千　李久成　捐钱壹千　孙惟木　捐钱壹千」

常奎□　捐钱贰千　逯振吉　捐钱壹千　常于经　捐钱壹千」

康凤□　捐钱壹千　逯振義　捐钱壹千　韩长富　捐钱五百」

□□伉　捐钱壹千　常于□　捐钱壹千　阉庄共捐钱伍拾□」

□………大□……共捐钱叁拾壹千□百文」

前□…………………此□□封禁内外不许牧……」

　　□…………………………送　　　官究□」
　　大清光绪 十八年 岁在壬辰仲冬上浣榖旦」

8.清代华严寺信众题名碑

　　该碑无题记，初次发表时我们根据内容疑其为"华严寺观音社碑记"的碑阴，但两碑并存，显非同一块碑，全碑皆为姓名，疑为另一捐财施舍碑的碑阴，故暂定名华严寺信众题名碑。是碑两头均残，现存最高约98、通宽约80厘米，两侧饰宽约6厘米的缠枝莲纹，厚度不详（图八）。依照碑文格式录文如下：

图八　清代华严寺信众碑

□□穆氏　□门蔡氏　□门□氏　□门张氏　□门杨氏　□门岳氏　□门王氏　□门张氏　□门王氏　□庄　□门李氏　□□　张门宋氏　□□□□」

□□□□　孙门窦氏　孙门张氏　孙门吴氏　孙门乾氏　孙门张氏　孙门□氏　孙门乾氏　孙门□氏　□□□氏　孙门康氏　孙门□氏　孙门□氏　孙门张氏　孙门边氏　孙门胡氏　孙门孙氏　　□门张氏　王门姚氏　□□□□　□□□□」

孙门孙氏　孙门马氏　丁门李氏　孙门王氏　孙门□氏　孙门孙氏　孙门司氏　孙门赵氏　张门梁氏　张门王氏　张门徐氏　张门徐氏　王门陈氏　王门□氏　□门董氏　□门杨氏　梁门董氏　　李门□□　□门王氏　杨门□氏　　□庄会首　□门伊氏　□门聂氏　□□□□」

毕门□氏　毕门□氏　□门赵氏　丁门□氏　　本庄　　□门□氏　杨门孙氏　杨门李氏　杨门王氏　□门□氏　康门□氏　孙门□氏　孙□□　□□□□　□□□□　秦□　□门□氏　　　　王门□氏　马门周氏　王门□氏　马门□氏　马门□氏　小孙庄　孙门□氏　孙门□氏　孙门乾氏　□门闫氏　　□□」

□□崖会首　　□□□□　陈□□氏　□门□□　王门李氏　王门□氏　王门□□　王门□氏　□门于氏　□门刘氏　□门刘氏　李门刘氏　□□□氏　□门于氏　□门□氏　□门□氏　　孙门□氏　孙门□氏　□门□氏　□门黄氏　孙门房氏　孙门郝氏　　大邢加庄　　高门唐氏　李门朱氏　高门王氏　张门乾氏　□□□氏　□门孙氏　　□□□氏　」

□门□氏　王门雷氏　□门卢氏　王门刘氏　乾门□氏　□门刘氏　□□□氏　胡门七氏　王门刘氏　□□□氏　□门王氏　□□□□　□□□□　□□□氏　□门何氏　□门□氏　□门□氏　　　□门王氏　□门□氏　□门孙氏　高门孙氏　吕门刘氏　刘门李氏　姜门郝氏　王门□氏　于门李氏　姜门王氏　杨门周氏　　台头崖会首陈门乾氏　刘门陶氏　□门李氏　□□□氏」

□门□氏　王门徐氏　□门□氏　□门□氏　胡门□氏　金门何氏　张门□氏　陶门王氏　陶门王氏　□门张氏　□门王氏　朱门□氏　张门□氏　□□□□　□门桑氏　□门李氏　□门□氏　　　韩门王氏　孙门张氏　乾门宋氏　　窝里庄会首　孙门陈氏　□门孙氏　□门李氏　杨门□氏　李门薛氏　高门季氏　杨门张氏　张门吴氏　□门张氏　刘门张氏　代门七氏　贾门刘氏」

王□庄会首　穆门梁氏　穆门孙氏　穆门房氏　穆门蒋氏　穆门王氏　穆门曹氏　穆门钱氏　穆门王氏　穆门李氏　穆门□氏　　□□庄会首　张门陶氏　李门汪氏　□门冷氏　□门王氏　□门王氏　　□□□□　□□□氏　　施财□□庄　孙门□氏　□门□氏　□门李氏　　殷马庄　　梁门潭氏　翟门□氏

城里　翟门穆氏　本市　翟门□氏　　冶头　曹门吕氏　七河毕门李氏」

　　□□庄会首□　充　□　孙门梁氏　孙门李氏　孙门丁氏　孙门于氏　孙门李氏　孙门廉氏　孙门季氏　孙门李氏　孙门李氏　孙门□氏　孙门王氏　孙门张氏　孙门□氏　孙门□氏　孙门□氏　　　　　戴家庄会首　　□□□　佟门周氏　王门李氏　王门张氏　刘门习氏　周门许氏　周门□氏　周门□氏　周门□氏　□□□□□　□□□□□　□门王氏　王门董氏　宫世方」

　　孙门毕氏　孙门刘氏　孙门陈氏　孙门□氏　王门□氏　李门张氏　　董加沟会首　宋□汉　高玉福　马门孙氏　高门彭氏　宋门杨氏　□门石氏　王门孙氏　王门马氏　高门姜氏　梁门张氏　　　　王门乾氏　林门张氏　付门李氏　刘门张氏　王门陈氏　王门宋氏　王门高氏　周门张氏　□门夏氏　宫门□氏　夏门刘氏　蒙门□氏　□门吕氏　彭门张氏　宫门□氏　□□□□」

　　张门□氏　张门□氏　于门□氏　李门□氏　高门□氏　王门□氏　　四维庄纪门□氏　纪门□氏　□门□氏　李门□氏　□门□氏　朱门□氏　赵门□氏　康门□氏　康门□氏　康门□氏　康门□氏　宫门□氏　彭门□氏　宫门□氏　祁门□氏　周门□氏　周门□氏　连门□氏　周门□氏　刘门□氏　彭门□氏　林门□氏」

二　华严寺相关问题

华严寺之得名，嘉靖二十五年《淄川县志》卷二"寺观"云："华岩寺，在县治西南二十五里，佛殿皆岩石为之。"[1] 望文生义，可知华严寺初名为华岩寺，得名可能与寺院皆石构有关，但永乐、嘉靖时期的碑文均作"华严寺"，不知是否与《华严经》有关，还是碑文书写失误。

关于华严寺的始建年代，均以大唐开元年间为说，此说可能源自刻立于明嘉靖十三年的《华严寺地界碑记》，该碑残存首句云："□□元元年癸丑建立为记"，年号二字恰好残泐，且开元元年确为癸丑年，确易令人产生联想。有据可考的明清时期，华严寺始终为僻处一隅的小寺，明代之前未见于任何记载，故始建于唐开元年间恐为后世僧人的附会之说，不足为据。华严寺内曾发现金元时期的煤烧窑、烘烤炉、制瓷作坊、墓葬等遗迹[2]，据此可知，至少在元代时华严寺应已荒废。

华严寺目前所见时代最早的记载为明永乐年间，彼时华严寺属济南府淄川县仁寿乡，仁寿乡又作人寿乡。《华严寺重修碇石佛殿碑记》中提到"永乐十七年四月十六日"，该碑似为某位被皇帝褒奖为善人的信众出资所建。通观现存碑文，仅

---

[1]　淄川博物馆、淄博聊斋艺术发展公司：影印嘉靖二十五年《淄川县志》卷二，广陵书社，2009年。
[2]　山东淄博陶瓷史编写组：《山东淄博市淄川区磁村古窑址试掘简报》，《文物》1978年第6期。

记载了两件事，即唐玄宗与神光法师论佛事和明成祖永乐年间编撰《诸佛世尊如来菩萨尊者名称歌曲》事。唐玄宗与神光法师事出自释本觉所撰《释氏通鉴》，该书全称《历代编年释氏通鉴》，成书于南宋时期。释氏之说本源于敦煌写本《大唐玄宗皇帝问胜光法师而造开元寺》，敦煌写本所记并非史实，释本觉更在相关材料基础上加以构拟，其说更不足为信，已有学者对此加以辨明[1]。《华严寺重修碾石佛殿碑记》的后半部分为明成祖御制《诸佛世尊如来菩萨尊者名称歌曲》的序，永乐皇帝热衷释典，常序佛经、作佛曲、撰僧传，此为其著述之一。

华严寺目前所见明代碑刻以嘉靖年间为最。明代嘉靖年间华严寺的关键人物是住持僧德隆。德隆其人不见于史书记载，据华严寺《修建湿石佛殿文记》碑载，德隆，俗姓李，华严寺北石牛埠庄人，弘治六年（1493 年）生，自幼信佛，正德三年（1508 年）十六岁时依父命出家，礼从华严寺道贤法师，法师予释名"德隆"，自此虔修道业，礼佛不倦。正德十一年（1516 年）道贤法师化去，合寺僧众推为住持，时年二十四岁。德隆和尚颇有作为，在他的主持下，华严寺于原有前佛殿、伽蓝殿、祖师殿、僧舍的基础上续有修建，华严寺于嘉靖十年（1531 年）时南北寺墙已长二百尺、东西阔一百尺，为了寺院的长期发展，德隆在华严寺以西四十里处置办围山顶寺地，嘉靖十五年（1536 年）新建湿石佛殿、重修院墙，嘉靖二十年（1541 年）重修天王殿，经过德隆的经营，"原最小"的华严寺规模大增，远胜以前。

华严寺属禅宗临济宗，临济宗僧谱（字辈）为："智慧清静，道德圆明。真如性海，寂照普通"，明代时仅排到普通辈，华严寺的僧谱为："智慧清静，道德圆明。真如妙海，寂照普通"，惟倒数第二句不同，但两句意思一致。现存山西临汾古县的明弘治七年（1494 年）《圣佛岩新修观音堂记》碑，额题"临济正宗"和"智慧清静道德圆明真如妙海寂照普通"[2]，正与华严寺相同，华严寺《修建湿石佛殿文记》中提到"德隆"之名乃道贤"依法卷撰立"，此法卷应即僧谱。嘉靖十五年修建湿石佛殿碑提到龙兴寺、兴教寺、上泉庵，均是当时淄川著名的寺院，其中上泉庵仍存，清代改名青云寺。上述寺院住持均为德字辈，可能与华严寺为同一宗派。

乾隆四十一年《淄川县志》卷二下《寺观》载："华严寺，明沾化丁汝夔碑，邑西南三十里磁窑坞"[3]。丁汝夔，沾化人，正德十六年进士，为明嘉靖年间的重臣，嘉靖二十九年因"御寇无策、守备不严"被斩于市，丁汝夔所撰华严寺碑的时代定在嘉靖年间，疑已佚失。有明一代，嘉靖之后华严寺未见诸碑刻和文献，其情形不明。

[1]　聂顺新：《开元寺兴致传说演变研究——兼论唐代佛教官寺地位的转移及其在后世的影响》，《敦煌研究》2012年第5期。

[2]　刘泽民主编、曹廷元分册主编：《三晋石刻大全·临汾市古县卷》，三晋出版社，2012年，第16页。

[3]　淄川博物馆、淄博聊斋艺术发展公司：影印乾隆四十一年《淄川县志》卷二，广陵书社，2009年，第313页。

　　清代华严寺碑刻共四通，分别是《华严寺观音社□□碑记》、华严寺信众题名碑、乾隆十七年维修华严寺碑、光绪十八年华严寺《栽树并重修大门碑记》。清代前期华严寺的情况不明，清代中后期对于华严寺的修建主要集中在寺门和栽种松柏上，其中所植柏树今日尚存数株。清代中后期华严寺维修的主事人以当地邑绅为主，如毕海模、穆省身等，不见僧人，这一点与明代不同，现存明代重修碑记中均以僧人为主导，常有大批僧人姓名罗列于后，碑文内容多先阐佛理后叙事，与清代的纯纪事风格完全不同。华严寺碑刻记述风格的转变可能意味着彼时寺院已经衰落、甚至几无僧人，士绅权利大增，代替僧人成为了寺院社会生活的主导。

　　特别需要提到的是，此时民众对寺院活动的参与度大为提高，最为突出的表现就是结社建醮活动增多。《华严寺观音社□□碑记》中提到"华严寺菩萨殿旧有观音社"，且"建醮相沿已久"，光绪十七年左右信众再次劝募，所得钱财除建醮花费之外尚能置办五亩土地。这种结社建醮，除了举办宗教活动外，还可起到互相维护、相互扶持的作用，所以民众参与者众多。华严寺信众题名碑应是另一次结社建醮活动的妇女参与者记录，碑中提到的小孙庄、台头崖、四维庄属清代淄川西南乡，大邢加庄、冶头、东窝庄、西窝庄属正西乡，戴家庄属西北乡，董加（家）沟、殷马庄属正南乡，上述村庄集于淄川西南部，可见华严寺的社会辐射影响力也集中于此。

试论高庙山石窟胡商礼佛图及相关问题

刘文涛 ★

　　高庙山石窟位于山西省高平市西南 7.5 公里处的南陈村西南高庙山北麓。1994年张庆捷、李裕群二位先生曾对该石窟进行过详细调查，并撰专文刊布 [1]。该文科学严谨的对该石窟造像特征和窟内题记进行了考证，确定石窟的开凿年代为东魏时期，这对于佛教考古及古代艺术史等方面的研究都大有裨益。然原文囿于体例及整体规划，对编号为 7 窟的主窟内正面主尊左旁一组胡商礼佛图（图一 [2]、二）介绍略显粗略。这种描绘生活场景的画面在北朝晚期晋东南地区的石窟雕刻中较为少见，比较有意义，今略作讨论。

一　胡商礼佛图的描述与识别

　　该画面位于石窟内正面主尊与左侧弟子雕像之间，高 58、最宽处 39 厘米。画面分上下两部分，上部为供养人礼佛图。画面前刊题记"当阳大像主、前郡中正广宗太守陈思御，妻程曲姜。"后刊供养人九身，二主七侍，二主身侧皆有高曲茎莲花一株。前主身为男性形象，身材高大，头戴高笼冠，身着圆领褒衣博带大衣，脚穿笏头履，目光凝视前方，长须下垂，双手拱于胸前。身后四侍者，身形低小，居里者头戴折巾，着小圆领服，手持一类油灯物，上有火苗。次外者头戴折巾，着小圆领短服，腰系束带，手举华盖。再次外者头戴折巾，着小圆领短服，腰系束带，双手举一杆缨枪，最外者头梳丫髻，微低，着小圆领短服，腰系束带，双手交叉于腹前按一类货布状物。后主身为一女性形象，身材低于前主，身姿婀娜，头戴花冠，身着交领褒衣博带大衣，腰系束带，目光平和凝视前方，双手拱于胸前，做朝拜状。身后三侍者，身形低小，居后者头梳双髻，身着交领褒衣博带大衣，双手拱于胸前，再后两侍者头皆带折巾，面部皆残泐，皆着小圆领短衣，一持长杆羽葆，一持长杆，

　　★　刘文涛：山东省文物考古研究院。

　　[1]　李裕群、张庆捷：《山西高平高庙山石窟的调查与研究》，《考古》1999年第1期。

　　[2]　本文图一、二、五、八为作者本人拍摄，其他图片均引自注释著作，后文图片不逐一标注，特此说明。

图一　胡商礼佛图拓片

图二　胡商礼佛图线图

顶部已残，不能辨为何物。此图描绘的应是与图前题记中对应的广宗太守陈思御与其妻程曲姜率众礼佛的场景。

下部为马驼商旅图。画面自左开始，为一高颈莲花，再往右为一人面马而立，此人头梳双髻，着圆领束身短服，一手牵马缰绳，一手握马鞭状物，指向马身，似是呵斥马匹停止状。此马高大健硕，马头微低，马鬃挺立，三足着地，前右蹄微微曲抬，动态十足。背间挂饰鳞纹的托垫，并驮货物一袋，袋口紧扎。牵马人侧另立一人，头戴圆毡帽，钩鼻深目，身穿圆领束身短衣，脚穿尖角靴，右肩似有一袋褡，腰略弯而抬首仰视马匹，此人的装束、形象应为胡人。头马后复跟一马，牵马人立于马匹里侧，头戴折巾，着圆领服，凝视马头，马背亦有一货袋。再之后为一人牵骆驼，人仰驼首，骆驼作昂首状。因画面有限，此骆驼仅刊至驼峰而后无。画面下部为重复的不规则高低波浪线，应意喻群山，表现的应是一马、驼商队于崎岖的山路间暂憩或即将停止。

有学者谈到北魏到隋唐遗址墓葬中出土胡商俑时，曾论其辨别方法："间接表明或象征的胡人俑，具体表现为骆驼胡俑、牵驼胡俑、牵马胡俑、牵驴胡俑与载物陶驼、载物陶马以及载物陶驴的组合，这种胡俑和负囊陶驼、负囊陶马为代表的组合，原型都不是中原的产物，一望而知是来自西域，体现和代表着由丝绸之路入华的胡商及其贸易活动。"[1] 本文之上所述，图像下半部有明确的胡人、负囊马匹及骆驼形象，基于此辨别方法之上，故定名为"胡商图"。

二　胡商图内容分析

有关胡商与胡人的壁画、雕刻在北朝及隋唐时期发现很多，多见于墓葬壁画和石质葬具的雕刻。墓葬壁画如山西太原出土的北齐娄睿墓中，绘有"载物驼队"壁画[2]；山西太原出土的金胜唐墓中，绘有"胡商牵驼"壁画等[3]。石质葬具如山东青州出土的傅家北齐石棺床中，刊有"商旅驼运图"[4]；陕西西安出土的史君墓石堂中的东、西、北壁图像中也都有"胡商驼队图"[5]（图三）。

图三　史君墓石堂西壁胡商图

关于胡商及胡人形象这一时期的佛教石窟及单体造像的壁画、彩绘及雕刻中也有零星发现。有学者对敦煌莫高窟、新疆柏孜克里克石窟壁画中的胡人、胡商图已

[1] 张庆捷：《北朝唐代的胡商俑、胡商图与胡商文书》，《民族汇聚与文明互动——北朝社会的考古学观察》，商务印书馆，2010年，第145、146页。

[2] 山西省考古研究所：《太原市北齐娄睿墓发掘简报》，《文物》1983年第10期。

[3] 山西省考古研究所：《太原南郊唐代壁画墓清理简报》，《文物》1988年第12期。

[4] 夏名采：《益都北齐石室墓线刻画像》，《文物》1985年第10期。

[5] 西安市文物保护考古研究院：《北周史君墓》，文物出版社，2014年，第68页。

做过研究描述，此不赘述[1]。单体造像彩绘中，出现胡人的形象较少，主要集中在山东地区。如青州龙兴寺窖藏出土的佛像中，一北齐卢舍那佛圆雕立像，左右肩部界格内各描绘胡人形象，尤其是右肩界格内，三身胡人站立形象，描绘清晰，特征强烈[2]（图四；彩版一二）。临朐博物馆于 1995 年追缴回的北齐卢舍那佛圆雕立像，在佛身正面第三、四框界格内，绘有二胡人扶马及胡腾舞形象[3]。

图四　青州龙兴寺卢舍那法界人中像右肩胡人像

以上所述的石窟壁画和单体造像彩绘虽都有胡人或胡商图像，但其表现手法、形制及都与本文论述图像不太一致。青州龙兴寺出土造像中的胡人，神态虔诚，似在礼佛，有学者认为此造像"或为胡人资助供养。"[4] 而本文图像中，已有明确的供养人为"广宗太守陈思御及妻程曲姜"，本文图像中的胡商图，刊于主尊像旁，上部为供养人形象，内容与前者差别较大。

那么关于此胡商图内容的解释，笔者认为应是供养人用胡商马、驼队驮送贡品供养佛陀的生活画面。云图 16-1 窟西壁南侧坐佛龛左侧，雕刻有五个面貌虔诚的

[1] 张庆捷：《北朝唐代的胡商俑、胡商图与胡商文书》，《民族汇聚与文明互动——北朝社会的考古学观察》，商务印书馆，2010年，第168～171页。

[2] 夏名采：《青州龙兴寺佛教造像窖藏》，生活·读书·新知三联书店，2004年，第145页。

[3] 宫德杰：《临朐县博物馆收藏的一批北朝造像》，《文物》2002年第9期。

[4] 夏名采：《青州龙兴寺佛教造像窖藏》，生活·读书·新知三联书店，2004年，第146页。

供养人像，在下面两批搭着粮食口袋的马正健步走向佛陀[1]（图五；彩版一三）。另云冈 12 窟后室南壁东侧尖拱形坐佛龛雕刻有四身供养人，下有两批骆驼，呈卧地姿势（图六）。有关学者研究，这或许表示供养物已经送达到佛陀身边[2]。再看本文图像，上层表现为大像主礼佛图的内容已明确。下图中，画面最左为长茎莲花，紧靠主尊，莲花在佛教中为"最清净"之物，也是佛教中最主要的装饰图案，此处莲花之意应是表示已到佛前。第一身人物，面马牵缰绳，右手握类似马鞭，有呵斥马匹停止之意。下面胡人，翘首而望，应是货物运到，头马停驻，胡人翘首张望后面队伍的情况，后面的马、驼陆续赶来。这应该是一种真实的生活瞬间画面。

另造像主官至广宗太守，为一地之长，其有财力捐助开凿石窟，也一定有财力雇佣胡商马、驼运送供养物品。再大大推测，胡人，尤其是粟特人善贾，入华贸易之物多为金银器皿、宝石、香料等等，这些来自异域的稀有之物，也可能直接被大像主陈思御带来供养佛陀。

图五　供养人及马驼粮食画面

图六　供养人与骆驼驼供养物

[1] 王恒：《云冈石窟造像》，书海出版社，2004年，第140页。
[2] 王恒：《云冈石窟造像》，书海出版社，2004年，第141页。

三　高庙山石窟中胡商图的出现原因及意义

高庙山石窟中出现胡商图，在同时期（北朝晚期，下同）晋东南地区石窟及造像中较为罕见。但它的出现究其原因，应是一些主客观因素共同作用下产生的，笔者总结三点。

1.现实依据

晋东南地区，从考古发掘和调查中，囿于条件，尚未见到更多北朝时期的胡人、胡商形象，但此地出于当时平城至洛阳，晋阳至邺城多条官道的必经之路，上述城市，都是当时丝路东端的重要城市，胡人、胡商往来诸城市间，必多经此地。长治地区出土的唐墓中，多有胡商骑驼俑，也是对上述的印证。如长治王休泰墓出土骑驼俑[1]，王惠墓出土多件胡人骑马、骑驼、牵驼俑[2]，长治市黎城县也出土有骆驼俑[3]（图七；彩版一四）。这些陶俑雕塑精美，特征明显，这也从侧面说明了当地胡商往来频繁，为大像主带领胡商队伍进奉贡品礼佛提供了条件，也为刊刻胡商图提供了蓝本。

2.当地佛教的生活化、平民化

北朝晚期不论是石窟造像还是世俗石刻中，此地都有许多生活题材与宗教题材相结合的实例。如1957年长治沁县南涅水出土的窖藏佛像中，有一四面石龛造像，在一侧佛龛外侧浮雕杂技百戏图的生活画面（图八；彩版一五）。世俗石刻中出现佛教题材的内容也不少，如长治市壶关县五集村出土一北齐墓志盖，志盖盝顶九宫格正中阴线雕刻一佛家视为"清净圣物"的莲花[4]。自北魏以来，佛教大兴，地处要枢的晋东南地区，自然是深受其影响，至今此地尚存北朝石窟、摩崖造像数十处，可见当时崇佛、信佛之盛。佛教石窟中出现世俗化的生活场景，也进一步说明了佛教的平民化，与生活诸事有了结合。故高庙山石窟刊刻胡商图，应该不是特立独行，偶尔为之，而是佛教生活化、平民化的产物。

3.个人意愿

大像主陈思御捐资造像，率众礼佛，窟中上下两幅画面如同连环画，下部胡商图作为礼佛画面的一部分，以骆驼形象表示连绵不断的队伍，表现出主人身份的高贵，场面的宏大，人物的众多，贡品的丰富，以示礼佛之虔诚。当然也不排除太守下属及受捐开凿石窟信众对太守的奉承与感激，刻意布局，烘托像主。

---

[1]　山西文物管理委员会晋东南工作组：《山西长治唐王休泰墓》，《考古》1965年第8期。

[2]　山西长治博物馆：《长治唐代王惠墓清理简报》，《文物》2003年第8期。

[3]　张庆捷：《胡商、胡腾舞与入华中亚人》，北岳文艺出版社，2010年，第172页。

[4]　张和平：《三晋石刻大全·长治市壶关县卷》，三晋出版社，2014年，第1页。

图七　长治黎城县出土胡人骑驼俑　　图八　南涅水造像中杂技百戏图

　　北朝时期，经由丝绸之路的东西往来日渐频繁。北魏前期，平城作为都城九十余载，是当时丝路东端的重要起点。东魏、北齐时期，晋阳作为北方最重要的城市，也是胡商往来频繁，商贸发达。此二地留下了大量当时胡人及商贸活动的记录与遗物。北魏后期迁洛，东魏、北齐定都邺城，此二地也是当时丝路东端的要枢。而晋东南地区正好处在这几处丝路要枢的中间位置，平城南下洛阳，晋阳东到邺城，此地多为必经之处。加之晋东南地区气候适宜，物产丰富，尤其盛产"潞丝""潞绸"等丝路盛行货运商品，应该是胡商们来华贸易的一个重要的目的地和往来中原主要城市间的一个重要驿站。前文所举长治唐墓中出土的大量精美的胡商骆驼俑，即是例证。今据高庙山石窟中刊刻的胡商图，再为北朝后期晋东南地区丝路贸易和多民族文化交流互动增添新证。同时，也为当时用胡商马、驼队驮运贡品礼佛和世俗生活场景装饰石窟增添了新材料。

山东地区的经幢

吕承佳 ★

一

幢是一种具有宣传性及纪念性的小型建筑，梵语叫"驮缚若"。印度幢的形式是在纪念佛的玉垣上刻各种浮雕，也有的在塔前方左右各树一长方形石条。我国古代的幢则指仪仗中的旌幡，又称幢幡，是在长竿上加丝织物做成，一般为圆筒状，周边绣以精美图案。随着佛教的传入特别是唐代密宗的兴起，佛教信徒开始将佛经或佛像书写或绘制在丝织的幢幡上，悬挂于佛像或菩萨两侧。因丝织品易损坏，不利于长久保存，后来改将佛经刻于石柱上，称为经幢。因其竖立的形状也被称为竖法幢，有宏扬正法、消弭灾祸之意。

唐初译经家佛陀波利所译《佛顶尊胜陀罗尼经》[1]中说："佛告天帝。若人能书写此陀罗尼。安高幢上。或安高山。或安楼上。乃至安置窣堵波中。天帝。若有苾刍苾刍尼优婆塞优婆夷族姓男族姓女于幢等上。或见或与幢相近。其影映身。或风吹陀罗尼幢等上尘落在身上。天帝。彼诸众生。所有罪业。应堕恶道地狱畜生。阎罗王界。饿鬼界。阿修罗身恶道之苦。皆悉不受。亦不为罪垢染污。天帝。此等众生。为一切诸佛之所授记。皆得不退转。于阿耨多罗三藐三菩提。"这是经幢得以兴起和发展的法理依据，也是多数佛教经幢雕刻《佛顶尊胜陀罗尼经》的主要原因。

有学者认为，经幢是一种刻经，也有人认为是刻经和塔衍生出来的一种特殊形式的塔。这两种观点都不很确切。经幢作为一种独立的建筑形式，有其特有的功用和建筑特色，同时也融合了部分刻经及塔的元素。作为汉化佛教的一种重要刻石，经幢是集雕刻艺术和佛教内容于一身的完美石雕建筑。其形状与塔相似，但有明显的区别：塔一般中空而幢不空；塔身有较匀称的层次（一般为奇数）而幢身有层次但不匀称，幢身是主体，占较大比例，表面刻有经文等内容；塔的建筑艺术主要在塔身，而经幢的幢座和宝盖则是集中展示其艺术性的部分，一般雕饰花卉、云纹以

★ 吕承佳：山东省文物考古研究院。

[1] 《乾隆大藏经·大乘五大部外重译经》第345部，一卷。

及佛、菩萨像等；塔的体量较大，而经幢的体量一般较小[1]。

我国石柱刻经始于六朝，而石柱刻陀罗尼经则始于唐初。唐永淳二年（683年），佛陀波利由印度取经返回长安，唐高宗诏令日照三藏法师及勒司宾寺典客令杜行顗等共译《佛顶尊胜陀罗尼经》。当时佛教密宗开始盛行，众信徒认为咒语——陀罗尼包含深奥的经义，倘若有人书写或反复诵念即会解脱他的罪孽，得到极乐。为使陀罗尼经永存，善男信女们将其刻于上有顶下有座的八棱形石柱上，这就是最初的经幢。

经幢一般安置在通衢大道、寺院等地，也有安放在墓道、墓中、墓旁的。寺院中设立经幢的现象非常普遍，多立于山门之前或殿堂前庭院之中，也有的立于塔前。一是为了宣扬佛法，二是为了庄严寺院。在通衢大道上树立经幢，是造幢者希望其能惠及众多的过往行人。

经幢绝大多数为石质，由宝盖、幢身和幢座三部分组成。各节之间一般由榫卯结构连接，有的直接用平滑石块叠加垒砌而成。幢身是主体，主要用于雕刻经文、经序或幢铭，有的幢身上部凿有小龛，内刻佛像。幢身造型八棱形居多，大同小异。多数幢身由一块石头雕造而成，个别体量较大者由多块石头分节雕造。经幢的雕刻艺术及建造工艺主要集中体现于幢座和宝盖部分。

幢身镌刻的文字主要是佛经，内容以《佛顶尊胜陀罗尼经》最多。《佛顶尊胜陀罗尼经》翻译版本较多，有唐代波利的《佛顶尊胜陀罗尼经》、杜行顗的《佛顶尊胜陀罗尼经》、地婆诃罗的《最胜佛顶陀罗尼净除业障经》、义净的《佛顶尊胜陀罗尼经》，还有后周智称的《尊胜陀罗尼并念诵功能法》（已失）、宋代施护的《尊胜大明王经》、法天的《最胜佛顶陀罗尼经》等。其中以佛陀波利所译版本最为流行，也是石幢上镌刻最多的一种经文。其次为《白伞盖陀罗尼》《大悲心陀罗尼》《大随求即得大自在陀罗尼》《大吉祥大兴一切顺陀罗尼》《金刚经》《般若心经》《弥勒上生经》《父母恩重经》等。有的幢身还刻有经序、造幢记、造幢者的题名等。造幢记一般包括序、铭和赞，有的仅简短记载造幢者及造幢年月，有的则较详细，除赞扬《佛顶尊胜陀罗尼经》的神妙威力，还详述造幢缘起。这类经幢通常有撰文者、书写者、镌刻者的署名。宋代经幢上开始出现"陀罗尼启请"。"启请"是密宗在经典或陀罗尼读诵之前奉请的启白。

从经幢的题记和实物可看出，有些石经幢原施有彩绘，并有部分贴金。贴金不但庄严经幢而且表达佛教徒对佛、菩萨、佛经及咒文的敬重。但贴金仅限于佛像、经咒以及佛、菩萨名号等。

---

[1] 为了便于区分辨别，本文中经幢的名称多以发现地或收藏地来命名，而不是采取通常的以时代命名。

尊胜经幢流行后,道教徒也仿照佛教石经幢,在幢身镌刻道教经典,即是所谓"道教经幢"。道教经幢的形制和佛教经幢相同,多为八棱石柱,也分幢座、幢身和宝盖三部分。

二

尽管多数经幢为石质结构,但由于体量较小,多节建造,很容易遭到自然或人为破坏。

从山东地区散落各地的石幢构件可以看出原有经幢数量较为丰富,但完整保存下来的数量并不多。据初步统计,现存经幢有灵岩寺 5 座、岱庙 7 座,还有济南市莱芜区莱城工业园区口镇、临朐大佛寺、德州禹城、平阴福胜寺、长清四禅寺等地经幢共 20 余座。其中唐代 6 座,五代 6 座,宋代 6 座,清代 1 座(墓幢)。岱庙有一座尚不能确定其年代。

(一)唐代

唐代中期以前的经幢,结构较简单,幢身较粗大,像莱芜口镇经幢的幢身周长为 2.24 米,平阴福胜寺经幢为 2.52 米,临朐大佛寺经幢为 2.72 米,而临淄博物院唐经幢的幢身周长更是达到 4.96 米。随着时代的发展,经幢的建造结构由简单逐渐复杂。中唐以后,经幢逐渐采取多层的结构,装饰也日趋复杂、华丽,高度多达 4 ~ 5 米。

1. 济南市莱芜区莱城工业园区(口镇)蔡家镇经幢

建于唐景龙三年(709 年)四月,由时任宋州宁陵县县令贾璞以父亲贾思玄的名义建造。青石材质,通高 3.62 米,由宝盖、幢身和幢座三部分构成(图一)。幢座为方形覆莲座,高 0.4、边长 1.3 米。幢身呈八棱柱形,周长 2.24 米,阴刻《佛顶尊胜陀罗尼经》经文及经序。西南面雕刻的是经序,自第二面第六行起刻经文,至第七面第二行止。七、八两面刻幢铭,记述建幢经过。共 64 行文字,每行约 70 字,字径 2 厘米左右,阴刻楷体,字迹工整。宝盖分上下两层,下层为八角挑檐亭状,上层八棱柱形,有四面高浮雕四尊佛像。

2. 临朐大佛寺经幢

建于唐开元十八年(730 年),青石材质,幢冠损毁,仅剩幢座及大部分幢身,残高 1.75 米(图二)。幢座分两层,下层为圆形覆莲座,上层鼓形束腰,周围刻有八面铺首,面部圆满,面相狰狞,形态各异。幢身呈八棱柱形,周长 2.72 米,每面宽约 0.34 米,上刻经文 500 字左右,八面约 3700 余字,内容为《佛顶尊胜陀罗尼经》。字体正楷,书写端正,镌刻工整,有较高的书法艺术价值。除个别地方模

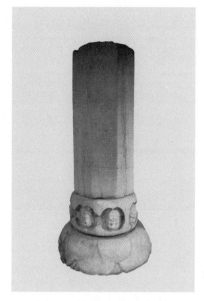

图一　莱芜蔡家镇经幢　　　　图二　临朐大佛寺经幢

糊不清外，大部分字迹清晰可辨。末端刻有"大唐开元十八年"字样。在一面下端刻有"大金国益都府临朐县郭下出顺合家等添经幢顶座共四事于贞元三年十二月初二日重立石石匠曹忠刻立"。清光绪《山东临朐县志》载："大佛寺经幢三通，一大朝经幢、一尊胜经幢、一至顺经幢。"此幢应为尊胜经幢，具有很高的艺术价值和研究价值。

3. 临淄博物院经幢幢身构件

八棱柱形，直径达 1.57、高 0.58、每面宽 0.62 米（图三），刻《佛顶尊胜陀罗尼经》经文及经序，阴刻汉隶，八面刻字，每面刻字 10 行，每行 10 余字。由间隔两行之间所缺文字数量可以看出，其间缺失 4 行文字，由此推断幢身应为 5 节，这是其中一节。按每面 100 字计算，一节刻 800 字左右，《佛顶尊胜陀罗尼经》和《经序》共计 4000 余字（义净译经 3800 字左右，波利译经约 3500 字，唐定觉寺沙门志静述经序约 869 字），这样也可初步断定幢身为 5 节。这也与佛教奉单数为吉利数字相符。如此巨大的幢身，叠加上幢座和宝盖应该非常壮观。由经幢拓片文字内容可以看出，所刻文字与波利翻译《佛顶尊胜陀罗尼经》的经文相符合（图四），此经幢应为唐太和中期（831 年前后）重建西天寺时所建。

4. 长清灵岩寺般舟殿遗址前天宝十二年（753年）经幢

共分幢座、幢身、宝盖三部分，共 8 节（图五）。幢座为 4 节，最下层基石呈方形出二层台，幢座上方的方形石块每面雕一巨型铺首，凝眉瞪目，龇牙咧嘴，胡须似动，颇有神气。其上为覆莲、仰莲须弥座，中间圆形束腰刻有八面佛像，面部

图三　临淄博物院经幢构件

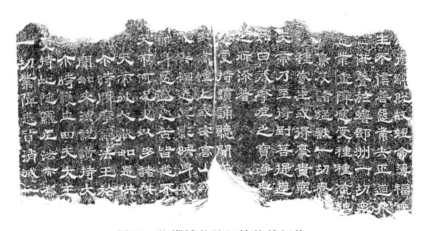

图四　临淄博物院经幢构件拓片

圆满，细目长眉，鼻翼丰肥，嘴角微翘，双目低垂，面容略带微笑（图六）。幢身呈八棱柱形。宝盖共3节，下面一节呈八棱形，雕刻繁复精美，八角的八只瑞兽紧抓花蔓。中间一节八棱柱的8个小龛分别雕刻8尊佛像。最上一节为八角挑檐伞盖。

5. 长清灵岩寺般舟殿前唐大中十四年（860年）经幢

残高约4米，由幢座、幢身、宝盖三部分9节组成（图七）。幢座雕刻繁复，共6层，最下方为方形基石，其上为双层须弥座，下层须弥座下方为方形石块，上雕刻覆莲，四角刻小兽，与大雄宝殿前宋皇祐三年（1051年）经幢相似。中间为八棱形，每面高浮雕雕刻一力士，形态各异，惟妙惟肖（图八）。上层须弥座上下分别为仰莲、覆莲，中间为鼓形，五个壶门内分别雕刻2迦陵频伽、2龙和1乐伎。乐伎舒臂抬腿，翩翩起舞，东西两侧迦陵频伽，双翼展开，一持排箫，一持檀板。雄雌二龙，雄龙体形硕壮，身体自然蟠绞，头大独角，双目圆睁；雌龙头小腰细，形象柔和，两条龙刚柔相济，美妙绝伦（图九）。幢顶2层，下为八棱形伞盖，每棱上端刻一龙头，

图五　长清灵岩寺唐天宝经幢

图六　长清灵岩寺唐天宝经幢幢座

图七　长清灵岩寺唐大中经幢

图八　长清灵岩寺唐大中经幢幢座托举力士

图九　长清灵岩寺唐大中经幢幢座乐伎

口衔花蔓，依次相连。上层为八棱柱形，每面刻一坐佛，坐于仰莲座上。

6.泰安岱庙唐广明二年（881年）经幢

原立于肥城市幽栖寺，1977年收存于泰安岱庙碑廊。通高2.59米，分幢座、幢身、宝盖三部分，现存6节（图一〇）。下为须弥座，上下雕刻仰莲、覆莲，中间为鼓形。幢身为八棱柱形，宝盖分伞盖和幢刹两层。经幢风蚀严重。幢身刻文62行，每行93个字，共约5000多文字。刻赞语、尊胜陀罗尼经序和咒语等，主要记载范蠡古迹和幽栖寺的历史，佛教在内地的流传经过、施主贾誉、樊亮等出资兴修殿堂和经幢的功德等内容，其中有"古寺由来久矣""此寺名传万古""诸王太后、宝位常在，辅相近臣，长资宠赐"和描写黄巢起义军"人马往来约百千万"等文字。沙门无垢撰文，紫盖虔禅正书。

7.平阴福胜寺唐代经幢

坐落于福胜寺旧址，高约3米，分两部分，幢顶已失（图一一）。幢座分上下两节，下为八角形石块雕刻覆莲，上为巨型仰莲承托幢身。幢身八棱柱形，每面宽0.3米。幢身八面隶书尖地阴刻《佛顶尊胜陀罗尼经》，每面9行，满行55字，共约3600字，字径1厘米左右，呈扁方形。上部八个壶门内分别雕一佛或一佛二弟子共22尊佛像。该经幢造型比较复杂，雕刻技艺精美，隶书书体洒脱、俊逸、工整。对于研究古代的雕刻艺术、书法艺术是一件不可多得的珍贵实物。

（二）五代

五代时期的经幢体量较唐代明显减小，雕造工艺也较简单。

1.山东博物馆藏惠民县开元寺五代显德五年（958年）经幢

分幢座、幢身、宝盖三部分，共3节，均为八棱柱形（图一二）。幢座素面，高0.3、

图一〇　泰安岱庙唐经幢

图一一　平阴福胜寺经幢

每面宽 0.22、周长 1.76 米。幢身高 1.30、每面宽 0.16、周长 1.28 米，雕刻《佛顶尊胜陀罗尼经》及幢铭。正面上部壸门内雕刻坐佛一尊，结跏趺坐于须弥座上，有圆形头光，施禅定印。幢顶高 0.25 米，为八棱挑檐式，八立面雕刻功德主姓名。

2.聊城博物馆藏后周经幢

通高 2.40 米，幢身八棱柱形，每面宽 0.105、高 1.03 米。楷书竖刻《佛顶尊胜陀罗尼经》，共 23 列，642 字，字径 1.5 厘米 × 1.5 厘米。正方形幢座上雕刻覆莲，承托幢身，宝盖高 0.2 米，侧面雕刻缠枝花卉，蘑菇状幢顶上有火焰宝珠，已残。经文末刻有"大周显德二年岁次乙卯二月庚子朔九已酉记"字样，是两子为母所造，希望母亲亡后能往生净土，见佛闻法。

（三）北宋

北宋时期经幢发展达到前所未有的高峰，不但数量多，而且形制更繁杂，造型更华丽，逐渐发展演变成集建筑雕刻艺术、佛教内容于一体的完美石雕建筑。

1.德州市禹城张庄镇黎吉寨村经幢

建于宋太平兴国元年（976 年），青石材质，高约 6 米（图一三）。宝盖为近代补修。幢基正方形，由两块厚 20 厘米的长板石拼对而成，上为须弥座，覆莲座承托的鼓形部分雕有八大力士，形象怪异，环眼暴突，蹲式卡腰，肩扛幢身。方形覆莲座四角雕刻有小兽。幢座上部的仰莲座叠涩出檐三层，由下而上逐层内收，上托幢身。幢身八棱柱形，上刻陀罗尼经。幢顶复杂，分9层。伞盖八棱形，每棱上部刻龙头，口衔璎珞，首尾相连。上一层鼓形石柱刻有飞天浮雕。再上为仰莲座，承托八棱石柱，每面刻上下两层佛像，下为立佛，上侧壶门内刻坐佛。再上两层伞盖均为八角挑檐式，中间两层下为八棱石柱，雕刻飞龙，上为扁鼓形。最上为莲花蕊幢刹。经幢雕刻工艺繁复、细致，造型逼真。

2. 长清灵岩寺大雄宝殿前北宋皇祐三年（1051年）经幢

分幢座、幢身、宝盖三部分，共9节（图一四）。幢座3节，最下方为方形幢座，上雕刻覆莲，四角各雕刻一小型石狮，面朝四个方向，中间鼓型座的四面雕刻四铺首，最上一节为仰莲，承托幢身。幢身八棱柱形，刻《如来庄严智慧光明入一切佛境界经》。宝盖分5节，自下而上，第一节为八棱形，每棱刻一龙首，各棱用龙身相连，缠以花蔓；第二节为方形，四面开龛，龛内刻佛像，有立佛、坐佛；第三节为八角挑檐伞盖，其上为仰莲座及宝葫芦幢刹。

3. 长清四禅寺经幢

建于宋熙宁己酉（1069年）。分幢座、幢身、宝盖三部分，共6节（图一五）。幢座分四层，由下到上逐层递减。第一层方形；第二层八棱柱形；第三层是覆莲；第四层为八棱形，每一棱面雕有花木。幢身长度占整座经幢的三分之二，刻有经文和题记。宝盖共4层，最下层直径与幢座仰莲相当，八棱形，高浮雕，每一棱角上雕有一龙头，龙口衔环，环中吊垂珠。第三层长度较短，八棱柱形，四面雕刻立式如来佛像，形态各异。第二层是八角形挑檐式伞盖。最上一层是宝葫芦状幢刹。经幢的文字刻在东、东南、南、西南、西、西北六面，每面7行。北面和东北面是敕牒和题记。有些字迹还能辨别，其中五个宋代题记，分别是宋大中祥符七年（1014年），写有"敕修永庆寺"字样；大宋熙宁己酉岁（1069年）五月丙寅朔十二日丁丑孟夏立，内容约是开寺讲经；大宋熙宁庚戌（1070年）仲冬七日、大宋熙宁壬子（1072年）仲秋次日、大宋熙宁丙辰（1076年）孟夏初四日再上石，但是内容不清。上面至少出现五处年号，其中熙宁己酉（1069年）为立幢时间，刻文中说宋大中祥符七年（1014年）敕修永庆寺（即四禅寺），另外三处年号为宋熙宁庚戌（1070年）、宋熙宁壬子（1072年）、熙宁丙辰（1076年），都是游记性质的刻字。

4. 嘉祥县马村乡山营村出土北宋绍圣四年（1097年）经幢

由幢座、幢身、宝盖三部分组成，通高0.87米。幢座方形，边长0.52、厚0.13米，四角各高浮雕一卧狮，狮首外向，座中部微鼓，周雕莲瓣。仰莲座置于幢座上，呈半球形，直径0.39、厚0.12米，通体浮雕莲花瓣，形似一朵盛开的莲花。幢身八棱柱形，置于仰莲座上，高0.41、直径0.2米，刻《般若波罗蜜多心经》，正面

图一二　山东博物馆
藏五代经幢

图一三　德州禹城经幢

图一四　长清灵岩寺北宋
皇祐三年经幢

图一五　长清四禅寺经幢

高浮雕一坐佛，头顶高肉髻，两耳垂肩（头部残半），两臂曲于胸前，结跏趺坐于线雕莲花座上。佛首后雕圆形背光，身后雕舟形背光。

（四）清代

元代以后，经幢建造渐趋没落，而墓幢的比例逐渐增高。建幢者希望藉着幢影覆被，可以解救亡者地狱之苦。部分尊胜幢树立在坟墓之侧，是为追荐亡者而建的，有"尊胜陀罗尼功德幢"之称。墓幢的体量一般不大，多在 2 米左右。

淄博市淄川区太河乡黑山村墓幢

建于清顺治年间。坐北朝南，石结构，通高 3.2 米，由宝盖、幢身和幢座三部分组成（图一六）。六角形底座，幢体五层，中间有两层仰莲束腰，三层石柱由下往上逐层内收，上刻"皇清羽化恩师张公之塔"字样，幢顶有覆莲帽，上为葫芦型幢刹。据碑文记载，普陀寺始建于清顺治年间，主要庙宇有南海大士、关帝殿、石大夫庙等建筑。清咸丰、光绪、民国年间曾多次重修，该经幢为清顺治年间道人张鹤轩之墓幢。

图一六　黑山村墓幢

山东地区现有经幢的数量难以全面反映出各个时代经幢的特征，但每座经幢都有其明显的时代特色和地域特征，都是不可多得的艺术珍品，极具研究价值和历史价值。随着佛教考古工作的深入开展，将会有更多的经幢面世，将为经幢研究的全面展开提供更加翔实的实物资料。

山东汶上佛教文化遗存初步分析

张玉静　刘建康★

汶上县又名中都，号称佛都。自汉魏以来，这里佛教文化流行，发现了丰富的佛教文化遗存。宋代的宝相寺和太子灵踪塔，以及地宫出土的金棺、银椁、佛牙、舍利子更是闻名于世。

本文拟对汶上县发现的北朝时期的摩崖石刻、佛造像和碑刻，汶上太子灵踪塔和地宫、舍利子等佛教文化遗存进行总结，对汶上佛教文化流行的社会原因进行分析与研究。

一　水牛山禅窟、摩崖石刻和文殊般若碑[1]

水牛山，亦名卧牛山，位于汶上县白石乡小楼村东 1 公里处。山高 90 米，呈西北东南向，因状似卧牛而得名。

山阳坡之石壁上凿有石洞两个（禅窟），曰"二佛洞"（图一），洞内原塑有佛像，洞前原有寺院，曰"清凉寺"。据考为南北朝时期，是汶上县最早的寺院。今已荡然无存。

1. 禅窟

山的南坡上，人工雕凿二个禅窟。

西侧禅窟：窟门南向，宽 1.5、进深 0.67 米。门道的两侧和底部，凿刻有榫卯，原来应该安置有木门，现荡然无存。窟呈方形，穹隆顶，宽 1.95、进深 2.5、高 2.3米。窟门的东侧刻有《摩诃般若婆罗蜜经》。

东侧禅窟：在禅窟的东边，还有一个禅窟，窟门向西。由于采石破坏严重。

2. 建筑基址

禅窟前面原有寺院建筑，寺名为清凉寺，基址破坏无存。据明编《汶上县志·寺

★　张玉静：邹平市博物馆；刘建康：汶上县文物旅游局。

[1]　胡广跃：《山东汶上水牛山北朝佛教遗迹调查与研究》，《石窟寺研究（第2辑）》，文物出版社，2011年。

图一　汶上县水牛山西佛洞

观》记载："其在邑之东北为清凉寺,在卧佛山上,俗称卧佛寺,相传为禅于寺易名。"禅窟南 20 余米处石崖上有一简易石亭。

在水牛山的山顶上有建筑基址,宽 10.5、进深 3.7 米,开二门,门外有岩石上雕凿的台阶。

3. 摩崖石刻

摩崖刻经位于西侧禅窟的窟门东侧,竖刻文字六行,前五行每行 9 字,末行 7 字,计 52 字,字径 27 厘米。石刻内容出自梁曼陀罗仙译《摩诃般若波罗蜜经》(图二)经文部分,自上向下、自右向左为:

舍利弗汝向云何名佛 / 云何观佛者不生不灭 / 不来不去非名非相是 / 名为佛如自观身实相 / 观佛亦然唯有智者乃 / 能知耳是名观佛 /

字体为隶变楷,方圆兼用,用笔严谨,雄劲浑厚,向为书家所鉴赏。据考为北齐人所书。

4. 文殊般若经碑刻

在寺庙遗址的东南约 1 米处,原立有《文殊般若波罗蜜经》碑刻(图三),现存立碑用的榫卯石槽。碑现存汶上县博物馆。

碑高 2、宽 0.86、厚 0.14 米。分上下两部分,上罩盖顶石一块,碑额中刻佛龛,龛中雕菩萨一尊,盘膝而坐,神态安然,两旁雕侍者各 2 人,线条优美,下雕刻 2 狮子。龛两侧阴刻"文殊般若"四字,字高 15、宽约 20 厘米,书体兼具隶楷之意。下阴刻《文殊般若经》经文 10 行,最后 1 行 27 字,共计 297 字,字径 5 厘米,书体同碑额。碑文如下:

图二　汶上县水牛山摩崖石刻

图三　汶上县水牛山《文殊般若波罗蜜经》碑拓片

　　尔时文殊师利曰佛言世尊我观正法无为畏无相无得无利无生无灭无来无去无知者无见者无作者不见般若波罗蜜亦不见般若波罗蜜境界非证非不证不作戲论无有分别一切法无尽离尽无凡夫法无声闻法无辟支佛法佛法非得非不得不舍生死不证涅槃非思议非不思议非作非不作法相如是不知云何当学般若波罗蜜尔时佛告文殊师利若能如是知诸法相是名学般若波罗蜜菩萨摩可菩萨若欲学菩提自在三昧得是三昧已照明一切甚深佛法及知一切诸佛名字亦悉了达诸佛世界文殊师利白佛言世尊何故名般若波罗蜜佛言般若波罗蜜无边无际无名无相非思量无归依无洲渚无犯无福无悔无明如法界无有分齐亦无限数是名般若波罗蜜亦名菩萨摩可萨行处非行非不行处悉入一乘名非行处何以故无念无五作故

经主题名在碑的两侧，共5行。

经主白石寺比丘□□□他□□□□高万太□□□石窟寺法高□□□□□，邑人兖州主羊穆□□邑人羊释子□□□，经主厉威将军、兖州东阳平太守、□州王城上郡太守太山羊钟，郡功曹束市贵，邑人奉朝请羊善，邑人羊万岁，白石寺□□朔建□□□□比丘□□□□□□□□□□□□□□□□□中正束扈姜□□□□□□□□□□□□□□龙华寺□超束□□持□□□大□□□□□□□□□□□□□□□□中正束愿□□□□□束三□□□□□□□明达，都维纳束□□□□□□

二　东魏弥勒佛造像[1]

在汶上太子灵踪塔地宫内发现，位于石匣后。高 28、宽 20 厘米。背后铭文刻于大魏武定六年（548 年）。佛像残。

三　隋代章仇氏造像碑[2]

在汶上县刘楼乡辛海村东北隅，有古庙一所。庙中有隋碑一座，为记述章仇氏之造像而立。现仅存部分。

四　汶上宝相寺与太子灵踪塔[3]

汶上宝相寺位于汶上县城内西北隅，北侧、西侧临河，泉河从东北向南流过，依河建寺，环境清幽，是佛家清修圣地。

寺院始建于北魏，原立有北魏"太和三年（479 年）"造万斤精铁大钟，1958年被毁，唐名为昭空寺。唐太和年间（827～835 年），曾铸一大钟。大中祥符元年（1008年）宋真宗禅封泰山，归途经曲阜、过中都时，御敕昭空寺为宝相寺，并住跸宝相寺。

南向山门，寺院有三个门，即"空门""无相门""无作门"，象征"三解脱门"。山门为殿堂式，叫"山门殿"。

进入山门，两侧有彩塑金刚力士像，这两尊神像民间俗称"哼哈二将"。由山门前行，第一重殿是天王殿。东侧的文殊殿，供奉文殊菩萨。西侧是普贤殿，供奉

[1]　董文华：《太子灵踪塔石刻铭文和佛牙考析》，《四门塔阿閦佛与山东佛像艺术研究》，中国文史出版社，2005年。

[2]　《汶上隋碑——章仇氏造像碑》，《汶上文史资料（第六辑）》，山东出版总社济宁分社，1993年。

[3]　董文华：《太子灵踪塔石刻铭文和佛牙考析》，《四门塔阿閦佛与山东佛像艺术研究》，中国文史出版社，2005年。

普贤菩萨。

大雄宝殿是整座寺院的核心建筑，为重檐歇山式仿宋建筑，占地面积 2560 平方米，九开间，五进深。

太子灵踪塔（图四）位于大雄宝殿的西北侧，又称宝相寺塔。建于熙宁六年至政和二年（1073～1112 年），太子灵踪塔前后用时三十八年。是由皇帝赐紫高僧知柔大师亲自监造、仿照京师皇家开宝寺灵感塔建造的一座典型的"佛牙舍利塔"。佛塔上半部七层"圭形"窗牖等特征，佛塔为八角砖塔，楼阁式、仿木斗拱结构。塔高为 41.75、底座直径为 10 米，共 13 层。塔身东、西、南、北均有券形佛龛，龛内原供奉佛像。北面一层是登塔正门，有螺旋式台阶达于塔顶。五层以上四面辟洞门。塔内设螺旋阶梯直达顶层。

1994 年 3 月 15 日，为配合塔的维修工程，意外发现了塔基底部的地宫入口，对地宫进行了清理发掘。在塔宫内发现了金棺、银椁、佛牙、舍利、跪拜式捧真身菩萨等 141 件佛教圣物。

地宫位于底层塔心室内正中位置，由甬道、宫室和佛龛三部分组成。

甬道门向正南，长 3.93、宽 0.97、高 1.65 米，券拱顶。地面用灰砖错缝铺砌。

宫室为正方形，南北长 1.47、东西宽 1.43、高 4.20 米。宫底之中部有一圆井，此井即为塔的中心点，井口盖一方石，边长 85 厘米，方石正中有一圆孔与井口相吻，直径 32 厘米，井口周围饰莲花纹。宫顶为八角形隆起，中心有一铁吊环。

北壁为青砖雕琢的钱币纹佛龛，宽 0.78、高 1.78 米。龛内供石匣和捧真身菩

图四　汶上县宝相寺太子灵踪塔

萨像（铁胎泥塑），安置在青砖雕砌的须弥座上，座高 0.78 米。

地宫的西壁和南壁上各有墨书题字。

西壁文曰：

> 任城左荣荣世中都束德儒同送葬佛牙舍利时政和三年（1113 年）三月十五日

南壁文曰：

> 任城左荣义荣世中都束德儒同迎佛牙舍利归葬时政和三年三月十五日

地宫内出土文物 141 件，有金棺、银椁、佛牙、舍利、石匣、捧真身菩萨像、石造像、鎏金铜钱、铜盒、琉璃净瓶、水晶净瓶、银菩萨像等。

宫室北面建有佛龛，龛内供奉一石匣（图五），安置在青砖垒砌的须弥座上。石匣高 45.5、宽 61.5 厘米，上为覆斗式顶盖，下为长方形匣，摆放在雕刻单层莲花底座上。石匣后面，放置一尊铁胎泥塑供养像和一尊石造弥勒佛像。石匣上刻 171 字，记载了当时迎请和归葬佛牙及舍利的人物、经过及年代。

石匣铭文曰（图六）：

> 郓州中都县郭内赵世昌先于」熙宁六年二月二十三日和躬诣」京师于嘉王宫亲事官」孙政处求得佛牙一肢舍利」数百颗今以自备及有施主将」到者以金为棺以银为椁以石」为匣非不勤意也是以葬于」当县宝相寺太子灵踪之」塔时大宋元丰四年二月二十」八日刻记于此」

> 纠首赵世昌妻王氏」前妻李氏男进士中」妻程氏女大娘出适」进士张玮次女三娘」孙男希儒」同修塔僧　永实」住持院主僧永坚」副功德主僧云太」都管勾购紫僧　知柔」

石匣内放置金棺、银椁和木盒，层层相套，装入石匣内。

金棺（图七）高 28、长 26、宽 8.4 厘米，放置在精美的银质托架上，金棺两

图五　太子灵踪塔地宫出土石匣

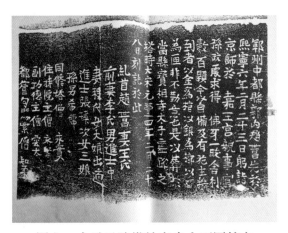

图六　太子灵踪塔地宫出土石匣铭文

角挂有鎏金铜钱，金棺外有银封箍两周，金棺上放有水晶串珠 108 颗。上面盖有纺织品。金棺内有银椁、银椁内有木盒，木盒内供奉佛牙一肢，舍利 324 颗，棺底摆放一根金条。金棺的前面摆放有银菩萨像。

银椁长 16、宽 6、高 4～5 厘米，棺形。

佛牙一肢（图八），有墨书"京府"二字。

石匣内出土舍利 936 颗；捧真身菩萨 1 尊（图九），高 50、底宽 20 厘米，位

图七　太子灵踪塔地宫出土金棺

图八　太子灵踪塔地宫出土佛牙

于石匣后方，跪拜姿态，铁胎泥塑并饰彩绘；东魏弥勒佛造像 1 尊，高 28、宽 20厘米，北面的铭文镌刻与大魏武定六年；银菩萨像 1 尊，高 15、底宽 4 厘米，立于莲花座上，位于石匣内金棺的前面，北面镌刻有铭文；水晶串珠，108 颗，缠绕金棺上；水晶瓶 1 件，高 8 厘米，天然水晶雕刻而成，内供奉舍利；琉璃净瓶 1 件，高 9 厘米，通体为绿色，内供奉舍利和七宝；铜盒 1 件，高 10、宽 9 厘米，内供奉骨灰和舍利；鎏金铜钱 2 枚，太平通宝；玉石坠 1 件，长 1.5 厘米，圆管状，通体透明；玛瑙 1 件，长 1 厘米，圆管状，赤色；绿松石 1 件，长 0.5 厘米，圆管状；金条 1 件，长 18 厘米；水晶石 1 件，不规则状；琉璃净瓶 1 件，高 3 厘米。

五　结语

汶上县佛教文化兴盛，有着其特殊的地理环境和佛教文化流行的社会根源。这里地处鲁西南，自东汉末年以来民众就崇信佛教。正如唐仲明所述 [1]："东汉末年，佛教信仰不仅盛行于帝都洛阳，在今天的苏北鲁南一带，同样也开始流行。在今

[1]　唐仲明：《汉宋时期鲁南地区佛教文化遗存》，《理论学刊》2013年第7期。

图九　太子灵踪塔地宫出土捧真身菩萨像

苏北鲁南一带，佛教已经成为从上层到民间的共同信仰……到了南北朝时期佛教信仰则呈现出了燎原之势，这从佛教造像的遍地开花即可窥见一斑。鲁南地区的佛教造像，以曲阜胜果寺造像、邹城平阳寺铜造像、台儿庄后于村造像等最具代表性"，而汶上北侧的东平县也盛行摩崖石刻和造像，如东平县的司里山北齐摩崖石刻与造像、白佛山隋代造像，这里有着很好的佛教文化发展环境，这为汶上县佛教文化的产生发展形成大的社会氛围。

水牛山是北朝时期一处重要的佛教文化圣地，这里有修行的禅窟，禅窟一侧的摩崖石刻，字体优美，刻功深厚。前面应建有寺院，由于后来采石破坏迹象皆无。山顶也有房屋建筑，一旁立有佛学界闻名的《文殊般若波罗蜜经》刻经。据学者研究，水牛山的摩崖刻字的年代在北齐时期，禅窟应该与其同时。《文殊般若波罗蜜经》的时代在北魏至北齐，水牛山上的建筑遗址与其同时[1]。笔者则更倾向于是同一时期的一组遗迹，即水牛山佛教文化遗存皆为北齐时期。

在北朝时期，这里还分布其他寺院。白石寺位于汶上县白石乡白石村，距水牛

[1]　胡广跃：《山东汶上水牛山北朝佛教遗迹调查与研究》，《石窟寺研究（第2辑）》，文物出版社，2011年。

山仅 3 公里。在汶上与宁阳交界附近还有石窟寺，距离水牛山也很近。而汶上城里的宝相寺，据《汶上县志》："宝相寺在县治之东，始号昭空寺，宋咸平五年改今名"，寺内立有"太和三年（479 或 839 年？）"造万斤精铁大钟，这大钟可能为北魏太和三年（479 年）铸造，在宝相寺地宫出土的东魏弥勒石造像也有可能是寺院遗留下来的，作为寺院的宝物供奉在宋代修建的地宫内。因此宝相寺的始建年代可能上推到北魏时期。从北朝开始，以至唐宋，汶上佛教风行，寺院广设，信徒众多。

汶上宝相寺是一处古老的寺院，有着深远的影响力，是一处远近闻名的佛教名刹。到了唐宋时期，这里香火繁盛，香客云集，因此宋代皇帝去封禅泰山时才会住宿这里，并为寺院题名"宝相寺"。《宋史》记载"宋真宗禅封泰山，途经中都，驻跸宝相寺宇"。正因为宝相寺声名显赫，作为宋王室五世孙的赵世昌、赵君才会从嘉王宫求得佛牙和舍利，并在宝相寺建造佛塔、地宫保存于寺院中。

宝相寺地宫的发掘，金棺、银椁、木盒和佛牙、舍利等众多佛教圣物的发现，更将宝相寺发展成为佛教圣地，为广大学者和佛教信徒所关注。

海 隅 佛 光
——山东日照五莲山佛教遗存初探

刘　昕　孙全利 ★

日照市五莲县地处山东半岛西南部，因境内秀丽的五莲山而得名。五莲山坐落在县域东南部，与九仙山隔壑并峙。五莲山、九仙山两大风景区组成的五莲山风景区总面积达 68 平方公里，为国家 4A 级旅游区。五莲山山势峭拔，风光旖旎，以奇、秀、险、怪、幽、奥、旷等特色而著称，全山共 28 峰，有峰、石、涧、泉和殿、阁、楼、亭等景点 118 处，著名者有天竺峰、试剑石、太乙池、光明寺、望海楼、五莲大佛等。

五莲山原系九仙山的一部分，旧名五朵（垛）山，因山形如五朵莲花，明神宗御赐山名"五莲"，乃自成一山，故名"五莲山"。明代以前，五莲山名声不显，引人瞩目的是九仙山。北宋熙宁年间，苏轼知密州（治所在今山东诸城）时曾称赞九仙山"奇秀不减雁荡也"[1]。九仙山万寿峰南侧宋代建有侔云寺[2]，今九仙山东北尚存有一宋代雕刻大佛（图一），大佛为一鹅卵石雕刻而成，身着袈裟，端坐莲台，面相丰润，右手挂念珠，左手作拈数状，形态刻划生动、传神。宋代九仙山已是游览胜地，游人题咏不断，侔云寺旧址附近有"来此遍赏三日刘云翁岁季春二十治平改之初""左侍禁信阳巡检王述同耿詹东方箕游此壬寅季夏十九日题""楚建中率同年林槙嘉祐壬寅三月二十二日游此"等宋人题咏石刻[3]。五莲山群峰矗立，云岚出没，雄伟秀美，明万历年间礼部左侍郎兼翰林院侍读学士翁正春叹为"千崖万壑，竞秀争流，真齐鲁间最胜地也"[4]。

自古名山多古刹，五莲山为山东佛教名山，传唐宋时期就有佛事活动，宋代在五莲山天竺峰东侧建有云堂寺。明代以前，五莲山虽有零星修行、传教者，但规模、名气均较小，不为世人所知，明万历以后，五莲山因光明寺而声名大噪，成为北方佛教名山。

　★ 刘昕：山东师范大学；孙全利：五莲县博物馆。

[1]　（宋）苏轼著，邓立勋编校：《苏东坡全集》（上），黄山书社，1997年，第147页。

[2]　郭公仕编著：《五莲文物志》，齐鲁书社，2013年，第42页。

[3]　郭公仕编著：《五莲石刻艺术》，"侔云寺石刻"，中国文史出版社，2015年，第130、131页。

[4]　郭公仕编著：《五莲石刻艺术》，《重建大护国万寿光明寺碑记》，中国文史出版社，2015年，第2页。

图一　宋代九仙山大佛

近年来，五莲文物部门以守护历史文化遗产，弘扬优秀乡梓文化为己任，先后编著出版了《五莲文物志》《五莲石刻艺术》《五莲山志》等书，为人们了解五莲山佛教遗存提供了丰富的资料，本文将根据以上著作对五莲山佛教遗存试做分析。

一　光明寺的创建与毁坏

五莲山最著名者为光明寺（图二），光明寺位于五莲山大悲峰下，全名为"护国万寿光明寺"，现为山东省省级文物保护单位。光明寺始建于明万历三十年（1602年），开山大师为西蜀高僧明开。明开，字心空，四川成都人，俗姓庞氏，少为儒，后悟而受戒。综合明开和尚自书的《开山和尚自叙碑铭》《敕建五莲山护国光明寺碑记》及不知撰者《敕赐五莲山护国光明寺心空明开法师塔铭》等记载，可基本描勒出明开和尚的人生轨迹。

明开和尚在家乡受戒后，于万历二十年（1592年）[1] 自四川浮江而下，先后游历金陵、淮扬等地，遍参法师，学问精进，金陵诸大法师称之为"此吾家狮子儿也"。万历二十八年（1600年）明开和尚云游至诸城，与臧敬轩昆仲交好，为寻卓锡处，

---

[1]　《开山和尚自叙碑铭》作"壬辰"即万历二十年，《敕建五莲山护国光明寺碑记》作"丙申"，即万历二十四年，分见《五莲石刻艺术》第6、162页。

图二　五莲山光明寺

遍阅境内名山，至五莲山下，见苍壁插空，缭白萦青，长松参差，泉如龙湫，宛若旧游，明开和尚喜曰："缘在是矣！"当晚借宿于云堂寺，很快五莲山之奇峰怪石、鸟道灵泉，明开和尚已了然于心，遂倾心于此，结茅于东北大悲峰下。

万历三十年（1602 年）明开和尚北走京师，诣阙请山名、寺额、龙藏。明开和尚初至京师时，因"山非岱宗，寺非名刹"，僧官不为通达。一日游西山寺院，偶遇惜薪司太监王忠，相谈甚欢，王忠遂上奏明神宗皇帝。时神宗生母李皇太后患眼疾，明开和尚以咒水一洗而痊愈，圣心大悦，明神宗钦改山名"五朵"为"五莲"，差御马监太监张思忠赍敕送御藏入山供奉，封五莲山周围五十里与明开，划林泉、榆林庄田一千五百亩，永资香火，并建设寺院。明开晋京谢恩后，明神宗又发内帑五千金，仍遣张思忠督工建设。万历三十四年（1606 年），在光明寺即将建成时，张思忠在五莲山天竺峰南侧的观音洞口两侧题诗咏志（图三）："君恩何意动天心，命我长途意畏深。到此幸然心地悦，不干尘世捏圆澄。天台伴我禅关寂，洞口临参身自轻。不是君王衣未解，五峰头上证元真。"[1]万历三十五年（1607 年）光明寺落成，明神宗敕赐寺名曰"护国光明"，兼赐私藏千金，远近之人，闻风皈赴，五莲山遂为山左名胜。

明开和尚颇有先见，曾不顾非议剃度海彻，后海彻果大振山门。崇祯二年（1629 年），明开和尚圆寂，顺治十二年（1655 年）建塔于寺东北，宁波天童寺弘觉禅师为之作碑铭。

---

[1]　郭公仕编著：《五莲石刻艺术》，"上观音洞石刻"，中国文史出版社，2015年，第122、123页。

图三　上观音洞石刻

　　光明寺未起时，明开和尚卓锡于流霞洞，光明寺建成后，甚得明朝皇室宠信。天启年间，明熹宗遣司礼监高晋卿再修光明寺。崇祯皇帝即位后，复遣掌内宫监太监苏晋霖等赍内帑金督修五莲山胜迹。在明开和尚的住持下，光明寺已初具规模，主要建筑有山门、放生池、大悲殿、藏经楼、散花阁、分贝阁、御仗阁、左右禅堂、僧房、浴室、香积厨等。

　　光明寺迨至清初，已渐式微，康熙年间海彻和尚复振五莲。海彻，字泰雨，俗姓金氏，蒲松龄以其为素材加以创作而成《聊斋志异》之"金和尚"，五莲山太乙峰有"峰丫岭"三字石刻，落款为"主人泰雨彻"[1]。据《五莲山志》记载，海彻出身辽东巨族，明熹宗天启元年（1621年）辽阳被后金攻陷，海彻与其出家为尼的姐姐随难民辗转流离至山东。天启七年（1627年），海彻在五莲山光明寺依明开和尚剃度出家，明开和尚圆寂后，海彻北上京师师从性觉和尚，因李自成东征北京，京师形势不稳，性觉和尚在海霆和尚的陪伴下归休五莲山，海彻独守京师庵寺。顺治三年（1646年）海彻回归光明寺，两年后继性觉成为住持僧，直至康熙十四年（1675年）示寂入灭。

　　海彻一生住持光明寺达三十年之久，对光明寺贡献颇大。明开和尚对海彻非常器重，曾曰："他日庄严斯土，必斯人也"[2]，其后海彻果大振光明寺。海彻住持期间除对原有建筑增修外，还因峰峦起楼台，新建寥天阁、松风径、御书楼、御幡楼、望海峰浮屠等，并在山外置常住田。经过海彻的经营，光明寺贮藏有阁，会食有堂，

　　[1]　郭公仕编著：《五莲文物志》，齐鲁书社，2013年，第88页。

　　[2]　（清）释海霆编，郭公仕点校：《五莲山志》，中国文史出版社，2019年，第50页。

飨宾有所，登眺有筑，香火鼎盛，成为与长清灵岩寺、青州法庆寺、诸城侔云寺（在九仙山）齐名的山东四大佛寺，五莲山也因之声名远扬。

继海彻之后，光明寺颇有作为的住持僧为海霆和尚。海霆，字惊龙，善诗文。有感于前人创造光明寺不易，海霆博综群籍，倡明大法，康熙二十年（1681年）编集成《五莲山志》五卷，是书由王咸烒批选、张侗订正，卷首有诸城臧振荣、乐安李焕章二序及海霆自序。卷一记五莲山自然景观与人文景观，峰壑泉石、殿阁亭台悉载；卷二叙光明寺创建缘起、宗派世系、住持大德及庄田物产；卷三载录与光明寺有关的五篇碑文；卷四收录群贤登临五莲山所作的游记十一篇；卷五诗集，载与五莲山有关的古诗四十二首。

海霆住持期间对光明寺进行了大规模整修。光明寺主要建筑坐北朝南，依山随势而建，层叠递进，气势雄伟，山门、墙垣、殿宇焕然一新，新建伽蓝楼，重修光明寺大殿并易之以碧琉璃瓦，寺内建筑有地藏殿、水陆殿、弥勒殿、开山塔、菩提楼等，奠定了光明寺的后世规模。

海霆之后光明寺较有作为的住持僧为普善。普善，字翰修，出自日照海曲巨族袁氏，康熙三十二年（1693年）生人，乾隆四十四年（1779年）圆寂，乾隆五十年（1785年），弟子在天竺峰西南坡为其建墓，墓前石碑中刻"庄严圆寂恩师光明堂第八代上翰下修墨公老和尚之墓"[1]。

乾隆十六年（1751年）时任县宰李瀚因公事至光明寺，"见夫殿宇、楼阁剥蚀于风雨，且就倾圮。"[2] 后住持僧普善和尚鸠工庀材，重修光明寺，历时六年一举而新之。乾隆二十二年（1757年），光明寺恢复旧观，"向之颓垣破瓦，渐已补葺修治"[3]。

民国十六年（1927年）光明寺尚有寺田四十顷，寺僧四十三人，末代住持僧廉溪和尚，法号绪让，俗姓安氏，日照县人。彼时正是社会动荡、风潮迭起的时代，民国二十三年（1934年）砸庙风起，绪让为保护寺院，参加了中国佛教会，并被批准为诸城、日照两县分会长。民国三十四年至三十六年战乱中，光明寺全遭毁坏，僧人散逸[4]。绪让和尚同情革命，曾出钱营救过中共党员安子璋。安子璋乃绪让和尚的侄子，从小由其收养，1931年，安子璋成立五莲山区第一个党支部——诸城特支并任书记，1932年发动五莲山暴动，1940年因汉奸出卖，牺牲于胶南胜水[5]。

---

[1] 郭公仕编著：《五莲石刻艺术》，《普善墓碑》，中国文史出版社，2015年，第103页。

[2] （清）释海霆编，郭公仕点校：《五莲山志》，《翰修师重修五莲山记》，中国文史出版社，2019年，第132页。

[3] （清）释海霆编，郭公仕点校：《五莲山志》，《翰修师重修五莲山记》，中国文史出版社，2019年，第132页。

[4] 转引自《民国山东通志》编辑委员会：《民国山东通志》第21册《宗教志》，山东文献杂志社，2002年，第2050页。

[5] 政协日照市文史联谊委员会编：《日照文史（第10辑）》，《纪念日照暴动七十周年专辑》，2003年，第236～238页。

二　光明寺宗派世系与别院

光明寺属禅宗临济宗，据《五莲山志》载，法派十六字，偈云："智慧清净，道德圆明，真如性海，寂照普通。"世系为："开山和尚自明字起。真字共二十一人，谈公居首。如字共六十三人，弘公居首。性字共九十四人，先师觉公居首。海字共一百三十人，先兄彻公居首。寂字共一百十人，寂定居首，尚未止度。照字共四十人，照悟居首，尚未止度"[1]。《五莲山志》编纂于康熙二十年（1681年），自万历年间明开和尚开山收徒，至彼时光明寺已七传，历任住持僧有明开、性觉、海彻、性昆、海珍、海率、海霆、普善，末代住持僧为绪让。明开和尚曾言"愿后之贤者念老人万里跋涉，一生艰苦，力为护持，常住大众，不忝衣钵，不堕魔趣，始称吾真弟子、真法嗣，勉勉！"[2]康熙年间，光明寺已有僧众四百余人，庙产无算，所谓"寺不见全峰，峰不见全寺"，光明寺达到鼎盛。

光明寺正在建设时，大约是为了交通权贵，方便活动，明开和尚"旋建庵于帝城之东，拨僧主持"[3]。此庵似名佛庆庵，明开和尚北上时随侍弟子有真谈（印虚），《五莲山志》载真谈"脱白礼开山，同北上，留住京师佛庆兰若。"[4]佛庆庵作为光明寺在京别院，一直由真谈主持，直至天启六年（1626年）真谈圆寂，真谈并未归葬五莲，而是"塔于都城西直门外篱笆坊"[5]。真谈示寂后，佛庆庵由其弟子性觉住持，明末战乱中性觉归休五莲，佛庆庵由海彻独当门户。清初，因京师故旧频频招徕，性觉复入京。顺治五年（1648年）戊子夏，性觉化去，后塔于五莲山松梵谷。性觉居京师三十年，修饰寺院、施汤药济众，其功甚大。

三　光明寺现存遗迹

光明寺水陆殿、御书楼、御幡楼、御仗阁、分贝阁等建筑早已废圮不存，漱玉泉、洗钵泉、放生池等名胜也都湮灭无迹，今人只能凭借书中寥寥数笔记载，遥想当年光明寺的盛况。

光明寺现存遗迹主要分布在大悲峰、望海峰、弥勒顶、天竺峰等处。大悲峰为光明寺院所在，其峰前向阳坡上现存有大雄宝殿（图四）、藏经楼、伽蓝楼、天王殿、

[1] （清）释海霆编，郭公仕点校：《五莲山志》，中国文史出版社，2019年，第44～45页。

[2] （清）释海霆编，郭公仕点校：《五莲山志》，《开山和尚自叙碑铭》，中国文史出版社，2019年，第100、101页。

[3] （清）释海霆编，郭公仕点校：《五莲山志》，《开山和尚碑铭》，中国文史出版社，2019年，第94页。

[4] （清）释海霆编，郭公仕点校：《五莲山志》，中国文史出版社，2019年，第53页。

[5] （清）释海霆编，郭公仕点校：《五莲山志》，中国文史出版社，2019年，第53页。

图四　光明寺大雄宝殿

西配殿等建筑；大悲峰西侧的聚花台上有寥天阁；光明寺东面的望海峰上有望海楼；寺东南侧弥勒顶上有钟楼；寺西南天竺峰东侧有地藏殿，天竺峰西、南侧现存有六座石塔；望海峰、大悲峰、天竺峰、太乙峰等处有一些相关的明清题咏石刻。

　　光明寺现存碑刻有万历四十年（1612 年）翁正春撰《重建大护国万寿光明寺碑记》、崇祯元年（1628 年）文震孟《重修五莲山寺记碑》、崇祯元年（1628 年）明开和尚自撰《敕建五莲山护国光明寺碑记》（图五）、康熙二十年（1681 年）孙祚昌撰《重修光明寺大殿碑》（图六），以上四碑均位于光明寺伽蓝楼，其中《重建大护国万寿光明寺碑记》与《重修五莲山寺记碑》连为一通碑。《五莲山志》收录有翁正春撰《五莲山光明寺碑记》、文震孟撰《重修五莲山光明寺藏阁记》、顺治十二年（1655 年）道忞撰《开山和尚碑铭》、崇祯元年（1628 年）明开和尚自撰《开山和尚自叙碑铭》。翁正春与文震孟所撰碑文虽无年代落款，综合前碑，推测应在万历、崇祯年间，《五莲山志》所收录四碑，今已不存。《五莲石刻艺术》另收有《敕赐五莲山护国光明寺心空明开法师塔铭》，此碑位置无考，不知撰者，撰写时间应在崇祯二年（1629 年）或之后。

四　光明寺兴盛原因

　　光明寺得到明代皇家重视不是偶然的，有着深刻、复杂的社会背景。

　　明代后宫好佛，明神宗朱翊钧的生母李皇太后也不例外。李皇太后出身卑微，原为明穆宗朱载垕裕王府的宫人，后来偶然得到裕王宠幸，生下了朱翊钧，遂母以

图五　敕建五莲山护国光明寺碑记　　　图六　重修光明寺大殿碑

子贵，隆庆元年封贵妃，朱翊钧即位后，尊李氏为慈圣皇太后。李皇太后"顾好佛，京师内外多置梵刹，动费巨万，帝亦助施无算。"[1]万历年间李皇太后先后资助建承恩寺、海会寺、慈寿寺、万寿寺、大宝塔寺等，因其虔笃信佛，布施广布，以致人称"佛老娘娘"。明神宗亦沉迷佛教，常于"万机之暇，游心释典"[2]。明代宦官亦多崇信佛教，前揭万寿寺即由司礼太监冯保"领其事"，且"先助万金"，"潞邸及诸公主诸妃嫔以至各中贵无不捐资"[3]，明开和尚就是缘由惜薪司太监王忠才得以上达天听，敕建光明寺。上层统治阶层的支持成就了晚明佛教之复兴，名僧大德纷纷涌现，佛学讲论盛于一时。

莲花出污泥而不染，被佛教视为圣洁之花，佛教常以莲花自喻。万历十四年（1586年）李皇太后所居慈宁宫莲生九蕊，明神宗"以慈宁宫所产莲花宣示四辅臣，命各题咏以进"[4]。九莲之瑞后，李皇太后数次梦见一位长着九首，头戴七宝冠帔，

[1]　（清）张廷玉等撰：《明史》卷一百十四《后妃传》，中华书局，1974年，第3536页。

[2]　郭公仕编著：《五莲石刻艺术》，《重建大护国万寿光明寺碑记》，中国文史出版社，2015年，第2页。

[3]　（明）沈德符撰，杨万里点校：《万历野获编》卷二十七《京师敕建寺》，上海古籍出版社，2012年，第580页。

[4]　《明神宗实录》卷一七六，万历十四年七月庚子。

坐着金凤凰的菩萨向她传授《九莲经》，睡醒之后，梦中所记无所遗忘，于是将《九莲经》列入《大藏经》，并按梦中所见铸像供奉。慈寿寺僧为巴结李皇太后，说梦见菩萨显灵，吹捧李皇太后是九莲菩萨后身[1]。"九莲"即佛教"九品莲台"的简称，亦是明代民间宗教的重要概念，九莲代表着美好的未来，九叶莲华开，弥勒佛出世，度化广大有缘众生，往生弥勒净土。五莲山因五峰列峙，形如五朵莲花，正与李皇太后所倡契合，故时人言"山以莲名，岂惟肖其形？盖莲花出污泥而不染，为大乘妙法，为西方九品台，使入山学道者，顾名思义，修清净梵行，普度有情，久而弗替。"[2]

有明一代，光明寺始终与皇家保持着密切关系。光明寺得到明代皇室宠信，与明开和尚分不开。明开和尚本人凤慧练达，以咒水治愈李皇太后眼疾后，时为太子的明光宗"特命受名于师"[3]，光宗登基后，即日遣官省视，并送金装佛像。崇祯皇帝继位后，不忘光宗初心，拨发内帑，遣宦官修崇五莲胜迹。明开和尚实受三朝宠被，身为帝者之师，宠之极也。对于皇室的扶持，明开和尚以"报佛恩，即所以报国家弘护恩也"[4]来勉励僧众。明开和尚圆寂前一年，回顾创建艰辛，自述"自草创至今三十余年，老人往返京华不啻十数。雨轮雪鞍，寒暑互历，手口瘁瘏，心力几尽"[5]，可谓是其不惮劳苦，忘身为法的真实写照。

官员、文人和大族对光明寺的护佑和支持。光明寺得到了官员和文人的大力护佑。佛庆庵应是交结朝中权贵、沟通信息的重要媒介，性觉和尚居京师时，"凡守青郡、令诸邑必先为之容，五莲僧众安居乐道无恙者，皆其力也。"[6]在地方上，从山东到青州、沂州的各级官员均与光明寺僧众交好，名入宰官护法之列。臧惟一、张侗、李焕章、周亮工等官员或文人更是与光明寺僧交游，诗文唱和不绝，留下了不少诗作。光明寺僧与官员、文人交游、唱和，既为文人雅事，又无形中扩大了光明寺的影响力。

地方大族臧氏的支持。诸城臧氏以科举起家，渐为显赫门第。明开和尚初至诸城，即与臧敬轩昆仲交好，敬轩即臧惟几，臧惟一弟，官至太医院吏目，喜好佛理。臧惟一，字守中，号理轩，嘉靖四十四年（1565年）进士，历官宿松知县、户部主事、大理寺少卿、光禄寺正卿、顺天府尹、河南巡抚、南京兵部右侍郎等职，死后赠南

[1]　（明）刘侗、于奕正著：《帝京景物略》卷五"慈寿寺"，北京古籍出版社，1980年，第216页。

[2]　郭公仕编著：《五莲石刻艺术》，《重建大护国万寿光明寺碑记》，中国文史出版社，2015年，第3页。

[3]　郭公仕编著：《五莲文物志》，齐鲁书社，2013年，第62页。

[4]　郭公仕编著：《五莲石刻艺术》，《敕建五莲山护国光明寺碑记》，中国文史出版社，2015年，第9页。

[5]　（清）释海霆编，郭公仕点校：《五莲山志》，《开山和尚自叙碑铭》，中国文史出版社，2019年，第100页。

[6]　（清）释海霆编，郭公仕点校：《五莲山志》，中国文史出版社，2019年，第55页。

京工部尚书。臧惟一兄弟资助明开和尚创建光明寺，臧氏后人尔劝、尔昌、振荣亦与光明寺众僧关系密切，臧尔昌"施地三百余亩于五莲山及城内玉皇庙石佛寺"[1]，臧振荣为《五莲山志》作序。

光明寺在清代复兴端赖海彻及其家族。海彻独守京师佛庆庵时，庵之比邻即平西王吴三桂第宅，吴三桂降清后，李自成执其父吴襄杀之，尽诛其家，海彻不顾个人安危，掩藏遗骸，吴三桂深为德之。海彻本出自辽东巨族，随着满清定鼎中原，其伯从兄弟、侄辈均担任显官，《五莲山志》所列前后宰官护法共 28 人，其中辽东人士达 11 人，专列海彻弟侄为官者 15 人，其中不乏偏沅巡抚、工部左侍郎、大理寺寺正、奉天府府丞、梧州府同知等。清军入关后，辽东人士耿焞、李克德、张文衡等人曾担任过山东巡抚、沂州总兵、青州知府、诸城知县等职，作为光明寺的地方主官，他们对于寺院多所庇护，故海彻能大振五莲。明清鼎革之际，诸城当地有人想侵夺寺院田产，僧众迎立海彻为长老，山寺由是奠安。如此看来，明开和尚当初遣海彻北上似乎颇有深意。

五　云堂寺遗存

关于五莲山早期佛教遗存，据《五莲山光明寺碑记》载"唐时有应身菩萨，筑精蓝习静。宋有戒比丘、毗尼于此"[2]，万历四十年（1612 年）《重建大护国万寿光明寺碑记》称"唐时，南海观音分身应化，筑为静室。至宋，有红面长老卓锡居焉"[3]，崇祯元年（1628 年）《重修五莲山寺记碑》与之记叙类似："李唐崇道于法，钦南海观音身自化；赵宋隆恩于佛，即红颜长老锡飞来"[4]。五莲山唐宋佛教遗存仅为明代碑文所载，且语焉不详，未发现其他记载，亦无考古发现验证，疑此等记载或为光明寺僧假托，意在彰显光明寺由来已久。

除光明寺外，五莲山可考者乃云堂寺。《五莲山志》载"山先有云堂寺，荒寂不治"，又称云堂寺"在天竺峰下，不知何年敕建，碑版无复存者"，《五莲山光明寺碑记》云"其后寝废，败壁颓垣，没于荆棘，至元季仅云堂一椽尔。"[5] 明开大师初至五莲山时，"借榻云堂"，曾问寺僧"此山若为主？"可知彼时云堂寺还有僧众存在。关于云堂寺的记载之所以混淆不清，或与光明寺的创建有关。

---

[1] 乾隆《诸城县志》，见《中国地方志集成·山东府县志辑38》，凤凰出版社，2004年，第282页。

[2] （清）释海霆编，郭公仕点校：《五莲山志》，《五莲山光明寺碑记》，中国文史出版社，2019年，第79页。

[3] 郭公仕编著：《五莲石刻艺术》，《重建大护国万寿光明寺碑记》，中国文史出版社，2015年，第2页。

[4] 郭公仕编著：《五莲石刻艺术》，《重修五莲山寺记碑》，中国文史出版社，2015年，第5页。

[5] （清）释海霆编，郭公仕点校：《五莲山志》，中国文史出版社，2019年，第49、7、79页。

明开和尚结茅于大悲峰，有意创建新寺，得知五莲山归属当朝天子后，明开和尚以"此山既属官家，不与而取，盗也；不请而居，欺也"[1]为由，北上京师，上书请赐，机缘巧合之下得到皇室宠信，为之拨发内帑创建光明寺，随着光明寺的建成与香火日益繁盛，云堂寺也逐渐退出了人们的视线，只知有光明寺，不知有云堂寺。云堂寺虽默默无闻，但直到康熙年间仍有僧人，李焕章在游览五莲山时，曾到过云堂寺旧址，其在《五莲山杂记》[2]中详细记载了云堂寺的现状：云堂寺在天竺峰东，其地褊狭，寺前隙地仅二三步，宋代时有戒僧在此居住。现云堂寺"门无扉，供无几，僧无衲，无游人，无灯火"，唯有三座仁王像和一个老头陀。老头陀与凉月寒霜为伴，苦雨凄风为伍，平日里靠捡拾落叶生火，所食仅麻麦饭而已，如此悲凉境遇与热闹的光明寺形成鲜明对比。此情此景，使得李焕章询问老人为何不离去？老头陀答曰："吾留与如来共雪山苦行也"，达观豁朗之心境，令人敬佩。李焕章还提到云堂寺有两座小塔，这两座小塔是其标识，小塔很有可能是墓塔，如此亦可证云堂寺之延续不绝。五莲县文物部门曾对云堂寺进行过调查，认为寺院东西长约21、南北宽约5米，面积约110平方米[3]，正与李焕章所载相同。

六　结语

五莲山原名五朵（垛）山，系九仙山的一部分，宋代时即有零星佛事活动，宋代九仙山为密州一带的佛事、游览胜地。明万历年间五莲山被赐今名，敕建光明寺，在住持僧明开、海彻、海霆等人的苦心经营下，光明寺依山而建，布局严整，规模宏大，建筑精美，康熙年间达到鼎盛，为山东四大佛寺之一，五莲山遂为北方佛教名山。光明寺因明代皇室扶持而建，迎合了统治者的需求，得到了地方官员和大族的支持，历清代而不衰。五莲山的另一佛教寺院为云堂寺，因规模狭小、声名不彰而不为世人所知。

[1]　郭公仕编著：《五莲石刻艺术》，《敕建五莲山护国光明寺碑记》，中国文史出版社，2015年，第7页。

[2]　（清）释海霆编，郭公仕点校：《五莲山志》，中国文史出版社，2019年，第112~113页。

[3]　郭公仕编著：《五莲文物志》，齐鲁书社，2013年，第42页。

信仰与世俗：物质文化视角下的宋代佛教

张　巍★

　　唐末五代以来，佛教南禅宗异军突起，其简易通俗的教义、顿悟式的修行方式、入世的宗教精神，更易于为社会普通民众所接受[1]。与唐人相比，宋人的佛教信仰普及程度更高，佛教已渗透到宋人社会生活各方面。

　　佛教对宋人社会生活的影响和渗透，首先体现在精神心理层面及其外化的行为模式上。宋人的佛教信仰活动已成为民众日常生活的一部分，烧香礼佛、吃素放生、捐建佛寺、刊印佛经等信仰行为普遍存在，佛教节日渐趋民俗化，具有佛教因素的丧仪和祭祀活动大行于世[2]，这些佛教信仰活动逐渐与本土民间信仰、习俗相融合，呈现出世俗化的倾向。另一方面，伴随着佛教深入社会生活，具有佛教文化特征的图案纹样、家具等已不再局限于宗教场所，而是广泛运用于宋人日常生活中。这些由佛教文化衍生出的装饰元素、器具等，其佛教信仰意味已不再浓烈，而趋于世俗化、生活化。

一　"化生""摩睺罗"与执莲童子、童子戏莲图案

　　执莲童子、童子戏莲等相关图案纹样的主要特征为童子作手执莲花状，或攀附环绕于莲花、枝蔓间，或侧卧于莲叶之上，是宋代玉器、瓷器常见的题材（图一～四）。它们与佛教形象"化生"与"摩睺罗"关系密切。

　　"化生"本是佛教生命起源四生论之一，佛经《大乘义章》卷八载："言四生者，谓胎、卵、湿、化……言化生者，如诸天等，无所依托，无而忽起，名曰化生。"[3]《法华经·提婆答达多品》中有"若在佛前，莲华化生"。《杂宝藏经》讲"鹿女夫人孕育'千叶莲花'、'一叶有一小儿'"，《报恩经·论议品》也记载有相似的故事。莲花里孕育幻化出童子，这就把童子和莲花联系在了一起。早期"化生"的形象多

　　★　张巍：枣庄市博物馆。

　　[1]　刘浦江：《宋代宗教的世俗化与平民化》，《中国史研究》2003年第2期。

　　[2]　冉万里：《宋代丧葬习俗中佛教因素的考古学观察》，《考古与文物》2009年第4期。

　　[3]　《大正藏》（电子版），《大乘义章》第44册，第1851页。

图一　宋白釉珍珠地童子卧莲瓷枕
（开封博物馆藏）

图二　宋执莲童子玉雕
（故宫博物院藏）

图三　宋白地黑花童子牧鸭瓷枕
（天津博物馆藏）

图四　宋耀州窑四童攀莲图

出现在佛教石窟壁画中（图五～八；彩版一六～一九）。化生童子的形象比较固定，一般脚踩或坐于莲花上，有的手捧莲苞，灵活配置于各种形式的艺术品中。唐人笔记、诗文已出现"化生"。唐佚名《辇下岁时记》云："七夕俗以蜡作婴儿形，浮水中以为戏，为妇人宜子之祥，谓之'化生'。"《全唐诗》收录薛能《吴姬之一》："芙

图五　洛阳汉魏故城遗址出土莲花化生瓦当　　图六　敦煌莫高窟第220窟初唐化生童子

图七　榆林窟第3窟西夏化生童子　　图八　敦煌莫高窟第17窟甬道晚唐莲花童子

蓉殿上中元节，水拍银盘弄化生"[1]。根据唐人的描述可知，在七夕或中元节时，人们有在水中戏弄婴儿模样玩偶化生的习俗。可见在唐代，源自佛教的化生形象已进入民间，作为求子宜男的偶像。宋时仍然延续着七夕时恭送化生的习俗。南宋杨万里《谢余处恭送七夕酒果、蜜食、化生儿》诗中称："踉跄儿孙忽满庭，折荷骑竹臂春莺。巧楼后夜迎牛女，留钥今朝送化生"[2]。

　　摩睺罗，又作磨喝乐、魔合罗等，是宋人在七夕节乞巧用的玩偶"泥孩儿"。不过，唐代已有摩睺罗之名。唐段成式《酉阳杂俎》续集卷五《寺塔记上》云："道政坊宝应寺……有王家旧铁石及齐公所丧一岁子，漆之如罗睺罗，每盆供日出之。"[3] 文中所指的"盆供日"，即七月十五中元节，也是佛教的盂兰盆节。齐公将所丧一岁子漆成罗睺罗的样子，每当七月十五盂兰盆节时请出来供奉。宋人孟元老《东京梦华录》较为详细地记载了七夕时乞巧磨喝乐的情形："七夕前三五日，马盈市，罗绮满街。旋折未开荷花，都人善假做双头莲，取玩一时，提携而归，路人往往嗟爱。又小儿须买新荷叶执之，盖効颦磨喝乐。儿童辈特地新妆，竞夸鲜丽。至初六日、七日晚，贵家多结彩楼于庭，谓之'乞巧楼'。铺陈磨喝乐、花、瓜、酒、炙、笔、砚、针、线，或儿童裁诗，女郎呈巧，焚香列拜，谓之'乞巧'。妇女望月穿针，或以小物蜘蛛安合子内，次日看之，若网圆正，谓之'得巧'。里巷与妓馆，往往列之门首，争以侈靡相向。磨喝乐本佛经摩睺罗，今通俗而书之。"[4] 书中明确指出七夕时节，市井小儿执荷的做法是模仿源自佛经的摩睺罗，磨喝乐是摩睺罗的通俗写法。吴自牧《梦粱录》、陈元靓《岁时广记》、周密《武林旧事》等宋人文献都将执荷小儿与磨喝乐联系在一起。据此我们可以认为，宋时磨喝乐的形象当为童子，或执荷或与荷为伴。傅芸子先生认为，磨喝乐得名于佛典中的"摩睺罗迦"，自印度传来，经过中土化后，由蛇首人身的形象演化为可爱的儿童[5]。还有学者认为，宋时在社会上流行童子样的磨喝乐原型并不是蟒蛇状的摩睺罗迦，而是佛子罗睺罗[6]。

　　总之，"化生"与"摩睺罗"均源自佛教，它们都是由童子与莲花两种元素组合而成，所以两者时常被混淆。在唐宋文献中，"化生"与"摩睺罗"都可作为玩偶在七夕节时乞子求福，其身份区别本就不明显，两者的意象和求子宜男的寓意也渐趋一致。明清时已有人将"化生"和"摩睺罗"对举，把两者混为一谈了。如明王鏊《姑苏志》卷五六"人物"项下，记宋人袁遇昌"居吴县木渎，善塑化生摩睺罗，

[1]　（清）彭定求等编：《全唐诗》第17册，中华书局，1960年，第6520页。
[2]　（宋）杨万里撰，辛更儒笺校：《杨万里集笺校》第4册，中华书局，2007年，第1619页。
[3]　（唐）段成式：《寺塔记》卷上，中华书局，1981年，第12页。
[4]　（宋）孟元老撰，邓之诚注：《东京梦华录注》，中华书局，1982年，第208、209页。
[5]　傅芸子：《宋元时代的"磨喝乐"之一考察》，《正仓院考古记白川集》，辽宁教育出版社，2000年。
[6]　赵伟：《神圣与世俗——宋代执莲童子图像研究》，《艺术设计研究》2015年秋。

每搏埴一对，价三数十缗"。清张尔岐《蒿庵闲话》："唐人诗云：七月七日长生殿，水拍银盘弄化生。或曰'化生'，摩侯罗之异名，宫中设此，以为生子之祥。"

执莲童子、童子戏莲等相关图案纹样应由佛教形象"摩睺罗"与"化生"演化而来。通过文献记载及其图像特征来看，执荷童子的形象直接源于摩睺罗，而卧于莲池，身旁缠绕莲花、莲叶之类童子戏莲的形象则似乎与莲花化生更为贴近。当然，通过童子与莲花构图形式的不同来区分其来源，未免过于机械。在大多数情况下，童子与莲花、莲叶、莲池等要素组合成不同的构图形式以满足于不同载体的装饰需要，它们源自佛教形象的本义可能已经很少有人记得。

不论是七夕节效仿摩睺罗的执莲童子形象还是由化生衍生出来的婴戏莲图案，都突出表现了孩童天真无邪的可爱形象。莲花作为佛教文化的指示物，又有生长快、繁殖能力强的特点，将童子和莲花两者结合，契合了宋人渴望求子宜男、子嗣繁多的世俗心理。在宋代佛教渗入社会生活的背景下，源自佛教文化的执莲童子、童子戏莲等图案与本土求子宜男的风俗相融合，成为宋代世人喜闻乐见的图案纹样之一。

二 椅子等高足家具在宋代的普及与佛教的关系

由席地跪坐转变为垂足高坐是中古时期人们起居方式上的一大变革，这场变革涉及的不仅仅是家具高矮、民众坐姿习惯的转变，更打破并改变了业已形成的坐礼观念。众所周知，佛教传入以前，古人非常重视坐席上的姿态，跪坐（两膝向前跪地，臀部放在脚后跟上）是当时合乎礼仪的标准坐法。非正式场合，男性也可盘腿而坐。而垂足高坐将膝盖提高，两脚放于身前的坐姿，与以前"踞"（以臀部坐地，两腿向前屈折）、"箕踞"（以臀部坐地，两腿向前平伸如箕状）"蹲"（下肢屈折，以膝向上，臀部向下不着地）等不礼貌坐姿相似，为礼法所不容。改变根深蒂固的坐礼观念不是一朝一夕所能完成的，而是经历了一个持久漫长的过程。高型家具经过魏晋南北朝的萌芽期，唐、五代的转型期，到宋代基本完成过渡。宋代椅子和桌子终于结为固定组合，在长久的演变过程中形成了家具陈设的一种新格局[1]。

在高型家具进入民众日常生活的过程中，佛教势力直接或间接的影响是一个不可忽视的重要因素。寺院僧人坐禅用具——绳床的示范效应推动了椅子在中国家庭内的流行普及[2]。

古印度有使用椅子的习惯，在公元前 2 世纪的桑奇第一号塔的北门浮雕上，可

---

[1] 扬之水：《唐宋时代的床和桌》，《艺术设计研究》2012年2月。

[2] 柯嘉豪：《椅子与佛教流传的关系》，《中研院历史语言所集刊》，第69本，第4分，1998年。

以看到坐于椅子上的人（图九；彩版二〇）。椅子在印度是权威的象征，椅子上的人应具有较高的社会地位。在古印度的寺庙中，椅子也普遍使用。随着佛教的东传，中国僧人开始使用高足坐具绳床。寺院僧人常用绳床来打坐参禅。据佛教文献记载，僧人使用绳床时，通常不是垂足坐，而是跏趺坐（佛教徒坐禅的一种姿势，即交叠左右脚于左右股上坐，脚面朝上），可见绳床的坐面较为宽大。如译于东晋时期的《中阿含经》云："于绳床上敷尼师檀，结跏趺坐。"《摩诃止观》记载隋代僧人在绳床坐禅时应有的坐姿为"结跏正坐，项脊端直；不动不摇，不萎不倚；以坐自誓，助不拄床"。开凿于西魏时期的莫高窟第 285 窟，在窟顶绘有林间禅修者（图一〇；彩版二一），其跏趺坐于绳床、后背端直不倚靠背板的坐姿与记载相吻合。绳床名称的由来大概与藤绳编织成的坐面有关。唐代僧人义净的《南海寄归内法

图九　印度桑奇第一号塔浮雕上的椅子

图一〇　西魏莫高窟第285窟
坐于绳床的僧人

传·食坐小床》云："西方僧众将食之时，必须人人净洗手足，各各别踞小床。高可七寸，方才一尺。藤绳织内，脚圆且轻。卑幼之流，小拈随事。双足蹋地，前置盘盂。"[1] 在炎热的夏天，绳床的藤编坐面具有良好的透气性，非常适合需长时间坐禅的僧人，这大概是僧人多用绳床的一个原因吧。绳床也可踞坐。从义净的记载可知，印度僧众通常垂足坐于小绳床上吃饭，这种踞坐吃饭的习惯也随着佛教传入中原。从佛教文献记载及壁画等图像资料来看，绳床的形制结构大致与后代的椅子相

---

[1]　（唐）义净原著，王邦维校注：《南海寄归内法传校注》，中华书局，1995年，第31页。

图一一　五代莫高窟第61窟　　　　图一二　五代顾闳中《韩熙载夜宴图》
　　　坐于绳床的僧人　　　　　　　　　　　中的椅子

同（图一一；彩版二二）。绳床逐渐脱离了寺院，进入寻常百姓家，演变成了日用的椅子[1]。"椅子"一词出现在唐末，最早称为"倚子"。如贞元十三年（797年）的《济渎庙北海坛祭器碑》（收入《金石萃编》）在所记器物的"绳床十"下就注有"内四倚子"。可见中唐时，椅子还未完全从绳床下分化独立出来。大概晚唐五代之际椅子逐渐进入中国人的房屋之中（图一二；彩版二三），宋初已经相当普遍。

　　借助佛教势力，椅子慢慢渗透到普通人的生活中。在这一过程中，僧人群体垂足高坐、踞食等生活习俗对中土席地跪坐的传统坐姿造成了冲击，这种有违中土礼制的做法必然引起社会上的抵制和反对。《弘明集·与沙门论踞食书》记载了宋文帝时郑道子论述沙门踞食有违中土礼俗，即"稽首至地，不容企踞之礼；敛衽十拜，事非偏坐所预"，由此引起一番激烈的辩论，与者甚众，最后甚至由司徒王弘以及朝臣奏请宋文帝裁定。唐代僧人义净在其《南海寄归内法传·食坐小床》中曾云："即如连坐跏趺，排膝而食。斯非本法，幸可知之。闻夫佛法初来，僧食悉皆踞坐。至于晋代此事方讹。自兹已后，跏坐而食。然圣教东流，年垂七百，时经十代，代有其人。梵僧既继踵来仪，汉德乃排肩受业。亦有亲行西国，目击是非。虽还告言，谁能见用？又经云：'食已洗足'。明非床上坐来。食弃足边，故知垂脚而坐。"[2] 从

<hr>

[1] 黄正建：《唐代的椅子与绳床》，《文物》1990年第7期。
[2] （唐）义净原著，王邦维校注：《南海寄归内法传校注》，中华书局，1995年，第32页。

中可知，佛教东传以来，接踵而来的印度僧人把垂足吃饭的习惯带到了中国的寺院，僧人踞坐而食的习惯在晋代以后曾一度改为盘坐而食，这表明社会还一时难以接受悖于传统跪坐礼仪的垂足坐姿。

唐末五代以来，椅子等高型家具渗透到寻常百姓家，垂足而坐的坐姿被民众普遍接受，应与这时佛教禅宗兴起，佛教信仰深入民间有关。世人到寺院与僧人交往，因而与僧人所用的椅子有所接触，慢慢熟悉并接受了僧人的生活方式，特别是有社会影响力的文人士大夫信佛坐禅的行为促进了高足坐具在世俗社会的流行。如《旧唐书·王维传》说王维："斋中无所有，唯茶铛、药臼、经案、绳床而已。退朝之后，焚香独坐，以禅诵为事。"又如孟郊《教坊歌儿》云："去年西京寺，众伶集讲筵。能嘶竹枝词，供养绳床禅。"[1]绳床往往与高僧恬然自在的生活相连，为唐代文人所推崇。受寺院僧人的感染，文人也常常会在家中布置椅子。

宋代佛教从高深的义理之学转而成为具有功利色彩的实用之学，信徒扩展到官僚、士大夫、地主、普通市民、村民、以及商人等社会各阶层。宋代士大夫信佛者甚众，名公巨卿如吕夷简、张方平、富弼、吕公著等"奉佛甚谨"，欧阳修、杜衍、王安石、冯京等"晚年好佛"[2]。平民百姓中的中老年妇女信奉佛教者更多，如"定襄王全美之母，从幼事佛，既奉香火益勤"[3]；吴守道之妻甘氏"好佛书尤笃"[4]等。这从四月八日佛教浴佛节的盛大隆重也可见一斑。那一天"僧尼道流云集相国寺，是会独甚。常年平明，合都士庶妇女骈集，四方挈老扶幼，交观者莫不蔬素"[5]。宋代佛教信仰的世俗功利作用使得民众与寺院僧人的接触更为密切，寺院中的椅子在人们的眼中已习以为常，宋代椅子已经是一种日常家具，人们已不再把椅子与佛教关联在一起。

北宋时士大夫家妇女按当时礼法并不能坐椅子，陆游《老学庵笔记》卷四载："徐敦立言：'往时士大夫家妇女坐椅子、杌子，则人皆讥笑其无法度。'"[6]河南白沙三座北宋平民墓葬壁画所绘妇女均坐于椅子上，可见北宋时除官吏、士大夫家外妇女应该并不受此种拘束。白沙宋墓一号墓主赵大翁为一般地主，葬于北宋元符二年（1099 年），此墓前室西壁雕绘出墓主夫妇对坐侧面像（图一三；彩版二四），两人皆坐椅上，中置一桌[7]。正如宿白先生所说，室内陈设桌、椅、脚床子、杌等家具，约始于五代宋初，至北宋中叶以后，此类室内陈设方逐渐流行[8]。

---

[1] （清）彭定求等编：《全唐诗》，第11册，中华书局，1960年，第4200页。

[2] （清）潘永因：《宋稗类钞》卷7《宗乘》，书目文献出版社，1985年，第598页。

[3] 元好问：《续夷坚志》卷1《王全美母氏诗语》，中华书局，1986年，第18页。

[4] 陈柏泉编：《江西出土墓志选编》，江西教育出版社，1991年，第43页。

[5] （宋）金盈之：《新编醉翁谈录》卷4《京城风俗记·四月》，辽宁教育出版社，1998年，第14页。

[6] （宋）陆游：《老学庵笔记》，中华书局，1979年，第47页。

[7] 宿白：《白沙宋墓》，生活·读书·新知三联书店，2017年，第179页。

[8] 宿白：《白沙宋墓》，生活·读书·新知三联书店，2017年，第142页。

图一三　白沙宋墓夫妻对坐壁画

南宋人在《鸡肋编》中说："古人坐席，故以伸足为箕踞；今世坐榻，乃以垂足为礼，盖相反矣。盖在唐朝，犹未若此……唐世丧有坐席之遗风。今僧徒尤为古耳。"[1] 从庄绰南宋初年的笔记可知，这时垂足而坐不再被认为是傲慢无礼的行为，北宋时士大夫家妇女不能坐椅子的约束已不复存在，人们已完全接受了垂足而坐的起居习俗。

寺院里的椅子，随晚唐五代佛教信仰的普及而向社会渗透，它渐渐脱离了佛教场所，流传到一般人房间内，至宋代中叶椅桌结为固定组合，高型家具逐渐完备，我国室内布置和起居生活方式为之一变。

三　结语

执莲童子、童子戏莲等题材图案源自佛教形象"化生""摩睺罗"。唐宋时期，"化生"与"摩睺罗"的形象随着佛教的传播进入到民众世俗生活中，莲花与童子的组合契合了民众求子宜男的世俗心理，促使其成为宋代世俗社会喜闻乐见的美术题材。

椅子脱胎于佛教寺院僧人用来坐禅的禅床，经过佛教几百年的流传示范作用，宋代椅子进入到一般人的房屋内，桌椅成结为固定组合，人们也在这一过程中改变了席地跪坐的坐礼观念，接受了垂足高坐的起居方式。

[1]　（宋）庄绰：《鸡肋编》，中华书局，1983年，第126页。

　　从上述两个具有佛教文化因素的题材纹样及器具在社会流传普及的事例可知，在佛教传入中国的漫长过程中，除了教义信仰及仪式外，佛教也带来了各种文艺题材、器具及生活习俗，丰富了中国人的物质文化生活。随着佛教渗透到社会各方面，宋代佛教信仰与本土习俗进一步融合，佛教日益世俗化与平民化。

博山大街窑三彩瓷塑与金代淄博地区佛教信仰

赵　冉★

博山大街窑是淄博窑重要的窑场之一，创烧于北宋晚期，金代进入鼎盛期，延续到元代。金代大街窑产品以仿耀州窑青釉印花器最为丰富，另外三彩器、黑釉粉杠器等也别具地方风格。大街窑三彩器造型以瓷塑为主，有人物俑、狮形器、莲花座等，多为佛前供器，为金代淄博地区的佛教信仰广泛的见证。

一

博山大街窑址位于淄博市博山城区，东临峨眉山，西濒孝妇河。1982 年，淄博市博物馆对该窑址进行了两次发掘，发现窑炉 2 座，清理出土各类陶瓷标本 440 件，包括生活用具、工艺品和烧造工具，分白釉、青釉、黑釉、酱釉瓷和三彩器等。胎多为灰白色，以及白灰、黄褐、红褐色等。白瓷均施化妆土。制法以轮制为主，兼用模制和手制。装饰手法多样，采用印花、刻花、划花、剔花和堆塑等工艺，具有浓郁的民间生活气息[1]。三彩瓷器主要发现于金代地层。

淄博市博物馆收藏有数十件大街窑金三彩佛教瓷塑，为历年考古与征集所得。现分类介绍如下：

1.三彩狮形器

按照狮子身上背负之物形态可分两型。

A 型　狮身上负一行炉。

标本 1，通高 15.6、口径 12.4、底座径 9.8 厘米。圆饼形底座，不施釉。狮子直立，挺拔威武，张口披鬣，左视怒吼，狮尾上翘与炉相连，身披饰卷草纹障泥，颈下刻划攀胸，臀部饰鞘带。狮座旁有一驭狮人，头戴圆帽，一手执辔。炉直口，折沿，斜直壁，浅腹，炉柄部刻菱纹、连珠纹、覆莲纹。通体施黄褐釉，炉碗沿部、狮子头部和驭狮人施绿釉（图一；彩版二五）。

★　赵冉：淄博市博物馆。

[1]　淄博市博物馆：《淄博市博山大街窑址》，《文物》1987年第9期。

标本 2，通高 17.7 厘米。圆饼形底座，不施釉。狮子四肢直立，俯首垂视，狮尾上翘与炉相连。狮座旁有一驭狮人，头戴尖帽，深目长须，右手执辔。炉直口，折沿，斜壁，浅腹，炉柄部刻菱纹、连珠纹、覆莲纹。通体施黄褐釉。炉沿部、狮子头部和驭狮人施绿釉（图二；彩版二六）。

标本 3，通高 20.5 厘米。圆饼形底座，不施釉。狮子四肢直立，俯首垂视，身披障泥，颈下刻划攀胸，臀部可见鞯带，狮尾上翘与炉相连。狮座一驭狮人，高帽长袍，右手执辔，衣摆似随风扬起，颇富动感。炉直口，折沿下倾，斜直壁，浅腹。通体施黄褐釉。炉碗沿部、狮子头部和驭狮人施绿釉（图三；彩版二七）。

B 型　狮身负莲花形座。

标本 4，通高 17.5 厘米。圆饼形底座。狮头作瞠目怒吼状，鬣如串珠，狮尾上翘，颈下刻划攀胸，臀部饰鞯带。狮侧站一驭狮人，右手执辔，左手长袖前挥，衣纹刻画精细，栩栩如生；上部为莲花座，子口，筒腹，外部贴塑三层仰莲瓣，莲下接一宝珠。通体施黄釉（图四；彩版二八）。

标本 5，通高 16.7 厘米。狮子直立，挺拔威武，张口披鬣，左视怒吼，狮尾上翘与炉相连，身披饰串珠纹障泥，颈下刻划攀胸，臀部饰鞯带。狮座旁有一驭狮人，头戴尖帽，一手执辔。莲花座子口，筒腹，外部贴塑三层仰莲瓣，莲下柄部依次刻网格纹、连珠纹、三角串珠纹。通体施黄釉（图五；彩版二九）。

2. 三彩莲花座

标本 6，通高 14.7 厘米。全器饰黄绿釉，由灯碗、柄和底座三部分组成。灯碗呈莲花形，四周均匀地分布着四层莲瓣，每层 6 瓣，共 24 瓣。第一层莲瓣呈黄色，每个莲瓣外有一尊背光坐佛；第二层莲瓣呈绿色，每个莲瓣外有缠枝纹图案；第三层莲瓣呈黄色，每个莲瓣外同样有一尊背光坐佛；第四层莲瓣也呈黄色，花瓣极小。灯柄粗短，中鼓，底座不施釉（图六；彩版三〇）。

3. 三彩僧人俑

标本 7，通高 12.2 厘米。髡发站立，身披袈裟，双手合十，赤脚。底有莲花座。衣服褶皱刻划清晰。上身施绿釉，下身和莲花座施黄釉，底无釉（图七；彩版三一）。

标本 8，通高 12.7 厘米。髡发盘坐，身披袈裟，怀抱摩羯鱼，鱼身缠绕其身。下有圆形座（图八；彩版三二）。

标本 9，通高 6.4 厘米。髡发站立，头微前倾，宽袍大袖，左手托物。灰白色胎。施黄釉，头部和肩部施绿釉，底无釉（图九；彩版三三）。

4. 三彩菩萨俑

标本 10，通高 14.8 厘米。直立站于方形底座上，头戴冠，面部慈祥，双手握于胸前，穿交领宽袖长袍，外披袈裟。全器施黄釉，袈裟施绿釉，底座无釉（图一〇；彩版三四）。

图一　金三彩狮形器

图二　金三彩狮形器

图三　金三彩狮形器

图四　金黄釉狮子莲花座

图五　金黄釉狮子莲花座

图六　金三彩莲花座

图七　金三彩僧人俑

图八　金三彩僧人俑

图九　金三彩僧人俑

图一〇　金三彩菩萨俑

二

博山大街窑金代三彩瓷塑成型方法以模印为主,狮身及人俑可见明显的范线接痕。淄博市博物馆藏有一件狮形器模具,为中间主体部分,制作方法是模印成形后再与上部炉或莲座和下部底座粘合。莲花座的莲瓣应是单独制作后贴塑其上。釉以黄绿色为主,也见有褐釉和蓝釉,均为二次施釉,即先制好瓷坯,在窑炉内高温烧制成素胎器,然后再施上彩釉二次低温炉烧成。多彩器一般是先通施黄釉,然后再加施绿釉或蓝釉[1]。馆藏有素胎瓷俑、力士炉等,均为未上釉之前的形态。

淄博市博物馆馆藏的这批金三彩瓷塑具有典型的佛教文化特征。狮子、莲等均为佛教传统的装饰题材。僧人俑姿态各异,端庄肃穆,自有威严。三彩菩萨俑原定为侍女俑,但仔细辨别,女俑身披袈裟,眉间白毫相,可认作是菩萨造像。

莲花座、狮形器等造型并不仅见于大街窑,金代磁州窑、耀州窑等窑址也均有发现。磁州窑出土的金代素胎狮子莲花座狮子立于菱形台上(图一一;彩版三五),与大街窑狮形器立于圆饼底座上的状态有所区别[2]。甘肃省博物馆馆藏金代耀州窑青釉卧狮盏,狮子四肢前屈,尾上翘,卧于长方形的底盘上,张嘴露齿,回首左视,狮背上置以圆形盏,盏为菊瓣形口,盏内印折枝牡丹[3](图一二;彩版三六)。辽阳江官屯窑黑釉狮子灯,形态古拙,造型也比较简单,一般是狮身上负一小碗。1978年聊城茌平元代窖藏出土的一件三彩狮子莲花形器呈站立状,左顾首,头上卷鬃,尾往上曲卷,身披障泥曳地,背负双层莲花形座,前胸和臀部束带,施褚黄、绿、白色釉,各种色斑互相浸润,与博山大街窑狮形器以黄釉为主、局部涂绿色的制作工艺区别较大,可能是其他窑口的产品(图一三;彩版三七)。

狮形器的功用尚有争论。胡秋莉、王珣称其为狮座莲花灯,认为用途也应有别于当时常见的普通灯具,可能是百姓日常的佛前供器或寺庙用具[4],阮浩、滕卫称其为三彩狮形炉[5]。A型狮形器狮背上驮宽折沿炉,与宋金流行的行炉样式一致。此类弧沿、筒腹、高圈足器物在宋金各大窑场都有烧造,淄博窑窑址也有发现。郭学雷从造型和工艺出发,结合墓葬、塔基、窑址以及绘画中的有关资料分析,认为其为炉而非灯[6]。那么,A型狮形器也可能是炉,只不过是将高柄折沿炉的足改为狮形的底座。

---

[1] 张光明:《淄博宋代彩瓷的发现和研究》,《故宫文物月刊》第十四卷第5期,1996年。

[2] 北京大学考古系、河北省文物研究所、邯郸地区文物保管所:《观台磁州窑址》,文物出版社,1997年,第366页。

[3] 俄军主编,甘肃省博物馆编:《甘肃省博物馆文物精品图集》,三秦出版社,2006年,第253页。

[4] 胡秋莉、王珣:《馆藏淄博窑瓷器选介》,《文物天地》2017年第1期。

[5] 阮浩、滕卫:《博山大街窑址出土宋金三彩器赏析》,《收藏界》2013年第12期。

[6] 郭学雷:《关于耀州窑等窑口所产"灯"的正名及相关问题》,《文博》1999年第6期。

图一一　磁州窑素胎狮子莲花座　　　　图一二　金代耀州窑青釉卧狮盏

图一三　三彩狮子莲花座

　　B 型狮形器与 A 型狮身之上部分形制略有不同，功能上可能也有所区别。B 型狮形器莲花之内部分多为子口，其上应有与之配套的部分。淄博中国陶瓷琉璃馆馆藏一件大街窑金三彩莲座女俑，分为两部分：上部为一怀中抱兽女俑，与前文介绍罗汉俑相似，下部为一莲花座，与前述莲花座类同，两者子母口相合（图一四；彩版三八）。由此可见，B 型狮形器应是与莲花座一样，上面可以放置人物俑像。莲花座口沿部分和人俑母口内不施釉，推测是两者成型施釉后扣合起来一同入窑烧成。

图一四　金三彩莲座女俑

（中国陶瓷琉璃馆藏）

　　B 型狮形器其上部分缺少，已不可考，或可从河北磁州窑同类产品中进行推测。1972 年峰峰矿区金代窖藏出土了一批红绿彩瓷，文殊菩萨像由菩萨像与莲台、狮子坐骑两部分组成，普贤菩萨像由菩萨像与莲台、白象坐骑两部分组成（图一五、一六；彩版三九、四〇）。北朝后期，骑狮文殊菩萨的形象开始出现，并从盛唐开始出现专门为文殊菩萨牵狮的驭者 [1]。至宋金佛教绘画、雕塑等中常可见到此类形象，如大足北山第 136 号窟南宋文殊菩萨像，狮身上托莲座，菩萨跏趺坐其上，狮旁为一驭狮人 [2]。如果不考虑菩萨形象，那么大街窑 B 型狮形器与磁州窑红绿彩瓷、

[1]　孙晓岗：《文殊菩萨图像学研究》，甘肃人民美术出版社，2007年，第50页。
[2]　于明主编：《中国美术全集工艺卷》（下），青海人民出版社，2003年，第100页。

图一五　磁州窑红绿彩文殊菩萨坐像　　　图一六　磁州窑红绿彩普贤菩萨坐像

大足雕塑形制特征一致，其上部分可能是文殊菩萨瓷俑。另外，淄博市博物馆还藏有一件大街窑出土三彩象塑残片，且有淄博中国陶瓷琉璃馆收藏金三彩象形炉，或可推测大街窑与磁州窑一样还曾烧造过坐骑为象的普贤菩萨的瓷塑[1]。秦大树等认为："（红绿彩佛像）完全可以适用于村社小庙宇或家庭开展佛事的需要。进一步说，这样的佛像很有可能是替代家庭供佛事用的金铜佛像的瓷器制品。"[2] B 型狮形器可能是小型寺庙或者家庭所用供养之器，上面应还有菩萨或者罗汉的俑像。

　　然而，除此之外，这种带莲花座的狮形器似乎和 A 型狮形器一样也可以当作炉来使用。青州市博物馆藏金泰和四年石狮香炉，狮子背负一八面棱柱，棱柱各面上饰有花卉和吉祥图案，棱柱头上雕刻有八只小狮子，顶端雕刻有八块莲瓣围成的圆形香炉，台座题记曰："大金国山东东路青州淄川县□五乡皮贾保马家庄住人□五翁同母宋氏全家，谨献上本庄庙内河平王水仙菩萨狮子香炉一座，□充供养。泰和四年七月□八日造讫，□人王琦刊同刻成。"[3]（图一七）这件石雕与 B 型狮形器的形制十分相似，只是莲座部分没有子口，自铭为香炉。另外，淄博市淄川区博物馆馆藏一件狮子莲花座，类似 B 型狮形器，但形体硕大，通高74、莲花盏直径27.5、底座

---

[1]　谭秀柯：《宋金时期淄博窑彩釉象灯》，《收藏家》1998年第4期。

[2]　秦大树、李喜仁、马忠理：《邯郸市峰峰矿区出土的两批红绿彩瓷器》，《文物》1997年第10期。

[3]　王华庆主编，青州博物馆编：《青州博物馆》，文物出版社，2003年，第187页。

图一七　金狮子香炉
（青州市博物馆藏）

宽 16.7 厘米。该器自上而下分别为施黄釉的莲花瓣盏、施绿釉的中空柱体、施黄釉的狮子座[1]。从造型、施釉、纹饰等方面看，该器也应是淄博本地产品。这件器物背负高柱，如果其上再放置俑像很可能导致重心不稳，所以作为炉的可能性比较大。

三

宋人洪皓《松漠记闻》记金朝风俗："胡俗奉佛尤谨，帝后见像设皆梵拜，公卿诣寺则僧坐上坐。燕京兰若相望，大者三十有六，然皆律院。"[2]金国帝王大都虔诚奉佛。金太宗完颜晟曾迎旃檀像于燕京悯忠寺，每年设法会饭僧，并常于内廷供奉佛像，还曾为著名高僧善祥建造寺庙、佛塔。世宗完颜雍"年少好神仙浮屠之事"，喜欢巡游名山古刹，营建塔寺，优遇名僧，其生母贞懿太后更是出家为尼，崇佛之盛可见一斑[3]。

宋金战乱之际，山东作为当时双方争夺的重要战场，许多寺院在战火中化为废墟。大定三年益都府临淄县广化寺经藏下院请得"正觉"院额，大定六年为述兹事始末刻石立碑，碑文曰："建炎天会间，德狙闻齐，道蚀南宋，师旅荐兴，饥馑数

[1] 石峰：《淄川出土狮子灯考》，《集腋成裘——淄博市可移动文物研究论文集（2014～2017）》，齐鲁书社，2018年，第141～147页。

[2] （宋）洪皓：《松漠记闻》，《丛书集成初编》，商务印书馆，第10页。

[3] 张志军：《河北佛教史》，宗教文化出版社，2016年，第381页。

至,大都小邑,梵刹精蓝,尽为煨烬。"[1] 德州平原县淳熙寺,即在"宋季宣和己巳年,寇盗蜂起,寺被焚执,殿亦罹害,余址岿然为瓦砾之堆";甄城县的石佛寺,"宋末年,又化而为荆榛瓦砾之场";泰安的天封寺,"季末丧乱,毁撤荡然"。淄博地区的佛教寺庙也没有幸免于难。直到金朝在北方的统治稳固之后,山东佛教才又有了发展[2]。

淄青一带是金代山东佛教的中心区域之一。北宋末期曹洞宗中兴的重要人物——道楷是淄川人,累召不赴,编管至沂州,在此传法十余年。道楷的弟子希辩先是在青州,后被掳至燕京,其对金朝禅宗的发展影响甚大,净柱《五灯会元续略》称:"当是时,北方二百余年,燕秦齐晋之间,人是宗者,皆其后学。"[3]

文献中关于金代淄博地区寺庙的记载不多。元代于钦《齐乘》记:"开元寺,般阳城内。《通志》:唐李邕书开元寺碑在淄州。今寺内无邕碑。"[4] 故知唐时淄州名寺——开元寺至少到金代尚存。另外,《金文最》录大定二十四年"兴教院敕牒碑"、皇统六年"摹刻龙兴寺额跋"[5]、《山左金石志》存目大定二年"彼岸院敕牒碑"、大定五年"普安禅院敕牒碑"、明昌三年"法王院碑"、明昌七年"石佛寺乞雨记碑"、大定三年"石佛寺改塑佛像记"[6]。由此可知,此时淄博地区的佛教寺院还有广化寺、兴教院、龙兴寺、普安禅院、彼岸院、法王院、石佛寺等。

宋金之时的世俗生活广泛受到佛教影响,朱熹言:"自佛法入中国,上自朝廷,下达闾巷,治丧礼者一用其法"[7]。说的是南宋情况,但北方金地也概莫除外。1998年发掘的临淄北宋晚期至金壁画墓后室顶部绘莲花,下部绘珠络一匝,珠络下端缀有银锭珠宝等供物[8],同样风格还有博山大安二年金代壁画墓[9],这种与佛教石窟或寺院顶部相类似的莲花藻井,在宋金北方地区大量出现,具有明显的佛教装饰风格,"可能意味着中国墓葬艺术在此期间,于墓顶装饰方面发生了从模仿自然的天空向

[1] 国家图书馆善本金石组编:《辽金元石刻文献全编》(三),北京图书馆出版社,2003年,第36~37页。

[2] 范学辉:《论北宋时期的山东佛教》,《齐鲁文化研究(总第二辑)》,齐鲁书社,2003年,第128~135页。

[3] (明)杜思修、冯惟纳等纂:《嘉靖青州府志》卷十六"仙释",《天一阁藏明代方志选刊》,上海古籍书店,1965年,第515页。

[4] (元)于钦撰,刘敦愿、宋百川、刘伯勤校释:《齐乘校释》,中华书局,2012年,第451页。

[5] (清)张金吾编纂:《金文最》,中华书局,1990年,第671、1087页。

[6] (清)胡聘之辑:《山左金石志》,《历代碑志丛书》第十五册,江苏古籍出版社,1998年,第183、181、202、206、217页。

[7] 朱熹:《跋向伯元遗戒》,《朱子文集》卷十四,中华书局,1985年,第498页。

[8] 许淑珍:《山东淄博市临淄宋金壁画墓》,《华夏考古》2003年第1期。

[9] 李鸿雁:《山东淄博市博山区金代壁画墓》,《考古》2012年第10期。

表现带有宗教观念性的天界的变迁。"[1]

从宋代开始，信众给寺庙宫观捐献香炉的风气逐渐流行，这与焚香在宋代兴盛有着一定关系。焚香原本就是佛教供养的重要方式，到宋代渐趋呈现为"士庶通礼"的趋势[2]。司马光《司马氏书仪》卷十记载："古之祭者，不知神之所在，故灌用郁鬯，臭阴达于渊泉；萧合黍稷，臭阳达于墙屋，所以广求其神也。今此礼既难行于士民之家，故但焚香酹酒以代之。"[3] 前引青州市博物馆藏金泰和四年石狮香炉为供养河平王之用。又有博山区青龙山麻庄村泰和六年土地庙碑记："维大金国淄州淄川县，第六乡长流保麻家庄，今于岁次丙寅季冬献上土地大王香炉一座。"[4] 虽然依碑文记载该庙非佛教寺院，但也可一窥当时的供奉香炉之风。金代中期以后，随着社会经济走向正轨，佛教也从战乱中恢复元气，信众对诸如香炉、佛像等供养之器的需求增加。秦大树认为，宋金对峙，严重割断了南北方的交往，造成了北方地区严重的缺铜，因此金朝对铜器生产和流通严格控制，甚至限制寺观铜法器的保留，一些原本用铜制造有陈设性质的器物或宗教法器改为铁器或陶瓷器。所以，这时期出现的陈设性艺术瓷和宗教用瓷，大部分器形不大，但往往与存世的大件铜或铁的宗教器具等形状相同，如熏炉、狮子莲花座等[5]。滨州垦利海北遗址是宋元时期的一个港口，2006 年考古发掘出土瓷片中也发现有大街窑狮形器残片，可以想见如果没有广泛的宗教供养方面的需求，这类宗教用瓷可能是加入不了贸易商品的行列中去的[6]。

[1]　李清泉：《佛教改变了什么——来自五代宋辽金墓葬美术的观察》，《古代墓葬美术研究（第四辑）》，湖南美术出版社，2017年，第242～277页。

[2]　王曦：《原香：历史/文化结构试析》，《东南文化》2019年第4期。

[3]　司马光：《司马氏书仪》卷十，中华书局，1985年，第116页。

[4]　淄博市政协文史资料委员会：《淄博石刻》，淄博市新闻出版局，1998年，第102页。

[5]　秦大树：《观台磁州窑遗址繁荣阶段述论》，《中原文物》1997年第1期。

[6]　徐波、柴丽平：《山东垦利县海北遗址新发现》，《华夏考古》2016年第1期。

临朐古庙宇

马学民 ★

临朐自西汉置县，迄今已有 2000 多年的历史。自汉至清，建有太山祠、五帝祠、法云寺、东镇庙等寺、庵、庙、观等 40 余处。今保存相对较好的有东镇庙、碧霞祠、悬泉寺、三皇庙、松萝观、白芽寺等。

一 寺

1.白芽寺

位于临朐县五井镇常家溜村北约 600 米处。东、西、北三面环山，南临村庄，面积约 500 平方米。寺庙始建于秦汉，历经唐、宋、元、明、清，三移基址，元代始定于此。建筑布局为二进院落，中轴线上有正殿、东西配殿、后殿、厢房。各殿为青石台基，面阔三间，进深六椽，前檐辟廊，硬山顶。目前，一进院落正殿房顶坍塌，墙体保存尚好，房内原有壁画，栏板尚有彩绘图案。二进院落正殿为地藏殿，两侧各有僧房三间。地藏殿西侧有光绪六年（1880 年）重修地藏殿碑刻 1 方，元代四月雪树（留苏）1 株，水井 1 口。院内水井井口覆石碑 1 块，碑文如下：

> 修灵峰寺大殿记
> 修山东青州府临朐县西南五十里有灵峰寺系古刹禅院自唐以前佛殿原建在前有火谷遗迹任马弘治十五年选立今此至□□四十年修葺计等也有百年殿宇倾□墙堵损坏势将覆矣僧渐无矣乡者贺缟王明礼等目睹不安各备食米同心协力鸠工于四月二十五日落成于五月二十日勒石以纪其事
> 万历二十四年仲夏郡人贺缟撰

2.法云寺

坐落于沂山百丈崖西、天衢园东侧一沟谷坳地，位于沂山中心。西倚峻峰玉皇顶，东临玉带溪，左右崇山对峙，绵延东去，气势崔巍，如龙虎蟠卧。这里岗陵迁

★ 马学民：山东临朐山旺古生物化石博物馆。

转回合，松柏浓郁相绕，环境幽僻。但仰望东方，蓝天映晖，豁然开朗。其间，朝夕雾气笼罩，白云沉浮，时有翻腾，故名"发云寺"。由于雾锁云笼，幻象神秘自生，又因佛家尊称曰"法"，"发、法"二字谐音，后改名"法云寺"。该刹在东镇诸寺中创建在先，人们又称谓"古寺"。

东汉光武帝建武至明帝永平间，创建"发云寺"。至顺帝永和间（136～141年），再增修扩建，并更名"法云寺"。该寺规模不甚宏伟，但它是当时齐国南疆唯一的大佛寺，自然也是佛教的活动中心。

临朐法云寺，后经东两晋几次扩建装饰，规模宏廓，气势雄伟。寺分东、西两院，西院殿宇佛堂，主要建造有：山门三楹，灰瓦封顶，楣上有匾额，刻"法云寺"三大字。门内迎壁，壁后有天王殿，稍后左有钟亭，右有鼓亭，亭为八角式，均建于高台之上，柱间装石栏，顶覆以青瓦。亭西中轴线上，一高大建筑突兀耸起，是该寺主体建筑大佛殿，殿内供奉佛像数尊，多为泥塑金身。再后为大雄宝殿，建于基台之上，复加地处峻崖之巅，高若山齐，非仰视不可见，雄壮而巍峨。二殿前左右各有偏殿三间。东院地势偏低，建造有山门一楹，云海阁两楹，说法厅五楹，藏经楼两楹，僧室斋舍、厨房等十数楹。自东汉至东晋200年间，佛教日兴月盛。临朐法云寺是名山重寺，进香朝山者不绝，各地高僧亦时有往来，誉满四海。后建"明道寺"，东镇佛家的活动中心也迁至山下。后来法云寺渐次失修损坏。唐末"会昌法难"中，明道寺首当其冲，仅留临朐法云寺。宋朝建立，在修东镇山庙，沂山教会神事，由道家统而代之，金、元、明、清沿袭相随。临朐法云寺非但无新建重修，修葺亦难，圮坏日甚。至明末清初，外侵内乱交加，屡遭兵灾之祸，寺庙破坏殆尽，仅剩大佛殿残墙和破旧僧舍数间，老幼僧侣几人。

现在的法云寺是1994年依据史料记载，在原址上重建的，是寺依地形而建，坐西面东，分前、中、后三座大殿，左右有偏殿、钟鼓二楼、水榭等。

3. 玉泉寺

位于临朐县冶源镇老龙湾风景区，始建于北魏初期，历经隋唐至明清，当年香火极盛，其建筑规模宏伟。原寺分前、中、后三进院落。后院五间为观音菩萨圆通宝殿，中院正殿五间为如来大雄宝殿，前院三间为天王殿。正殿中供奉释迦牟尼佛，十八铁柱罗汉像分列左右，形态各异。东西两院跨为僧房和禅室。自大寺湾沿级而上，便是雄伟壮观的山门，山门居高临下，门前原有清泉涌流，人称玉泉。寺内雕塑1912年全部被毁掉，该殿堂为冶源高等小学堂教室。1940年，日军将殿堂全部拆毁。

2011年为适应老龙湾大旅游发展需要，在社会各界支持下，玉泉寺恢复重建筹建工作顺利完成，该寺建成后成为老龙湾风景区又一个独特的人文景观。

4. 崇圣寺

位于临朐县石门坊风景区，又名"重圣寺"。其前身是逄公庙、石门寺。北魏文成帝和平三年（462年），于石门山逄公庙近侧建造"石门寺"，殿堂僧舍十余楹，凿雕摩崖造像十数龛，遗住僧侣数人。唐高宗仪凤二年（677年），对石门寺大规模增修扩建，使其一跃而成佛门重地。《东镇述遗记札》云：

　　……石门土木，三载竣事，创建下院，增修殿庑十余楹，斋房数十楹。墙垣砖石，兽脊瓦垅，檐牙翘出，雕绘若生。规模宏廓壮丽，气势雄伟……日日晨钟暮鼓，山音回荡。每至朔望、神诞，善男信女云集，香烟升腾缭绕，数日不息。

由此可知，石门寺当年规模之宏大与香火之盛。武周长安四年（704年），石门寺增修"惠风庵"，男女僧尼达六十余众。唐天宝初年，又于寺周石壁悬崖恢复增雕摩崖造像，大者三十，小者六十余尊。至此，石门寺非但是佛门重地，且成为青州以南佛教活动中心。唐末"会昌法难"中，石门寺难于幸免，三百七十余载的经营废于一旦，仅剩摩崖造像，残垣瓦砾。宋代此地道家得势。仁宗庆历间于石门寺旧址，营建庙殿道舍数十楹，更名为"重圣庙"。此后渐渐恢复往日生机，观光朝拜的游人香客，四时往来不绝。元代重圣庙易主佛门，改名"崇圣寺"。明代再改称"重圣寺"，清代、民国随之。九百多年间，几经波折保护相对完好的崇圣寺，终因日寇兵燹之祸，荡然无存。

5. 明道寺遗址

位于临朐县沂山风景区管理委员会上寺院村。遗址的建筑基础位于地表0.4米以下。1984年10月，因村民建房，挖开了明道寺舍利塔地宫，出土了一批造像残块，共计300余尊、约1400余块。造像中最早的纪年是北魏孝明帝正光元年（520年），最晚为隋大业三年（607年）。其中具年号者13件，有干支的4件，共17件。与佛像同时出土的"沂山明道寺新创舍利塔壁记"，详细记录了佛像的整理、埋藏过程，以及舍利塔落成后青州龙兴寺、皇化寺等寺院的僧人和地方官员等众人前来参加庆典活动等内容，为研究北宋初期古青州地区的佛教活动提供了重要依据。

明道寺地处沂山腹地，属山川寺庙，是东镇沂山的主要寺院。从出土造像看，明道寺应创建于北魏晚期，兴盛于北齐时期，隋以后逐渐走向衰落。

明道寺于1991年被临朐县人民政府公布为县级重点文物保护单位，2012年被潍坊市人民政府公布为市级重点文物保护单位。

6. 小时家庄寺庙遗址

位于临朐县寺头镇小时家庄村西山前台地上，面积约450平方米。2003年山东省文物考古研究所、瑞士考古人员、临朐县博物馆进行了联合考古发掘，历时三年。经考古勘探发掘，于地表下 2 米左右发现寺庙院墙和大殿基址等遗迹。院墙东西长 25、南北宽 18 米。大殿基址东西长 20、进深 6.5 米，皆砖砌筑。采集有北朝青砖、板瓦、瓦当等建筑构件。1999 年 5 月在寺庙遗址出土残碎石造像 50 余件，均青石质，有佛头像、菩萨头像、佛体残段、造像碑残段、莲花座残块等。年代为北朝时期。2011 年该遗址被临朐县人民政府公布为县级重点文物保护单位。

7. 悬泉寺

位于临朐县寺头镇崮山村前。寺周围环境优雅，有山泉自石隙悬空流下，故名悬泉寺。寺的前身名为演德寺，其始建年代无从考究。从现存至元十三年（1276 年）碑碣看，元代以前就已建寺。现寺房舍多为 20 世纪 90 年代前后所建，唯山门为清代建筑。悬泉寺遗址历经近千年，保存下来确属不易。

8. 龙泉寺

又名嵩山寺，位于嵩山主峰少室顶下。清康熙《临朐县志》载"龙泉寺在嵩山东坡，至县五十里。"因寺院内有两眼山泉酷似龙眼，故名。清道光进士刘清源于《重修龙泉寺记》云"嵩山之东龙泉寺，不知创始何人。"但至明代已形成规模，有带阁楼的山门，带厦的龙王庙、老子庙，和名谓"泮宫"的龙泉寺书院。至清末民初，因僧侣还俗，龙泉寺殿舍遂失修倾圮。

20 世纪 90 年代，人们又于白云峰东麓、饮牛湾东北处，重建大雄宝殿和老子殿，距原址约有 1 公里。寺周围群峰凝黛，松槐密布，清幽异常。《修嵩山龙泉寺碑记》载"邑西南隅五十里许，有龙泉者，胜地也，崇山峻岭，碧落参差，修水平林。"自古为读书修学之胜地。近年考古发现，此处宋代即有上青天书院，后改名龙泉寺书院，又名嵩山寺书院。曾在此苦读，后中进士的张印立有诗赞叹"嵩山山下海门开，万谷幽萝映绿苔。榻下龙窥丹灶火，池中月浸紫霞杯。渔郎不识花津远，桂子方从鹫岭培。自是千秋文豹地，半檐风月往徘徊。"

二　庙

1. 东镇庙

东镇沂山的山神庙。位于山东省沂山东麓九龙口，北倚凤凰岭，南临汶水，因九条山脉聚首于此，故民间有"九龙汇汶"之说。此地避风向阳，山清水秀，风景清幽雅致。

古代社会沂山作为中国五大镇山之首的东镇，与东岳泰山、东海一并成为国家东部国土的象征。东镇庙作为供奉东镇沂山之神的皇家御庙，它是国家机构的有机组成部分，在中国封建社会有其独特的历史地位。每逢新皇登基、天时不顺、地道欠安、兵燹征战等"国之大事",朝廷都会派遣重臣前来致祭昭告,禳灾祈福。

东镇庙的前身为西汉太初三年(公元前102年),汉武帝致祭沂山于山巅所建的"泰山祠",隋开皇十四年(594年),隋文帝诏东镇沂山,并就山立祠,迁庙于山半法云寺侧,称"东镇沂山神庙",委近巫一人,主知洒扫,春秋二祭。唐贞观十年(636年),太宗封沂山为东安公,自此沂山之神始有正式封号。宋建隆三年(962年),太祖诏重修东镇庙,遂由法云寺侧迁往今址。自此,沂山道士系受皇封,倍受尊崇,形成"东崂山,西沂山"的道家活动中心。宋乾德二年(964年),沂山东镇庙新庙落成。金正隆四年(1159年),东镇庙新修瓦殿。元大德二年(1298年),成宗加封沂山为"元德东安王",并御制封碑一幢立于东镇庙中。明洪武九年(1376年),朝廷遣国子监生汤宗诚督工重修东镇庙。明成化三年(1467年),临朐县重修东镇庙。明成化八年(1472年),东镇庙增建沂山之神寝殿。明正德十年(1515年),青州府同知杨谏主持重修东镇庙。明嘉靖五年(1526年),临朐知县王舜民重修东镇庙。明隆庆三年(1569年),临朐知县张体乾重修东镇庙。清亦数次拓址重建,规模逐步扩大。民国时期东镇庙疏于管理,殿宇失修。1949年春,山东省立沂山林场场部由代家庄迁此。新中国建立后,废庙兴学,庙舍改为东镇小学,后因取暖不慎,大殿被焚。1979年,东镇庙被临朐县革委会公布为第一批县级重点文物保护单位。1985年10月,山东省文物局拨款复立东镇碑林,并对唐槐、宋柏、元银杏等七株古树名木砌筑围栏予以保护。嗣后重修元代鼓楼、钟楼,建筑院墙400米;1994年复修东镇庙正殿。2000年潍坊市人民政府公布为市级重点文物保护单位,2006年12月,东镇庙被山东省人民政府公布为省级重点文物保护单位。2009年11月,沂山风景区管委会多方筹集资金,经科学论证,报经上级有关部门批准于原址重建。2011年7月10日,重修东镇庙落成庆典暨东安王神像开光仪式举行,中国道教协会会长任法融等出席仪式。

重修后的东镇庙,院墙东西宽220、南北长300米,庙前新建广场、圣水桥、停车场,庙后建有后花园,总占地面积为130亩。东镇庙的建筑格局,采用了中国古代纵横双向扩展的形式,总体布局以南北为纵轴线,划分为东中西三轴。东轴前后设药王殿、紫薇宫;西轴前后设接待室、放生池、东镇文化陈列馆;中轴前后依次是护法殿、古祭台、旧东安王殿遗址、东安王殿、寝殿、斗母宫、后花园。主体建筑东安王殿位于东镇庙内后半部,高踞台基之上,其他建筑则设在中心院落之外,它们彼此独立,又有内在联系。

护法殿为明清歇山式建筑风格,面阔五间,进深四间,面积为430平方米。它坐落在1.1米的台基之上,总高10.65米。里面供奉道教护法神王灵官和马、赵、温、岳四位护法元帅。

护法殿两侧的钟楼和鼓楼为重檐十字脊歇山的明清式建筑风格，总高11.65米，建筑面积为130平方米。钟楼或鼓楼本来的作用是报警或作为启闭城门的信号，且多以"谯楼""戍楼"称之。而将钟鼓楼同时放在相应位置，作为一种固定形式，首先出现在皇宫和重要的寺庙中，取"晨钟暮鼓"之意。

护法殿后是中国现存最完整的宋代祭台、大殿遗址和气势恢弘的东安王殿，甬道两侧是古树和内外碑廊。

由于历代朝廷派员祭拜，在东镇庙留下了大量的碑碣，据考有古碑碣360余幢，在五镇碑碣中名列第一位，有"东镇碑林"之称，其中御碑16幢，现存古碑仅余125幢，其中尚不乏残碑断碣。碑廊建成后，除四块御碑陈列于御碑亭外，古碑排列完全以时代先后顺序逐一摆放，最早为金承安五年（1200年），最晚为民国二十九年（1940年），时间跨度达740年。

2.海浮山庙

位于临朐县风景秀丽的老龙湾畔、海浮山巅。古称"钟灵寺"，后更名为"海浮山寺""浮山庙"。据史记载，"钟灵寺"始建于北魏文成帝和平三年（462年），孝文帝延兴初年拓址扩修，建殿堂斋舍30余楹，至唐高宗龙朔间再次增修更名"浮山寺"。北宋重修更名"浮山庙"。后经民国军阀混战、日伪盘踞，千年古建化为废墟。现存古碑有清康熙、嘉庆、同治重修碑3幢。该庙1993年在原址上重建。先后建有碧霞祠、东西两庑、阎罗殿、玉皇阁、王母殿、魁星楼、钟楼、鼓楼、大小山门35楹，砌筑墙垣600余米。造像20尊，绘制壁画百余平方米，使原来的建筑布局得以恢复。

3.蜘蛛庙

位于临朐县辛寨镇下峪村西100米处河西岸的河谷高地上，面积约295.6平方米。现存建筑有前后殿和山门，小房基四组。其布局为由南沿石铺台阶而上，至山门处有一小型砖房为关帝庙。山门朝东开，呈小巧门楼形，进入山门后是前殿，前殿保存较好，单间一门两窗，南北长4、东西宽5米，面积20平方米。因地势原因，前后殿不在一条中轴线上，前殿偏西，后殿居中。后殿为三皇殿，后殿呈北向，为前出廊厦式结构，殿内梁脊上缘有成组的龙纹图案，后殿破坏较重。该庙已无神像，在蜘蛛山下西南角原有土地庙，现已无迹可寻。

4.禅堂崮遗址

位于临朐县寺头镇东焦家庄村西北500米的禅堂崮顶。山上有玉皇庙址，占地约2837平方米，现存有山门1座，为明末清初建（原为二层建筑，现仅存底层，保护较好）。民国石碑1幢，山门内另有明清碑碣6块。庙之院墙仍存残垣，西墙南北两端原有角楼，现仅存墙基。院内现有灵霄宝殿（三间石房）1座，为20世纪 80 年代所建，殿前、左、右有多间石块构筑的简易小房墙垣。该庙《临朐县志》有记载。遗址保存情况较好，原房建筑墙垣尚存，故房屋布局清晰，另有保存完好的山门下层（原为二层，现仅存一层），另外院内尚存有碾盘等生活用具。

5.三皇庙

位于临朐县龙山高新技术产业园孙家庄村西部。三皇庙坐北朝南，一进院落布局，面积约 938.08 平方米。现存主要建筑是大殿和山门。大殿为前出廊厦的硬山式结构，面阔三间，殿高 6.25、东西长 9.52、南北宽 6.25 米，面积约 59.5 平方米，砖瓦土木结构。山门单间，面向南，东西长约 4.9、南北宽约 3.3、高约 5.5 米，面积约 16.17 平方米。庙内现存有清代残碑 2 幢，民国时期残碑 1 幢，由碑文知三皇庙始建于清康熙三十九年（1700 年），而现今庙宇为清康熙五十一年（1712 年）移建。殿内供奉天皇、地皇、人皇和十大名医神像（雷公、扁鹊、淳于意、张仲景、华佗、皇甫谧、王叔和、孙思邈、安罗浮、李时珍）。现庙宇于 1994 年重修，2012年潍坊市人民政府公布为市级重点文物保护单位。

6.蒋市店子老母殿

位于临朐县辛寨镇蒋市店子村东 5 米处，称谓泰山老母庙。坐北朝南，东西长 9、南北长 23 米，面积约 210 平方米。现有大殿三间，大殿东西长 8.8、南北宽 6.7 米，殿内老母金身为泥质，大殿主体结构保存较好，房脊维修时换为现代红瓦。院内有古槐一株，院东墙处有康熙三十八年重修石碑 1 幢，石碑保存基本完好。院门外为一青砖影壁墙，长 4.15、宽 0.52、高 2.86 米。庙前有一由东向西流的古河。

三　祠

1.逄公祠

又称逄公庙，位于山体悬崖错盘之间，始建于殷商时期，为单室石砌山庙。据考证，逄公即逄伯陵，殷商时期人，封齐地昌国国王，当时临朐属昌国辖。逄伯陵公正廉明，得到百姓的拥护。后人为追念其功德，奉若神化，在逄山、石门坊建庙祀之。

2.文昌殿

位于临朐县石门坊风景区，始建于宋末。殿为单室，堂内仅塑文昌帝君梓潼神像。

明代临朐仕官辈出，人们以为神明保佑所致，文昌殿规模亦随之增加，改建为三楹。墙壁砌以砖石，做工精致，封顶兽脊瓦垅，鳞次有序，梁栋彩绘鲜明，壁画栩栩如生。殿内增塑"天聋""地哑"金童神像二尊，面形丰满，体态匀称，彩绘全身，形象逼真，工艺极为精湛。明末清初该殿被毁。1935 年移址于逢公庙之右，按原体量重修，文昌帝君神像改为石雕，后来文昌殿毁于日寇入侵。1992 年于崇圣寺原址重建文昌殿，塑文昌帝君、逢伯陵神像。

3.沂山碧霞祠

位于临朐县歪头崮顶之阳，是朐邑内最早的"天仙圣母碧霞元君祠"。宋称"昭真祠"，明称"碧霞灵佑宫"，清曰"碧霞祠"。因碧霞元君（又称"泰山娘娘"）住于泰山，俗称"泰山老母殿"。该祠始建于北宋景祐年间，元、明两朝各有修葺，并分别增建"福神庙""九天玄女娘娘庙"，至清末失修倒塌。1915 年再重修。该祠倚山而建，体量中型，面阔三间，进深一间，四壁石砌，顶覆青瓦，院内有石香炉、火池。日军侵华时被毁。1994 年在旧址外扩重修，碧霞祠依旧三间，祠左右两侧分别是眼光奶奶、送子娘娘庙，庙院四面砖墙，山门垂花式，黄琉璃封顶。

四　观

松萝观

位于临朐县辛寨镇吉寺埠村西 30 米处牛山山阳，地势低洼。北靠山，东、西、南三面有河流环绕。松萝观创建年代不详，现存建筑为清代遗构。道观坐北朝南，为一进院落布局，面积约 1332 平方米。前有山门，后为正殿，正殿面阔三间，为前出廊厦的硬山顶建筑，一门二窗，建筑小巧精细。现山门及大殿房顶在维修时换为现代红瓦，主体结构基本保持原貌。现存清乾隆四十六年（1781 年）"重修粤□关圣帝君庙堂碑"记载：顺治十五年（1658 年）尼僧主持重修"玉仙庵"，乾隆十九年（1754 年）再次重修，改为"松萝观"。

2011 年临朐县人民政府公布为县级重点文物保护单位。临朐古庙宇颇多，除上述外，尚有：穆陵关常将军庙、普照寺、老龙湾畔冶官祠、朐山魁星楼、嵩山芙蓉馆、牛山王氏别业、九山弥陀寺、隐士灵峰寺、县城三官庙、文庙、紫薇观、万寿寺等 40 余处。由于清末近百年以来，外侵内乱，破坏残重，这些古庙宇多已被毁，仅剩极少残垣。

临朐"白龙寺"建筑基址与造像

李振光　鲁克斯　吴双成★

遗址位于山东省临朐县石家河乡小时家庄村西山前台地上，东侧 3 公里有弥河自南向北流过。2003 ～ 2004 年，山东省文物考古研究所与瑞士苏黎世大学东亚美术系、山东临朐县山旺古生物化石博物馆对遗址进行了全面发掘。

考古发现佛寺建筑基址 1 座、陶窑 2 座、烧灶 2 个，并发现大量的造像残块、陶瓷片、建筑构件等。因当地有白龙、黑龙的传说和白龙寺的记载，将发现的佛教建筑基址俗称为"白龙寺"。本文对发现的建筑基址、陶窑、烧灶、造像进行分析，进而对寺院的建造、使用、废弃，造像的类型特点、雕刻技法、毁坏因素进行探讨，对遗址的演变过程作初步地研究。

一　寺院建筑基址

寺院建筑基址由台基式建筑址与西北角小房子组成。

（一）台基式建筑基址

建筑基址由南部长方形台基、东西两侧慢道、"凹"字形下陷内庭、外侧环绕高台、排水沟以及西北部的房屋组成（图一～三）。

1.南部长方形台基

位于建筑基址的南部中间，东西长 20、南北宽 15.4、台高 0.8 ～ 1.2 米。台基是在原来的山前台地上，规划长方形台基，在它的东西北三面下挖，将部分土垫到台基上夯打，形成长方形高台基。在台基的四面用砖包砌，基本砌法为：单砖顺砌形成直立墙体，在砖墙的外侧底部平铺一层单砖，在平铺砖的外侧砌筑一排侧立三角状砖形成对砖墙根基的保护。由于时代久远，砖墙多遭破坏，南北两侧保存较好、西侧破坏严重，东侧部分因大水冲蚀完全毁坏。由堆积 195 分析，南部台基上应该有瓦顶建筑，该层堆积形成时倒塌下来。

★　李振光：山东省文物考古研究院；倪克鲁：维也纳大学艺术研究所；吴双成：山东省文物保护修复中心。

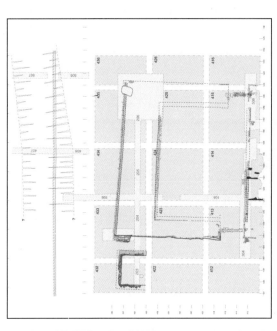

图二　建筑基址平面图

图一　建筑基址（由南向北）

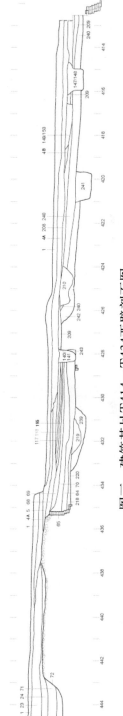

图三　建筑基址T414～T434西壁剖面图

2．“凹”字形下陷内庭

为凸显台基的高大、排泄雨水保护台基，在台基的东、北、西三侧下挖，形成“凹”字形下陷内庭。东、西侧内庭东西宽 2.1、北侧内庭南北宽 6.8 米。底部呈北高南低倾斜状，较为平整，多卵石。未见人工活动踩踏痕迹。

3．东西两侧慢道

台基的南部向东西两侧延伸东西长 2.8 米，东侧慢道南北宽 3.8、西侧慢道南北宽 4.52 米。用卵石铺垫的慢道，与东西两侧高台相联，形成南部中心台基与东西高台的通道。

4．排水沟槽

在东西两侧慢道的下面，下挖较窄的北高南低的沟槽，在槽内用砖石铺底、砌壁并砌筑顶盖，形成暗排水沟槽。东侧排水沟，分为两期，早期排水沟用石板铺底、砌壁、搭盖顶盖，南侧排水口用大而厚的石板构筑，宽 0.3、高 0.4 米。晚期排水沟在早期排水沟的东侧，北侧入口位置与高度基本一致，南侧出口向东 0.3、高 0.4 米，用砖砌筑而成。为早期排水口废弃后修筑使用。西侧排水沟与东侧早期排水沟相同。

5．外侧环绕高台

西侧高台东西宽 1.6、高 0.6 米，台的东侧用单砖顺砌直墙，上部台面用单砖平铺。东侧台子应该与之相同，由于山水冲蚀，仅存底部残砖。北侧高台，南北宽 8 米，南侧用砖包砌，结构同南部台基。由“凹”字形下陷内庭内倒塌堆积分析，北侧高台上应该有瓦顶建筑。东西两侧高台北端与北侧高台相联，西侧与小屋相通，南端通过南部台基东西两侧慢道与之相通。

在长方形台基的南侧发现两组上下通道（慢道），早期通道：在台基的正中垒砌两道向内倾斜的单砖顺砌砖墙，砖墙下铺石头，内填杂土。砖墙南北长约 0.9、残高 0.4 米，慢道东西宽 3.52 米。应该是建筑使用时的通道。晚期通道：在慢道的西侧 0.9 和 3.8 米处砌筑两道向东倾斜晚于砖墙的石墙，内填筑建筑废弃垃圾，应为建筑废弃后，根据需要不断加宽而形成晚期通道。

（二）小房子

位于建筑基址的西北角，东侧由高台与建筑群联通。

房子为东西长方形，内侧东西长 5.04、南北宽 4.32 米。东西墙与北墙用土石夯筑而成，东侧墙体为两面直立墙体，厚 0.84～0.94 米，北侧墙体残存部分与北侧高地相连，西侧用砖，石块、碎石垒砌，宽 0.6 米左右，墙体残高 0.8 米左右。南侧无墙，发现一块石头柱础，应有一立柱支撑房顶。地面平整，有踩踏形成的活动地面，并发现大片用火烧烤形成的红烧土面。房内残存大量瓦片，应为房子顶部倒塌形成。根据残存迹象复原，应为门向朝南、三面直墙、南侧有一立柱支撑的建筑。

由房内发现的大片烧土面看，应为烧炊用房屋。

（三）深沟

在建筑址的北侧人工开凿一条南北宽 9、深 1.7 米的东西向深沟，以便排泄北侧山上来水，保护建筑。

二　陶窑

位于建筑址东北。共发现东西并列分布的 2 座陶窑，编号为堆积 224 和堆积 225（图四）。

堆积225

为东侧陶窑。位于堆积 224 东侧 1 米。

窑门南向，方向 180°。在生土中掏挖形成，呈宽扁圆角长方形，东西宽 0.52、高 0.26 米。

火道进深 0.33 米。两侧被火烧烤成红色，烧烤面较厚。

工作间平面呈梯形，东西宽 0.48 ~ 0.8、南北进深 1 米。工作间南侧地势下低 0.2 ~ 0.3 米，与西侧陶窑工作间相连，地面分布大量的青砖。

窑室平面为南侧略呈弧边的正方形。东西宽 2.84 ~ 3、南北长 2.96 米，窑室壁残高 0.44 米。窑室四壁烧烤成青灰色烧烤面，厚 12 厘米。由火塘、分火柱、窑床组成。

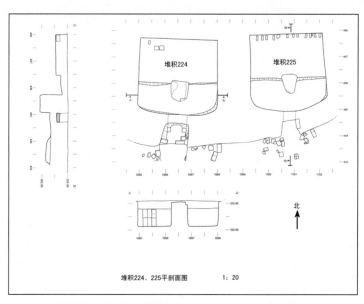

图四　陶窑（堆积224、225）平、剖面图

火塘位于窑室内南半部，南北宽 1.16 米，较窑床下深 0.62 米。火塘的底部残存大量草木灰土。分火柱在火塘的北部中间紧贴窑室高台处有柱，立柱平面略呈三梯形，南北长 0.72、东西宽 0.32 ～ 0.62 米，南侧立柱面呈圆弧形。立柱高 0.86 米，比北侧窑床高出 0.18 米，顶部残。窑床：位于窑室的北半部，为生土台，挖火塘时保留形成。窑床平整光滑，火烧烤成青灰色。窑床上残存青灰砖一排，东西 12 块，砖间隔 0.1 ～ 0.14 米，应南北成行排列。

陶窑性质为建造寺院建筑，在建筑基址的东北沟边台地上，就地建窑烧造建筑用砖瓦。也可能烧造少量灰陶塑像。

三　出土造像

遗址出土有石头造像残块、白陶塑像、灰陶塑像。多为残块，部分保存较好。以石造像为主。

（一）石造像

共发现 230 余件，有单体佛造像、菩萨造像、背屏式造像、造像台座等，多用石灰岩雕刻而成，2 件砂岩、2 件绿泥岩、1 件滑石。根据发现的残块作初步分析。

1. 单体佛造像

共 18 件。身体部分 9 件，皆仅存身体一段，有的为腰部、肩部、腿部。皆为北齐时期造像。

标本 15 ： 81，单体立佛残块，石灰岩。高 4.5 厘米。用平直刀法雕刻而成。左手施与愿印。应为北魏到东魏时期造像。

标本 TG304 ： 15-33，佛像残块，石灰岩。残高 20 厘米。仅存胸部。左肩着祖右衫，身体右侧裸露，圆肩浑厚，胸部肥硕（图五，1）。

标本 118，单体立像，石灰岩。高 19.5 厘米。为站立的单体佛像腰部一段。束腰细腿，着薄衣，体形隐现。右手上横端，宽帛搭在臂上垂于体侧。

标本 TG304 ： 15-77，立佛造像残块，石灰岩。残高 12 厘米。仅存造像胸部。胸部肥厚弧凸，背部宽厚健美。身着贴体薄衣，身体形态隐约可见（图五，2）。

标本 TG105 ： 15-6、TG105 ： 15-5、TG304 ： 15-71，皆为腿脚部分，薄衣裹体，下着贴体长裙，外披曲边自然下摆袈裟。用圆润刀法雕刻而成（图五，3 ～ 7）。

标本 TG304 ： 15-4、TG304 ： 15-45，仅存圆形台、佛的左脚。小腿粗壮，脚背肥厚圆润，脚趾栩栩如生，形同真人大小，反映造像个体较大。台下残存榫（图六，1 ～ 3）。

图五　单体石佛造像

1

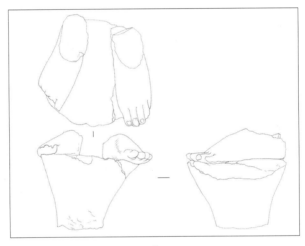

2

3

图六　单体石佛造像

2.单体菩萨造像

能够确定的仅有 3 件。

标本 TG304 ： 15-69、-70，单体菩萨残块，石灰岩。残高 14.5 厘米。仅存菩萨头的下半部。脸部肥硕圆润，下颌丰满，鼻梁高隆，鼻角宽大。嘴角内收，双唇较薄，笑嘴轻合，大耳宽厚，冠带下垂于耳后。平直刀法雕刻而成。从头的后侧看，没有背屏，是一个单独供养的菩萨像（图七，1）。

标本 TG105 ： 15-73，单体菩萨立像残块，石灰岩。高 8 厘米。仅存菩萨中部一段。薄衣，弧形衣纹下垂，饰高浮雕穗状璎珞，背面呈弧形凸起，阴线雕刻竖条形衣纹。为北魏末到东魏时期造像（图七，2）。

标本 SLF609（C.120），菩萨立像残块，石灰岩。高 22 厘米。仅存菩萨腰部以下部分。长裙下垂，裙纹呈之字形褶皱下落。外穿天衣，从腹部圆环内交结穿过，绕行下垂身体两侧。身佩璎珞，在腹部交结下垂至身体两侧，绕行体后（图七，3、4）。为北齐造像。

1　　　　　　　　　　　　　　　2

3　　　　　　　　　　　　　　　4

图七　单体石菩萨造像

3.背屏式造像

能够确定的共 23 件，分大型造像和小型造像。

（1）小型背屏造像

2 件，皆为一佛二菩萨三尊造像。用绿泥石片岩雕刻而成。

标本 TG3：15-17，背屏造像残块，高 15 厘米。残存背屏三尊造像的主尊佛及右侧胁侍菩萨，头部残，下有榫。主尊佛圆肩宽厚，身材高大。内着圆领衫，外穿褒衣博带式袈裟，下穿宽大长裙下垂至脚面，裙角外展。手施无畏、与愿印，左臂上搭宽帛垂于体侧，跣足立于圆台上。右侧胁侍菩萨上着交衽衫，下穿长裙下垂至脚面，裙角外展。着天衣，帔帛横扎腰间交于腹前、上绕腕部下垂身体两侧，圆形饰可能为玉璧；跣足立于圆座。用平直刀法雕刻而成，较为粗糙。背屏后打磨光滑，阴刻铭文三行十字：

（普）泰二年（532 年）」赵鸯女」敬造供養」

为北魏晚期造像（图五，6、7，图八，1、2）。

（2）大型背屏造像

21 尊，皆用石灰岩雕刻而成。

标本 SLF660（C.125），背屏造像残块，石灰岩。高 44、厚 14 厘米。存背光的左上侧，左侧保存较好。头光残，存四周圆环纹。背光顶部中间雕刻一飞龙，口衔莲枝与头光外圈纹带相连接，左侧雕刻一飞天，昂头挺胸，弯腰屈腿，怀抱一莲苞状物，火焰状帛带飞扬，似与龙飞行翱翔空中。其后存一飞天飞舞的帛带（图九，1）。与青州北魏太昌元年惠照造弥勒像(青州香港展 p154、广饶张谈造像碑图 6～9)内容同，为北魏晚期造像。

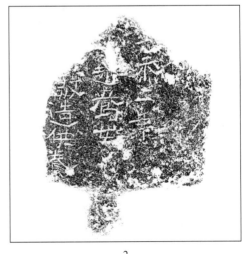

1   2

图八 小型背屏石造像

标本 C.114，菩萨立像，石灰岩。高 42 厘米。为背屏式三尊造像的左侧胁侍菩萨。高冠垂缯，小嘴细目，脸部圆润。佩项圈，内着斜衽衫，腰部衣带结扎，长带下垂及膝，带上系花结，长裙掩足。身穿天衣，身体两侧垂至台下。右手施无畏印、左手施与愿印。跣足立于台上。右侧背屏上可以看出龙的腿、尾残留（图九，2）。为东魏北齐造像。

标本 TG202 ：216-1，造像头光残块，石灰岩。高 16、头光复原直径 46 厘米。右侧佛像站立莲花上。头部残。圆肩肥厚，内着斜衽衫，外穿较薄的肥袖佛衣，双手合于胸前。下穿长裙。佛像周围雕刻莲花枝叶。用平直刀法雕刻。头光的背面凹凸不平，中部残存一较深的梯形刻槽，宽 1.5 ～ 3、深 2.2 厘米，应为修复用。为东魏造像。

标本 TG304 ：15-56，菩萨头部残块，石灰岩。高 9.5 厘米。从残存部分分析，应为背屏式造像的胁侍菩萨残块，仅存头部。头戴花冠，冠带垂至耳旁，额前梳 3 个圆形发饰，面颊丰满，嘴露微笑。风化严重。应为北魏晚期到东魏时期造像（图九，3、4）。

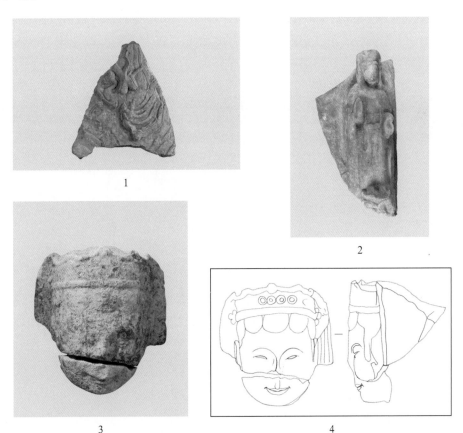

图九　大型背屏石造像

4.造像半成品

标本 BK.4，石造像残块，滑石。高 9 厘米。石头夹杂绿色斑点，石质松软，用指甲能够刻划。在一面用刀具深刻衣纹，有的衣纹向下深透，已经刻好；而有的衣纹没有刻到位置就停住，下面还保存原来石料，没有进行加工，应为造像的半成品。从加工刀法和残存衣纹分析，为北魏到东魏时期造像。

图一〇　石造像TG304：15－23

5.标本TG304：15－23

石灰岩，残高 10.5 厘米。下部雕刻双层长方形台座，底部残，座残宽 12、厚 7 厘米。正面高浮雕雕刻有两个人物，呈半跏趺坐式侧身对坐于台上。右侧人物较完整，昂头挺胸，发髻呈长辫状后梳，垂于脑后。长脸肥硕，弯眉细目向左前侧视，大鼻隆起，小嘴微翘。左腿斜搭台下，右腿盘于左腿上，左手按在腿上。右手持一瑞鸟向前递伸。左侧人物略显清瘦，头部残，身微前倾。右腿斜搭于台上，右手按在右腿上，左腿横搭在右腿上。左手托一人头（头骨），与右侧人对举。两侧面台上各雕刻一圆纽状饰，长约 0.9 厘米。后面上部打磨光滑，下部刻台座。顶部残（图一〇）。应为北齐时期造像。

敦煌壁画中常见一人手捧小鸟、一人手捧骷髅，有人说是鹿头梵志和婆薮仙。也有学者怀疑这种说法。

（二）石造像台座

共 6 件。分为圆台莲花座、方台莲花座、方台。

1.圆台莲花座

2 件。

标本 SLF71（C107），莲花座，石灰岩。高 14.5、直径 30 厘米。双层双瓣莲座，高浮雕刻而成（图一一，1～3）。圆台侧面上阴刻铭文，共 13 行、52 字：

故人王□苻」妻石男□」故人王宝林」故人惠明」妻焦男□」林妻李绯」

标本 C108，莲花座，石灰岩。高 21 厘米。圆形台，上为高浮雕双层单瓣莲花座。上有卯孔以插造像用（图一一，4）。应为北朝造像。

2.方台莲花座

3 件。

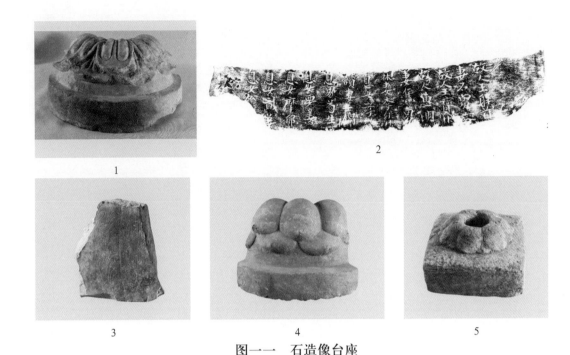

图一一　石造像台座

标本 T414 ：12-1，莲花座，石灰岩。宽 14.5、高 9.5 厘米。方形台，高 5.3 厘米。上雕刻单瓣覆莲座，中间有一卯孔，径 4.2 厘米（图一一，5）。

3.方形台

1 件。

标本 T434 ：69-1，造像底座，石灰岩。正方形底座，宽 24.5、高 8.5 厘米。顶部微下凿，宽 16 厘米（图一二，1 ～ 3）。侧面打磨光滑，细线阴刻方格底线，前面和左侧面阴刻 63 个字：

> 大齊天統」四年（568 年）三月」丙申朔八」日癸卯清」信士佛弟」子張机張」昌兄弟二」人知富可」崇恐身无」常葛（割）舍家」珍上為忘（亡）」父母敬造」觀世」音像」一軀願」生生世世」常與佛會」

正面每行 4 个字，侧面每行 2 ～ 4 个字。

（三）白陶塑像

白陶塑像有 2 件菩萨、2 件塑像底座。

1.白陶菩萨塑像

标本 T413 ：70-5，菩萨立像，白陶。高 7.5 厘米。头部和圆台榫部残。圆肩，束腰，长腿玉立，右手执莲蕾上于胸前，左手执一物贴于体侧，双脚赤裸站在圆台上。上身裸，佩项圈，双肩帔帛（天衣），绕至腋下垂至身体两侧。璎珞斜交于胸前。

图一二　方形石台

1　　　　　　　　　2　　　　　　　　　3

图一三　白陶菩萨塑像

下着长裙，外套短裙，衣带结扎腰部。背面有指纹按捺痕迹，为范内捏塑而成。应为北齐塑像（图一三，1～3）。

另外1件菩萨像已残，仅存中部一段。

2.方形底座

2件，上为覆莲，中空。应为白陶塑像底座。

1   2

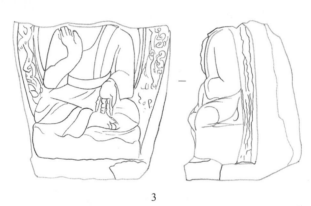

3

图一四　灰陶塑像

标本 T413：181-4，莲花座，白陶。宽 4 厘米。双层方形台，台高 1.4 厘米，上作双瓣覆莲座，中间有圆孔。在范内捏塑而成。

（四）灰陶塑像

灰陶塑像 1 件，底座 2 件。

1. 灰陶塑像

标本 T434：201-6，坐佛残块，泥质灰陶。残高 7.5 厘米。头部残。内着袒右衫，左肩斜披袈裟。双手施与愿印，结跏盘坐在圆台上。胳膊、双腿形态肥厚。背靠舟形屏，凸棱状椭圆形背光，背屏周边饰植物形纹饰。屏背面弧凸。用手捏制烧造而成，造型简单随意，可能为唐代塑像（图一四，1、2）。

2. 灰陶莲座

标本 TG413：178-2，高 19.5、复原直径 78、壁厚 12 厘米。莲座呈底小口大中心孔的圆圈状，底部平，上部残。外侧饰四层向上的莲瓣；每个宽 10 厘米（图一四，3）。用夹砂泥土手工捏制烧造而成。应为当地陶窑烧造。

四　对建筑基址的认识

1.建筑平面布局

发掘过程中，在建筑址的四面发掘长探沟 10 条，并进行大面积的考古勘探，没有发现院墙和其他建筑。因此建筑的平面布局由南部长方形台基、两侧慢道、慢道下排水沟、围绕台基的凹字形下陷内庭及内庭四周高台、北侧高台上的瓦顶建筑及西北角烧炊用的小房子组成，南部长方形台基上和北侧高台上的瓦顶建筑为主要建筑，南侧台基及其上面瓦顶建筑应为活动的中心。西北角小房子作为生活起居用房配套使用。

2.建筑性质

在建筑基址及其上废弃堆积内发现大量的石、陶造像残块，说明建筑的使用与佛教活动有关，应为小型佛教寺院建筑基址。

3.建筑时代

遗址发现的造像除 1 件灰陶塑像可能是唐代的，其他皆为北朝时期的造像，说明建筑在北朝时期即建造使用了，因此其建造年代应该在北朝时期。

4.建造、使用与废弃

在北朝时期，佛教信徒来到这山谷幽深之处，选择向阳的山前台地建筑居住活动。借用自然地形，修整台地边缘，下挖台基四周庭院，用砖包筑台边，修筑排水沟槽，在南侧台基与北侧高台上建造瓦顶建筑进行活动。在建筑的西北角修建烧炊用房生活。台基南侧有砖墙包边的慢道上下相通。到唐代晚期堆积 70 形成的时候，北侧高台上的建筑已经倒塌废弃，过了一段时间，堆积 195 形成时南侧台基上的瓦顶建筑废弃。北宋中晚期，有人群在这里较长时间活动，形成堆积 69 较厚的活动面、和堆积 68 较厚的文化层，并有人用灶烧炊生活。由烧灶分布在台基的西半部看，其活动目的应与台基有关，可能仍存在对台基建筑的信仰，台基南侧不断加宽的通道应该与该段活动相关。

五　对造像的认识

1.造像材料

石造像大多选用当地存在的石灰岩雕刻，所用石材硬度较低，可以用钢铁刀具轻松加工。个别的石头呈黄色或褐色层次分布。选用石材与周邻遗址有相似之处，如青州龙兴寺、兴国寺，临朐明道寺等遗址。

有 2 件残块标本 70 ：1 和标本 15 ：16 是用砂岩制作的。

2件小的背屏造像是用绿泥石片岩制作，石中含有白云母、磁铁矿和石榴石，这种石头在当地存在。2件小的背屏造像，无论从材质、大小、造像风格以及铭文较为普通的书法水平都与临朐东部的明道寺发现造像相似，可能从明道寺流传过来。

2.雕刻技法

造像都是用一块整石雕刻而成，底座单独制作。造像底部有榫插立在底座卯孔内。造像雕刻技术熟练，刀法自然流畅，表面打磨光滑，局部精雕细刻，纹饰细腻优美。雕刻技术有两种刀法：早期造像用平直刀法雕刻，用一次性刀法刻成，衣服纹饰高凸清晰，棱角分明，衣纹表面平滑是用刀具多次加工而成的。后期造像表面加工光滑，应用刀具多次雕刻加工形成。有几件造像表面残存彩绘颜色或贴金的痕迹。多数造像加工细致，造型优美，反映了极高的艺术水准。

3.造像尺寸

发现的造像大小不一，有的形体高大，如同真人，有的形体矮小，高仅数厘米。标本采集115、15：4、54：3应该参照人体原来尺寸制作的。从发现造像尺寸分析，无法确定寺院的主体造像。

4.陶塑像

该遗址发现数件陶塑像，其中2件菩萨塑像和底座是用白陶制作，把白陶泥添加在模子里用手按捺成形，然后烧制而成。白陶塑像较为松软，烧制火候较低。塑像的表面原来可能绘有彩色颜料。在博兴龙华寺和临朐县内发现同样塑像。有的塑像用泥土捏塑并烧制而成，材料和制法与遗址发现的砖瓦相似，可能是在遗址东北侧的陶窑里烧成的。其风格独特，形体表现浑厚，时代略晚，可能为唐代塑像。

5.造像年代

遗址中发现2件造像有铭文年代记载，1件有北魏普泰二年（532年），"张机张昌兄弟二人"造像底座有"大齐天统四年（568年）"。现存临朐博物馆的采集造像中有3件带铭文残块，1件背屏造像有"大魏孝昌（525～527年）……"，1件为头光造像残块有"兴和二年（540年）"铭文，1件方形莲座上有"武平七年（576年）"铭文。据说村民在修筑小河边道路时，也发现有隋代纪年铭文，实物未见。

从造像所表现的衣服纹饰及雕刻技法看，在发现的200余件造像残块中，有19件能够确定为北魏末年至东魏时期（525～550年），14件能够确定为北齐时期（550～577年）造像。除了1件泥质灰陶佛像可能为唐代，应该没有隋代以后造像。

对发现的造像进行总结，其用材、制作方法以及造像所反映的艺术风格一脉相承，多为当地工匠用当地所产石材雕刻而成；所发现的造像大多在较短的时间内制作完成，与青州龙兴寺、临朐明道寺的情况基本一致。北魏末年至北齐五六十年的时间，山东地区盛行造像之风，发现大量的佛教造像。遗址中发现造像数量较大，有石头雕刻、泥土雕塑，大小不一，造像表面打磨光滑、雕刻精细、造型优美。可以清晰看到从北魏到北齐末年，雕刻技法与艺术风格的延续发展。与青州龙兴寺、临朐明道寺相比：白龙寺的造像形体较小，可能反映了作为乡间寺院规模小、等级低的特点；仅在 2 件造像残块上发现修理痕迹，其使用时间应该较短，而青州龙兴寺的造像大多经过多次修理，反映其造像使用时间较长，或可长达 500 年之久；造像残块四下分散丢弃，仅有一个部分是破坏后放在一个灰坑内，这与青州龙兴寺、临朐明道寺故意挖窖穴掩埋不同。

六　结语

"白龙寺"地处临朐南部深山沟内，远离尘俗，为修身养性绝佳场所。在北魏末年或东魏时期，人们选择山前台地开始修建寺院。由于交通闭塞，在东北沟边自建砖窑，烧造砖瓦建筑使用，灰陶塑像及莲座可能是这里烧造。寺院的建设以南侧台基与北侧高台上瓦顶建筑作为中心，西北小房子地面烧烤厉害为烧炊用房。南侧有通道上下相通。人们在这里自行雕刻造像，部分可能从外面带来，观像修行。由造像的时代可以确定，寺院的使用主要在北魏末年到北齐时期；唐代晚期堆积 70 形成的时候北侧高台上瓦顶建筑倒塌，堆积 195 形成时南侧台基上的瓦顶建筑亦倾倒。由烧灶分析，在北宋时期存在围绕台基的活动，可能与对台基建筑的信仰有关，晚期的通道与之对应。

简析白龙寺遗址出土的佛造像与寺庙建筑基址

宫德杰 ★

　　白龙寺遗址位于临朐县城南 30 公里的寺头镇小时家庄村西山前台地上。据《嘉靖临朐县志》载"白龙寺在县南 65 里"。又据《光绪临朐县志》载"白龙神庙在县治南六十里禅堂崮"。小时家庄寺庙遗址在禅堂崮的南麓，方位上与县志所载相吻合，当地有关白龙的传说颇多，寺庙遗址的东南角尚有白龙洞，因此小时家庄遗址或为"白龙寺"故址。

　　1999 年 5 月，小时家庄村村民于村西挖自来水沟发现了该遗址，并出土了佛像，遗址也因此局部被盗掘，盗掘处还暴露出了建筑墙基。

　　1999 年 7 月，山东省文物考古研究所对遗址进行了钻探，并探出了建筑基址。

　　2003 年秋至 2004 年秋山东省文物考古研究所与瑞士苏黎世大学、山东临朐山旺古生物化石博物馆以每年一期两个月的时间对该遗址进行了联合发掘。发掘出土了大量陶、瓷片和少量佛像残块标本，并揭露出了一处佛教建筑基址。

　　本文就该遗址出土的造像风格特点及建筑基址的结构、年代、性质试作探讨。

一　白龙寺遗址出土的造像风格特点

　　白龙寺遗址出土造像最早的为北魏末年，经东魏、北齐至隋代，延续时间较长。就采集的标本看，北魏造像带明确纪年的最早为孝昌（525～528 年）年背光式造像残块（图一），另有普泰二年（532 年）造像（图二、三）。标本 SLF660（图四）背光残块就其厚度，可以看出该遗址有规模较大的造像，造像莲瓣形顶部昂首腾空的飞龙，口衔缠枝花环作主尊项光的构图，与青州北魏孝昌三年造像和北魏永熙二年造像相似[1]，其飞天造型及衣裙覆足上扬等特点，北魏晚期风格明显。普泰二年造像，主尊宽肥厚重的佛衣，右领襟甩搭左肘，腹下衣纹呈凸起的垂鳞形下垂，以及衣裙下摆外撇等特征，与明道寺北魏晚期滑石质小型造像如出一辙。两地相距较

　　★　宫德杰：临朐县图书馆。

　　[1]　青州博物馆：《青州博物馆》，文物出版社，2003年，第174、175页。

图一　孝昌二年背光式造像题记拓片

图二　普泰二年题记铭文拓片

图三　普泰二年造像

图四　背光式造像顶部残块

近，又均为山区寺庙，风格上的一致性应是必然。两地小型滑石、石灰石质造像朴拙简陋的雕琢工艺，小型的像体造型，及书写潦草且多错别字的发愿文题记等，反映了北魏晚期沂山东麓、北麓山区中下层民众的造像特点，即因财力原因，一部分施主就地取材，选用柔软易雕刻的滑石制作佛像，且一部分雕造者并非熟练的工匠。东魏造像有明确刻铭的仅"（缺）兴和二年（缺）」（缺）丁丑朔（缺）"小型背光式造像残块 1 件，其浮雕像体残无，但背光背面题记刻铭字体工整俊秀（图五）。标本 SLF612 佛头像，头饰大螺旋纹螺发，较高的肉髻，方圆丰润的面相，东魏晚期风格明显，头像带颈通高 34 厘米，说明该寺庙有较大的圆雕造像（图六）。标本 SLF613 左胁侍菩萨像面部风化较重，其臂胛、衣裙下摆近于垂直的造型，颇具东魏晚期风格（图七）。

图五　兴和二年题记铭文拓片　　　图六　圆雕佛头像　　　图七　左胁侍菩萨像

　　北齐造像在遗址上出土较多，造像不仅有石灰石质，还有白陶菩萨像躯（图八）、灰陶大莲座（图九）等，其陶质造像，与沂山明道寺、博兴出土陶质造像相似，均为模制，但白龙寺遗址造像有模制的灰陶佛像，明道寺与博兴则仅见白陶像[1]。北齐时期的背光式造像无保存较完整者，标本 SLF659（图一〇）三尊像仅存主尊莲台与左胁侍膝下部分，左胁侍帔帛与长裙下摆内收，该像左胁侍下方的龙、莲雕塑保存较好，"S"形倒挂的龙，口衔莲杆，引出较为复杂的莲盘，龙颈部与右前足部镂空透雕等特征，与明道寺北齐晚期造像十分相似。有的背光式造像顶部为力士用肩背扛托佛塔，伎乐天则作背身坐姿演奏状，造型神态富于变化。白龙寺遗址背光式造像同明道寺背光式造像一样，不少造像背光上有线刻图案，但明道寺造像因风化较重，多模糊不清，白龙寺遗址造像则风化较轻，如孝昌年造像项光上部的图

[1] 刘凤君等：《黄河三角洲佛教造像研究》，山东人民出版社，2003年，第119页。

图九　大型灰陶仰莲佛座

图八　白陶菩萨像躯干

图一〇　背光式三尊像残部

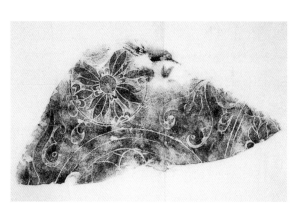

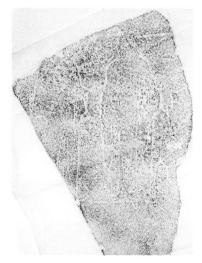

图一一　孝昌年造像顶部残块拓片

图一二　造像背面的线刻人物画像拓片

案（图一一）。有的造像背部还有线刻人物画像（图一二）。有些背光残块上精美细腻的线刻或浅浮雕佛教人物画像、装饰图案等较为完好的保留了原貌，其细微精致程度令人赞叹。晚期透雕背光式造像碎块也发现较多，有主尊项光镂空残块、透雕树干、树叶残块等，特别是透雕树叶、树枝、干残块，与明道寺发现的同类造像极为相似。而外道僧人浮雕像（图一三），应为背光式造像的下部基座部分，此种构图的画面，在云冈第九窟即有，所表现的是外道僧人鹿头梵志和婆薮仙游戏坐，婆薮仙手执一鸟，示有杀生之罪；鹿头梵志则手持骷髅（云冈石窟第九窟有鹿头梵志和婆娑仙的石刻浮雕像，亦拿骷髅与鸟，年代为北魏中期，在敦煌北魏石窟中他们常常被画在释迦牟尼的两边，有释迦牟尼降服外道的意喻）。这种题材目前在古青

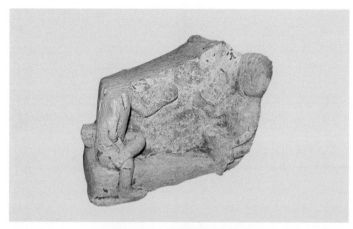

图一三　　外道僧人浮雕

州地区发现的造像中尚属仅见，"在河北地区出现的时间很短，可谓昙花一现。"[1]。白龙寺北齐造像中，圆雕造像占了很大比例。圆雕造像残块发现的较多，主要有石灰石质的圆雕佛立像、菩萨立像，灰陶模印佛坐像、白陶模印菩萨立像等。圆雕佛立像多残损较重，仅存佛躯干或残块。佛躯多宽肩、平胸、腹微凸，着袒右肩的薄衣，将躯体轮廓充分显露，近似裸体。有的衣纹平展，仅在衣服曲边处显露衣纹。着双领下垂式佛衣者，亦充分显露衣服紧窄，薄衣透体之感。圆雕菩萨头像，头带宝冠、面相方圆丰润，雕刻细腻，工艺精湛，菩萨像躯则作宽肩、细腰、丰臀，帔帛自双肩下垂腹下部交叉穿环，下垂膝下，然后翻卷向上，搭于肘臂垂于体侧，也有帔帛自双肩绕肘臂沿体侧呈波浪形下垂，腰系贴体窄瘦的筒裙，裙摆下沿垂至足腕处并略内收，有的作裙腰前翻。璎珞穿饰或衬于帔帛之上随帔帛翻卷，或成"U"形悬挂腹前与膝间，或作串珠状仅在袒裸的上身腰、腹部交叉、翻卷向后。北齐造像本

---

[1]　刘建华：《北齐时期青州与定州地区青白石佛教造像艺术》，《四门塔阿閦佛与山东佛像艺术研究》，中国文史出版社，2005年。

身无刻铭者,而发现的应为与圆雕造像相配的 2 件纪年像座,分别刻有天统四年(568年)张机、张昌兄弟二人造观世音像(图一四),武平七年(576 年)孙文造像(图一五)。另据村民反映 1999 年挖自来水沟时,曾出土有刻铭"大隋"的造像。

　　总之,白龙寺遗址造像,与临朐明道寺、诸城体育场 [1]、青州龙兴寺 [2]、博兴龙华寺 [3] 等寺庙遗址出土的造像颇为相似,其风格特征应属古青州地区北朝佛教造像风格。造像既有小型滑石、石灰石像,也有体量较大的石灰石造像,有雕琢粗陋的下层民众造像,也有精美细腻的大中型石灰石像。早期造像始自北魏末年,主要为背光式三尊像和单尊像,造像以着褒衣博带或双领下垂式佛衣,衣饰厚重为特征。东魏造像出现了较大型的圆雕佛立像,造像头饰低矮的大螺旋发髻,面相方圆丰润。菩萨有的头带高冠,面部亦较方圆丰润。北齐造像多着薄衣显体形佛衣,这种佛衣既不是此前薄衣佛像的重复,也不是东魏佛像衣饰的演变,而是一种新样。宿白先生指出,"我们认为此次北齐佛像的新趋势,大约不是简单的前此出现的薄衣形象的恢复,而与 6 世纪天竺佛像一再直接东传、北齐重视中亚诸胡技艺和天竺僧众,以及北齐对北魏汉化的某种抵制等因素皆有关联" [4]。北齐时期圆雕造像数量较多,但背光式造像仍较发达。这时期的背光上出现了线刻荷莲、人物故事,浮雕佛传故事,内容丰富,雕刻精细。而背光式造像中的镂空透雕像受河北造像影响明显。

　　另外需要指出的是,白龙寺遗址出土的陶质佛像,不仅有白陶,还有灰陶,尤其是造型较大的灰陶莲座,在古青州地区北朝佛教考古中属仅见。就佛座看,如果坐上为陶佛,则陶佛是十分高大的。关于大型陶质佛像,在距其不远的明道寺舍利塔地宫出土的造像中,就有较大的白陶佛脚与头像 [5],由两处寺庙遗址出土造像看,北朝时期在沂山东麓与北麓的寺庙中不仅有小型的模印陶质造像,还应流行一种陶质的大中型圆雕佛造像。就造像风格看,这些陶质造像的年代应为北齐时期。

二　建筑基址的性质、布局、年代

　　小时家庄白龙寺遗址已揭露出来建筑遗迹,其主体建筑布局是中心长方形砖包土台(土台东西长 20、南北宽 15.4、台高 0.8 ～ 1.2 米),和北、东、南、西四面墙体连成的"□"形建筑墙基("□"形北墙东西长 27、南北宽 7 ～ 7.6、"□"形

[1] 杜在忠、韩岗:《山东诸城市佛教石造像》,《考古学报》1995年第2期。

[2] 山东省青州市博物馆:《青州龙兴寺佛教造像窖藏清理简报》,《文物》1998年第2期。

[3] 常叙政、李少南:《山东博兴县出土一批北朝造像》,《文物》1983年第7期。

[4] 宿白:《保利艺术博物馆收藏的北齐佛像》,《保利藏珍》,岭南美术出版社,2000年。

[5] 临朐沂山明道寺出土的陶质造像,有数件为灰白色陶质,就其脚柱与残头像看,其大小应与中等身材的男子相近。

图一四　天统四年张机、张昌造像题记拓片

图一五　武平七年孙文造像题记拓片

西墙长 19 米，"▯"形西墙南端与台子西墙间砖墙东西长 2.8 米，该处遗迹似与长方形台基相连的慢道。台子东头砖墙与"▯"形东墙的大部分砖墙被破坏，从残存遗迹看，其间距与西边相似）。二者的组合所形成的"▭"形的结构（图一六；彩版四一）。从基址内出土的残碎佛造像残块、莲纹瓦当，以及砖墙内充填的残碎佛座（图一七），和结构奇特的建筑基址看，毫无疑问基址性质属佛教建筑无疑。就主体结构本身而言，没有重建的迹象，属一体的建筑布局，但在倒塌上是有先有后的，先塌的是北边的"▯"形的北墙建筑，该处建筑所用瓦当为重叠八莲瓣瓦当，瓦当直径 14.5 ～ 15、长 35、壁厚 1.5 厘米左右（图一八）；板瓦尺寸一般长 36.5、大头宽 30、小头宽 23、厚 2.5 厘米左右，筒瓦长 36、榫长 4.5、宽 15、径高 9 厘米左右（图一九）。出土瓦件尺寸大小差距一般 2 厘米左右。说明从发掘揭露的活动面看"▯"形建筑先坍塌。因台子上的建筑物并未倒塌，且仍然

图一六　白龙寺遗址揭露出的建筑基址全貌

图一七　残佛座

图一八　八莲瓣纹瓦当

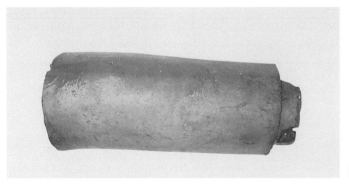

图一九　筒瓦

使用，所以在"▢"形建筑坍塌的废墟上形成了活动面，"▢"形建筑南墙两条暗排水沟之上有明排水沟（图二○；彩版四二）足以说明"▢"形建筑倒塌后，台子上的建筑存在二期使用的情况。简言之，二期使用时，主要建筑仅存台子上的建筑。从"▢"形北墙瓦砾堆积呈较窄长的布局，尤其是墙体齿形花砖砌筑面向南，东西两墙角亦转弯向南的迹象，以及西端砖台上的砖包木柱所留下的柱窝、柱础等情况综合分析（图二一；彩版四三），"▢"形北墙为佛廊的可能性较大，而"▢"形东、西两墙建有廊厦的可能性不大，因为西墙（东墙绝大部分已被破坏掉）在发掘中并未出现如同北墙一样密集的瓦砾分布区，再一点就是东、西两墙距中间距台子不足 3 米，没有北墙距台子后墙达 7 米的间距。综上分析，最大的可能是东、西两墙以及"▢"形布局南端，与中心台子相连的墙体，为"▢"形布局地下部分的院墙（所揭露的建筑基址大部分均在原地表以下）。最令人费解的是中心建筑砖包台子。从砖包台子的位置看，无疑占据着中心地位，相比之下，外围的"▢"形建筑应属陪衬性的附属建筑。从中心位置的台子垒砌之精（图二二；彩版四四），所用砖块之考究，台子周围散落板瓦、筒瓦、瓦当制作较之先塌的"佛廊"规格要大（图二三），所筑砖墙之厚重（砖墙体宽达 0.45 米）看（图二四；彩版四五），砖包台子上应有较重要的建筑，究竟是什么建筑未找到明显的遗迹，但台子上有不规则的成片的人为铺垫的碎石块分布区（图二五；彩版四六），台子上

图二○　暗排水沟上侧的明排水沟

图二一　柱础窝

图二二　垒砌精致的中心台子局部

虽未发现夯筑痕迹，但土质较硬。台子处于整组建筑基址的中心位置，且用砖、瓦尺寸大，制作考究，并有加工细致的残石构件及彩绘过的石灰墙皮出土。从现已掌握的有关考古资料看，中国早期寺庙以佛塔为中心，所谓寺庙，尤其是早期寺庙，有的甚至就是一座大型的佛塔，北魏晚期冯太后所建的洛阳永宁寺，虽仍以佛塔为寺庙的中心建筑，但已出现了相对佛塔而言规模很小的位于佛塔后面的佛殿。从白龙寺遗址出土的造像看，最早的年代为北魏晚期，估计其建筑遗址的年代可能比永

图二三　六瓣大莲瓣纹瓦当

图二四　墙体较宽厚
的砖包台子墙体

图二五　人为铺垫
的碎石块分布区

宁寺（516年）稍晚。在该遗址征集和发掘出土的纪年造像，最早的为北魏末年的孝昌（525～528年）和普泰二年（532年）造像。孝昌年造像虽是残块，但可看出造像原体量较大。早在孝昌年，白龙寺就已经有较大的石造像，估计建筑基址的年代应在北魏末年的孝昌之前。从出土绝大多数瓦当的形制颇似南京钟山南朝坛类建筑遗存中，一号坛出土的I型瓦当看（该坛，简报定为刘宋时期）白龙寺遗址的年代应在北魏晚期[1]。白龙寺佛教建筑布局十分紧凑，整体感强，应为一期所建。与永宁寺布局相比，其佛殿位置，从暴露柱洞、柱窝等遗迹看，应为佛廊。若佛廊成立，客观上讲是合理的，毕竟山野寺庙以佛廊取代佛殿是容易理解的。小时家庄白龙寺建筑遗址暴露的砖包土台，是一长方形的台子（东西长20、南北宽15.4米）。从台子周边散落的板瓦、筒瓦看，台子上有建筑是肯定的。至于什么建筑，因没有找到明显的建筑基址，所以不好说。从永宁寺等已知的寺庙建筑布局看，这一时期的寺庙是以塔为中心的。所以台子上的建筑也许就是木构小佛塔，较小的木质佛塔在建筑基址的处理上比较简单，所以建筑基址也就不太明显，也许原本基址的夯土较薄，在建筑物倒塌后，此处变为农田，较薄的夯筑基址破坏掉了。

北魏孝文帝479年在大同建的思远寺，1976年北京大学调查该寺遗址，"发现遗址的中部有一座东西约30、南北约40米的塔基，塔基的前面正中有台阶；在塔基的上面有一座约十米见方的中心塔柱……在中心塔柱的附近出了一些影塑的佛、菩萨像"[2]。1979～1994年发掘的永宁寺塔"塔基的平面呈方形，有上下两层，下层的台基东西有101、南北98米，使用夯土板筑的技术，厚度可达2.5米以上；在下层的中心部位，筑有2.2米高的上层台基，四面用青砖包砌而成，边长约38.2米"[3]。由上述2座已发掘的大型塔基看，塔基下部的基址都很大，但上部中心塔柱并不很大，思远佛寺的中心塔柱只有10米见方。做为山区小寺的小时家庄寺庙遗址的砖包土台，或许台上亦建有规模很小的佛塔应该不难理解。相比上述塔基，还有一点需要提及的是白龙寺遗址同思远佛寺一样发现了模印小型佛、菩萨像或称白陶脱佛[4]。当然永宁寺和思远佛寺都是有文献记载的皇家大寺庙，北魏中晚期大型寺庙的佛塔有绕塔礼拜的长廊和上塔的慢道。白龙寺台子南边似慢道的砖墙，以及台子北旁出土的风铎又似与塔有关。靠近台子北墙下地面上的柱洞，似说明这里有建筑物的廊厦。"台子"究竟做何用途？是大殿？而后边的"⊏⊐"形是护卫大殿所筑的围墙与长廊？问题是大殿的基址也没有找到。再说，建筑基址的年代为北魏晚期，北魏晚期的皇家寺庙尚以塔为中心建筑，在偏僻的山区不可能以大殿为中心

[1]　南京市文物管理所等：《南京钟山南朝坛类建筑遗存一号坛发掘简报》，《文物》2003年第7期。

[2]　常青：《中国古塔的艺术历程》，陕西人民出版社，1998年。

[3]　常青：《中国古塔的艺术历程》，陕西人民出版社，1998年。

[4]　肖贵田：《白陶佛与脱佛考》，《山东白陶佛教造像》，文物出版社，2011年。

建筑。就已掌握的永宁寺发掘资料看，这时期塔在寺庙建筑的中心地位不容忽视。在皇家寺庙尚以塔为中心建筑的北魏晚期，山区寺庙就以佛殿为建筑的中心似乎更不可能。就一般情况而言，寺庙建筑的大概结构布局的流行应从上流社会向下传播。有学者称"永宁寺塔的考古发掘具有重大意义。首先在寺庙中心设塔，塔后设大殿的做法，取代了以往一塔独秀的局面，表明了佛殿的地位正在上升"[1]。虽然殿的规模很小，但毕竟已有佛殿。佛教自印度传入中国，开始塑像建寺庙供养，"救人一命胜造七级浮屠"其中"浮屠"就是佛塔。佛塔在古代的印度就是坟冢的意思。释迦牟尼去世后其身骨、牙齿等等都是佛的舍利子，而八王分舍利后建坟冢即佛塔供养便成为一种风气，"佛教认为：信徒们如果能够经常性地环绕着佛塔做礼拜，就可以在来世获取无上的功德和福报"[2]。佛教传入中国敬佛拜佛主要体现在建塔和造像上，中国早期的寺庙建筑主要以佛塔为中心，体现的也是作功德敬佛。永宁寺出现佛殿或是便于拜佛或是便于存放数量较多的大佛，佛殿存放供养大佛要比佛塔方便，至隋唐，塔的地位在寺庙中减弱，而佛殿成为主要建筑，可能也是基于存放供养方便的原因。小时家庄佛教建筑基址的年代既然比永宁寺稍晚，在寺庙的结构上，塔的中心地位应不会有大的改变。还有一点就是民间寺庙规模都很小，无财力造塔，佛像就供养在小房子内，这种可能不能说不存在，但是佛塔同样可以造的很小，在永熙二年张令妃造像的背光背面就线刻有在建中的小型佛塔[3]。目前掌握的北魏晚期寺庙考古发掘资料都是规模较大的寺庙。中小型寺庙是否就没有佛塔？在距小时家庄村不远的青州黄楼镇迟家庄村"兴国寺"遗址出土的石羊上，刻有"正始五年造千佛塔"的铭文[4]。经调查兴国寺遗址就范围来说，估计当初的寺庙规模应为中型的寺庙。正始五年（508年）早永宁寺8年，由此可以看出北魏晚期古青州一带的中小型寺庙布局中亦有佛塔。

台子究竟是何建筑基址，有待进一步的研究。总之对所暴露遗迹现象，还没有确凿的证据证实台子上原有佛塔，只是综合而论有佛塔的可能性较大。但不论什么建筑，不论台子上的，还是"□"形的建筑，就所遗留的砌筑精细的墙基，和出土的大量大形板瓦、筒瓦、瓦当、和加工过的大型石块，以及彩绘的石灰墙皮，特别是用红、白等彩精心彩绘，制作精美的瓦当看，当初的建筑应是颇为考究，富丽堂皇的。总之，保存颇为完好的白龙寺佛教建筑基址布局，为我们提供了北魏晚期中小型寺庙遗址结构的重要实物资料。

发掘出土造像较少，分析原因可能有三点，一是毁佛运动后房屋挪做他用，佛

[1] 常青：《中国古塔的艺术历程》，陕西人民出版社，1998年。
[2] 常青：《中国古塔的艺术历程》，陕西人民出版社，1998年。
[3] 《保利藏珍》，岭南美术出版社，2000年。
[4] 青州博物馆编：《青州博物馆》，文物出版社，2003年，第171页。

像被人掩埋于废弃的坑穴之中或弃置河边，1998年村民在河边挖自来水沟时出土了数量较多的造像，二期发掘在遗址西边的探沟内也零星出土了几块造像。二是佛像被毁后，佛教徒将其收拢存放，若干年后，建筑物坍塌，另做它用，发现残碎造像，并将造像碎块移到河边或拆砖留下的墙基坑穴内，或随意丢弃在附近的坑穴中。一期发掘在遗址西南角，就有存放造像的大型坑穴，就坑穴容量而言，应存放相当数量的造像，可惜这些造像绝大部分在1999年被盗掘。三是部分造像可能埋在离遗址较远的坑内，难以寻找。就总的情况来看，这里的造像掩埋方式与青州龙兴寺[1]、诸城体育场[2]、临朐明道寺[3]相似，应该绝大多数集中掩埋在了前述遗址西南角的墙基下面。就出土不多的造像，也可看出其体量之大，雕刻之精不亚于明道寺等寺庙出土的造像。

三　建筑物的倒塌与使用

对建筑物的倒塌年代及毁佛情况，结合暴露的遗迹现象亦在此谈一点粗浅的认识。佛教的发展兴盛，从某种角度上讲，会给统治阶级的统治带来一定的好处，起到精神麻痹的作用，便于社会安定。但由于佛教的泛滥，大量田产被寺庙所占，好多人出家为僧、为尼，致使不少田野荒芜。这样以来严重影响国家的税收，所以，为了发展经济，增强国力就会灭佛。历史上大规模的灭佛运动有四次，分别是北魏武帝拓拔焘、北周武帝宇文邕、唐武宗李炎和后周世宗柴荣。而寺庙建筑物的倒塌与佛教的兴衰、毁佛运动不无关系。从纪年造像看，最早的为北魏晚期孝昌年（525～528年），也就是白龙寺纪年石造像的年代要晚于北魏毁佛年代，所以，白龙寺石造像与第一次毁佛无关。而北周武帝的毁佛年代为北周灭北齐之后（577年）。白龙寺遗址出土的造像，年代也多集中在北魏晚期到北齐时期，而以东魏北齐数量最多。白龙寺造像的第一次被毁应为北周武帝灭佛，此次毁佛规模大，范围广，白龙寺佛像是不会幸免的。经历此次毁佛运动，佛像被毁，但寺庙建筑不一定被毁，据有关文献记载此次毁佛好多佛殿都挪做他用。据村民反映1999年出土的造像有的刻有大隋的铭文。从出土的不带铭文的造像中，有少量有隋代风格的造像看，这里的造像年代较晚的至少为隋。因此，白龙寺佛造像在经历北周毁佛运动后至隋代佛教再次开禁，建筑又被重新使用。隋代虽然提倡佛教，但经历了北周灭佛之后，元气大伤，寺庙已无昔日辉煌，从北边"佛廊"砖墙因砖块风化而在墙缝中填补的

---

[1]　山东省青州市博物馆：《青州龙兴寺佛教造像窖藏清理简报》，《文物》1998年第2期。

[2]　杜在忠、韩岗：《山东诸城市佛教石造像》，《考古学报》1994年第2期。

[3]　临朐县博物馆：《山东临朐明道寺舍利塔地宫佛教造像清理简报》，《文物》2002年第9期。

图二六　唐代莲纹瓦当

许多歪歪斜斜的瓦片，甚至残佛座等情况看，建筑物的使用年限较长。瓦砾下面无佛像碎块，说明建筑倒塌前已不再作"佛廊"使用，或是塌前已将佛像移出。从地层堆积和遗址东南角暗排水沟之上的明排水沟看，"佛廊"倒塌后台子上的建筑仍被继续使用，所以可划分为一期使用和二期使用之别。二期使用时"佛廊"已塌，其坍塌的瓦砾堆积形成活动面。活动面上有唐代、宋代的瓷片等，说明台子上的建筑物存在时间较长。特别是活动面上发现的仅见的几块彩绘唐代瓦当（图二六），说明唐代台子上的建筑仍在维修使用中。唐代大规模的毁佛运动为唐武宗李炎，而白龙寺造像的末次被毁也可能为武宗毁佛。为什么有唐代的瓷片而不见唐代的造像？若末次毁佛为唐武宗时期，从隋到唐武宗李炎有260多年的历史，为什么就没有唐代造像？其原因可能有三点，一是建筑物不再做寺庙使用，所以不可能有唐代的佛像。二是可能与"僻山穷乡的禅僧逐渐向繁华的城镇发展"有关[1]。三是恐怕与大环境，大气候有关，不仅小时家庄遗址，距其不远的沂山明道寺，宋景德元年舍利塔地宫出土的数量颇多的造像中也不见唐代造像，仅有北朝至隋代的造像。即使象青州龙兴寺这样有名的大寺庙，也仅仅出土了数量很少的唐代造像。由此看来唐代虽然是中国历史上第二个佛教繁荣时期，但在寺庙造像方面，在这一地区，已不能与北朝、隋代相比。而造像更多的是摩崖窟龛造像，如距其很近的禅堂崮唐代摩崖造像、临朐城西石门坊唐代天宝年间的摩崖造像群，还有著名的青州云门山唐代摩崖造像石窟群等。既然台子周围倒塌的堆积层中，最晚的有唐代遗物，那么台子上的建筑物自然应为唐代或其以后倒塌。

[1]　刘凤君等：《黄河三角洲佛教造像研究》，山东人民出版社，2003年，第240页。

四 其他与寺庙相关的遗迹

古代寺庙不仅要有佛殿，还应有与之配套的僧房，炊事厨房等配套建筑物遗迹。此次发掘在"▢"形布局的西北角，发现了东西长5.04、南北宽4.32米，地面被烧烤成橙红色的房屋基址。从砌垒较粗糙的墙基等情况看，可能与炊事厨房有关。关于僧房、山门等或因破坏严重，或因土筑坯房墙基较浅容易破坏，或是仅用探铲不好确认等原因，最终没有找到。

在"▢"形建筑的北边还发现了一条东西向，深1.7、宽9米的壕沟，壕沟与台子之间还有碎石堆筑带。但令人意外的是沟内除一点草木灰外，没有发现任何遗物，因此对确定壕沟的年代、性质带来了困难，从壕沟形成的迹象看又非自然形成，系人为所致，尤其在山区，东西向山脊的南坡自然形成东西向壕沟是不可能的。到底壕沟与寺庙是什么关系，若从防水角度看，位于山前坡地上的寺庙，壕沟的防水作用不可小视。是偶然巧合？似不太可能。是早期遗迹？尽管这里有周代遗址，但沟内亦无周代遗物。是否建筑基址的周边也有壕沟，未作进一步的钻探与发掘。寺庙周围有壕沟，在这一时期的寺庙中并非没有，如洛阳永宁寺就有壕沟。白龙寺建筑基址发现的壕沟虽无标本证据确定其时代，但可以说应与寺庙建筑的防水、排水有关。

与寺庙建筑基址有关的遗迹，还有遗址东部所发现的2个窑址（图二七；彩版

图二七 陶窑

四七），2 个窑址均在地表以下 1.2 米深处，陶窑为在生土中掏挖而成，2 窑均为南侧略成弧边的正方形。东侧陶窑窑室东西长 2.89、南北宽 3 米。西侧陶窑东西长 3.01、南北宽 2.87 米。从 2 个砖瓦窑炉膛内和其周围出土的砖瓦，与寺庙遗址出土的砖瓦大小形制一致看，遗址建筑物的砖瓦应为该窑所烧制。

北朝时期，尤其是东魏北齐时期，佛教信仰兴盛，北齐国佛寺达 4 万余所，造像之风盛行。临朐处在古青州地区的中心区域，"青州"被誉为"东魏、北齐的霸业所在王命是基"，这里经济发达，文化繁荣，佛教兴盛，寺庙林立。近年来不断有佛像出土，已引起不少专家学者的关注，有关造像研究成果颇丰。但对这时期的寺庙结构布局，既缺少文献记载又缺少考古发掘资料。对古青州地区而言除白龙寺寺庙遗址外，尚未正式发掘一处寺庙遗址。小时家庄寺庙遗址又地处山区，对研究山区中小型寺庙的结构布局等有着特殊的意义。寺庙建筑基址虽局部遭到破坏，但总的保护情况较好，发掘出土的建筑基址结构奇特，主体建筑"砖包台子"及其上面的建筑物虽有待进一步研究与确认，但"▯"形的主体建筑布局，却为我们提供了北朝时期古青州地区中小型寺庙主体结构的重要实物资料。

本文在写作过程中由中国社会科学院世界宗教研究所张总先生悉心指导，在此谨致谢意。

烟台严因寺遗址寺院格局及演变研究

吕　凯　陈永婷　朱　超★

严因寺遗址位于今山东省烟台市芝罘区黄务街道办事处南部，坐落于外夹河以北、两山之间的一处台地上。据遗址地面现存的明宣德六年（1431 年）《重建严因寺碑》载，此处唐代贞观初年便建立佛教道场，名"严因禅寺"。其后多次毁于战火，历宋代、明代多次修整重建，至新中国成立后寺院尚存，且有僧侣居住。后来寺院逐步被拆毁，目前遗址已无地面建筑存留。

2011 年，为配合青（岛）—荣（成）城际铁路施工，经国家文物局批准，山东省文物考古研究所联合烟台市博物馆对铁路路基占压部分进行了考古发掘。发掘区依路基方向分布，涉及遗址中、东部面积约 2600 平方米，发掘时间 6 个月，取得了一系列重要收获：揭露并清理大量遗迹，包括塔基及地宫 1 座、房址 19 座、墓葬 1 座、道路 3 条、排水沟 2 条、灰坑 4 座及石灰池 2 座（图一～三；彩版四八、四九）。出土大量遗物，包括陶器、瓷器、石刻、造像、建筑构件及铜钱。报告中依据堆积层位划分及遗迹叠压打破关系，将主要建筑遗存分为三期。本文试将三期寺院建筑格局进行复原，对每期主要建筑性质进行推测，并结合文献资料对寺院格局演变及相关问题进行探讨。

一　建筑遗存概况

1. 第一期建筑遗存

主要由遗址南部的塔基、地宫和塔基四面的房址组成。塔基下部以三合土夯筑而成，质地密实坚硬。夯土塔基上建有砖塔，现存塔身底部砌砖 1 ～ 10 层不等，平面呈八角形，边长 5.20、最大对角线长 13.50 米，以青砖错缝平砌，细黏土粘合。塔身外围发现塔座，亦呈八角形，南面有伸出的通道，塔座边缘砌砖一圈，砖与塔身间以红色黏土填筑。

★ 吕凯、陈永婷、朱超：山东省文物考古研究院。

图一　烟台严因寺遗址发掘区全景
（由北向南拍摄）

图二　烟台严因寺遗址发掘区全景
（由南向北拍摄）

地宫位于塔基底部中央位置，由宫室、甬道和竖井式入口组成。发掘前地宫已被破坏，顶部结构不详。宫室呈八角形，室壁由角部石柱与石壁板搭建而成。宫室地面破坏殆尽，从西壁底部残砖可知原铺砌有方砖数层。甬道位于宫室南侧，壁面以石板构筑，顶部"人"字形，由两块石板搭成。甬道南端有青砖砌筑的竖井式入口，据村民介绍入口处原盖有石板，现已不存。

塔基东、西、南、北四面均发现房址，皆仅存底部基础部分。西侧房址 F12 保存相对较好，房基平面呈南北向长方形，长 11.20、宽 8.90、残高 0.60 米，边缘为青砖单排错缝平砌台明，台明残存 1～5 层不等。其西南、东南、东北角各夹筑一个角柱石础，西北角柱础缺失。台明内部填筑含大量砖瓦残块的渣土，填土硬实但未夯筑。房基面以上残留房址西墙墙基，墙基宽 0.54、南北残长 8.72、残高 0.20 米。墙基外部以青砖单排错缝平砌，内部填充碎砖瓦残块，墙内现残存 3 个石柱础，柱础间距 3.60 米左右，形制相同，均为方座、圆形，饰覆莲纹，直径约 0.52 米。根据柱础位置分析该房址面阔三间。基址外围仅东侧发现青砖竖向铺设的散水，宽约 0.38 米。散水中部留有向东门道，正对塔基中心。塔基东侧、南侧、北侧各发现房址一处，分别命名 F17、F18 和 F19，皆保存较差，且由于征地面积所限，未能完整揭露，形制和规模均不清晰。但从已发掘部分来看，这 3 座房址与塔基和塔基西侧的 F12 为同一层位，保留砖砌结构方向也与 F12 一致，且 F12 与北侧的 F19 砖砌台明相连，说明了建筑之间可能有廊道连通，应属同一组建筑。

2. 第二期建筑遗存

第二期遗存主要位于发掘区北区，由房址、道路和排水沟组成，主要建筑方向接近正南北向。可知其规模的房址两处，概况如下：

（1）F15

位于塔基北侧，叠压第一期房址 F19，仅存房基最底层砌砖，平面呈东西向长方形，房基长 9.58、宽 6.75 米。

（2）F16

位于 F15 以北，房基呈长方形，保存较差，仅余东北角基石及北墙最下层部分砖砌，西部为一条南北向的排水沟（G1），由房基东部砌砖至 G1 距离为 11.30 米，可知 F16 面阔应小于此数。F16 南部被 G2 打破，其南为道路 L2，L2 应为由 F15 通向 F16 的甬路。由房基北部砌砖至 L2 北端距离为 8.40 米，可知 F16 进深小于此数。

除 2 座房址外，还存留房址垫土两块，分别依其在发掘区中的位置命名为"南部垫土"和"中部垫土台"，道路 L4 连接两块垫土。"南部垫土"即 F16 的房基垫土。"中部垫土台"在南部垫土正北，以纯净红土铺垫，土质致密但未夯打，垫土台南缘以石块围砌，由于未做完整揭露，其西部边界不清楚。

3. 第三期建筑遗存

第三期遗存分布较第二期偏北，多打破或叠压第二期遗存，两期建筑方向存在较大差异，相差角度约 45°。第三期主要建筑墙基均用石块砌筑，保存相对较好，其间还发现了院墙，报告中分为 3 个院落进行了介绍。

（1）第一院落

位于发掘区北区中部，在 3 个院落中位于最南部。现存房址 4 座，分别是 F13、F9、F10、F11。F13 位于最东南部，平面长方形，朝向东南，长 9.80、宽 5.70 米，墙体不存，仅余石砌墙基，基宽 0.65 ～ 0.78 米。F9 位于 F13 以北，平面长方形，朝向西南，长 8.25、宽 3.90 米，墙体不存，仅余石砌墙基和基槽，有纵向的基槽一道将房址内部平分为两间，外墙基宽 0.55 ～ 0.72、隔墙基槽宽约 0.70 米。F10 与 F9 对称分布，形状、大小相近，朝向东北，长 8.32、宽 4.15 米，仅余石砌墙基和基槽，基宽 0.54 ～ 0.69、基槽深约 0.10 米。F11 位于发掘区内本院落最西北部，平面长方形，朝向东南，由于大部分在发掘区外未揭露，尺寸不详，仅余砖砌墙基，基宽 0.75 ～ 0.8 米。F11 外发现砖铺地面 1 处，应为其门前地面。

（2）第二院落

位于发掘区中部偏北，在 3 个院落中处于中间位置。现存房址 4 座，由东南向西北分别为 F4、F1、F2、F5。F4 平面长方形，朝向东南，长 14.45、宽 4.45 ～ 4.75 米，内部有墙基、基槽各一道将房址分为三间，墙体不存，仅余基槽和石砌墙基，外墙基宽 0.70 ～ 0.90、隔墙基宽约 0.70 米。F1 平面长方形，朝向东北，长 5.20、宽 3.35 米，仅存石砌墙基，宽 0.60 ～ 0.80 米，通过一垂直墙基与 F2 相连接。F2 平面长方形，朝向西南，长 8.00、宽 3.65 米，仅存石砌墙基，宽 0.60 ～ 0.80 米。F5 平面长方形，朝向东南，长 14.45、宽 5.20 米，有隔墙一道将内部等分为两部分，仅余石砌墙基和基槽，外墙基宽 0.78 ～ 0.90、隔墙基宽约 0.65 米。

（3）第三院落

位于发掘区北部，面积明显小于前两个院落，现存房址 3 座，分别是 F3、F7 和 F8。F3 紧靠 F2 后墙，平面长方形，朝向东北，长 3.85、宽 2.90 米，仅余部分墙基及基槽，基宽约 0.50 米，房基内部地面以不规则石块和石板铺砌，中部略下凹。F7 平面长方形，朝向东南，长 8.40、宽 4.15 ～ 4.25 米，墙基宽约 0.70 米。F8 平面长方形，朝向西南，长 7.85、宽 3.50 米，仅余石砌墙基，基宽 0.55 ～ 0.70 米。

二 各期寺院格局及主要建筑性质分析

1.第一期寺院

综合发掘资料分析，笔者认为位于南区的第一期建筑符合"塔院式"布局特点：塔位于院落中心，周围分布殿堂建筑。通过发掘可以确定，西侧建筑 F12 是面向塔的，东、南、北三座建筑虽因保存状况差未能明确门道朝向，但建造年代和建造方式与 F12 基本一致，且以塔为中心对称分布，显然经过规划，应该也属于"塔院"的组成部分（图四）。

关于第一期寺院的始建年代，报告依据与塔基、房址同一层位的灰坑出土的遗物，判断为北宋时期。据宣德六年《重建严因寺碑》载，宋代"真宗天禧年神宗熙宁年间，有洪名禅师，复建阿育王舍利宝塔一座"；另据《增修登州府志》《福山县志稿》载，严因寺为"宋天禧四年僧福兴建"[1]，考古发现的第一期建筑，应该正是以"阿育王舍利宝塔"为中心规划兴建的。早期的佛寺布局多为"塔院式"，即以塔为中心，其他殿阁分列前后左右，组成庭院。自佛教传入中国至南北朝，均以此种布局为主流，"自南北朝后期起，佛殿建筑和布局即日趋宫殿化，除少数寺沿袭传统仍以塔为中心……大部分均以殿为主体"[2]，第一期寺院年代推定为北宋，此时虽然总体来看"塔院式"布局已不流行，但以塔为主体的寺院仍然存在，如北宋初年汴梁左街护国禅院、庆历五年（1045年）修建的浙江龙游县舍利塔院等[3]。本次发现的北宋建筑仅限于这一处"塔院"，塔院之外发掘区内没有发现确定的宋代建筑基址。宣德六年碑上记载"洪明禅师复建阿育王舍利宝塔一座"，提及塔而未言寺，可知北宋重建大概以塔为主。由此可以推测第一期建筑可能是一处以塔为中心、呈"向心型"布局的寺院。

据宣德六年《重修严因寺碑》载："唐太宗贞观初年建立道场，榜曰严因禅寺"，可知唐初此处便建立佛教寺院。塔基西侧房基砌砖中发现"手印砖"残块，这种砖多见于唐代建筑遗址中，如大明宫含元殿、华清宫汤池、节愍太子墓等[4]，是一种时代特征鲜明的遗物，唐代寺庙如西安青龙寺遗址也有发现[5]，有学者认为手印砖流行表明"唐代对工匠管理之严""是一种责任制"[6]。手印砖的出土可证明遗址曾存在唐代建筑，但北宋严因寺是否是在唐寺基础上重建并沿袭唐寺格局则尚不能确定。目前已知的唐代塔除极少数例外，平面均为正方形[7]，第一期建筑遗存中的塔基、地宫均为八角形，基本可确定是晚于唐代的形制，没有发现唐塔存在的证据。至于唐代"贞观初年建立道场"是否有塔、其格局又是怎样，由于缺乏实证材料，目前无法下结论。

2. 第二期寺院

第二期主要建筑位于一条南北向中轴线上，主体院落沿纵深方向延展，呈现出

[1] 许钟璐等督修：《福山县志稿》，成文出版社，1931年。（清）贾瑚等修：《增修登州府志》清光绪七年（1881年）刻本。

[2] 傅熹年：《中国科学技术史·建筑卷》，科学出版社，2008年，第292页。

[3] 王贵祥：《两宋佛教寺院空间格局与建筑配置概说》，《中国建筑史汇刊（第十二辑）》，清华大学出版社，2015年。

[4] 鹿习健：《小议西安出土的唐代手印纹砖》，《砖瓦》2016年第6期。

[5] 中国社会科学院考古所西安唐城队：《唐长安青龙寺遗址》，《考古学报》1989年第2期。

[6] 田玉娥：《洛阳唐砖浅议》，《河南科技大学学报（社会科学版）》2005年第4期。

[7] 刘敦桢：《中国古代建筑史（第二版）》，中国建筑工业出版社，1984年，第138页。

以殿阁为主体的格局。据《重建严因寺碑》碑阴"殿塔之目"所示，宣德六年由僧人进衍主持重修的严因寺以南、北塔为两端，主要建筑皆在中轴线上，由南至北依次为"释迦如来舍利宝塔""山门""天王殿""大雄宝殿""千佛宝殿""诸佛舍利宝塔"。第二期建筑遗存中的 F15、F16 与"中部垫土"在一条轴线上，轴线向南延伸，亦穿过第一期塔基地宫中心，向北延伸又能经过发掘区以外的另一座塔基地宫，符合"殿塔之目"展现的格局。发掘出土的《重建严因寺碑》龟趺碑座应未经移动，朝向与第二期建筑一致，亦可为佐证。

　　中轴线上的 F15—F16—"中部垫土台"构成了寺庙中轴线上的主要内容，是宣德六年重修的主要建筑。F15 是本期最南部的一座房址，规模小于其他建筑，应是寺院山门。F16 位于其正后方，之间以甬道相连，规模略大于 F15，龟趺位于房址前方东侧，说明《重建严因寺碑》原位置正在这里，F16 应该对应天王殿。"中部垫土台"与 F16 之间也有甬路相通，由于征地面积所限未做完全揭露，且遭到严重破坏，没有可确定的房址，但由垫土台的面积可以推测，其上建筑规模应不小于 F16，而且地势在此骤然抬高，应与全寺院最主要的殿堂"大雄宝殿"相对应（图五）。发掘区东部发现多处同期的零散墙基，应是不同院落之间的院墙及部分遭到破坏的房址基础。据"殿塔之目"所示，天王殿东西两厢分别有伽蓝殿、祖师殿，大雄宝殿东西两厢分别有地藏宝殿、弥陀宝殿等配殿。其中祖师殿"是寺院僧团对于自己所属宗系之创始人、或前辈高僧的一种礼祀性、纪念性殿堂"[1]，《重建严因寺碑》碑阴刻有"沩仰宗派之图"，推测殿内应供奉禅宗祖师。主院落外侧尚有"香积之厨""选佛之场"以及僧房等附属建筑，这些建筑大部分在发掘区以外，在发掘区内的也遭严重破坏，其布局已无法复原。

　　整体来看，第二期建筑遗存符合明宣德六年《重建严因寺碑》殿塔图像所示的寺院格局，呈现典型的"殿阁式"布局特征。寺院坐北朝南，格局规整，但因位于小山东坡之上，地势西北高东南低，殿阁建筑也呈现高低错落的分布态势。"释迦如来舍利宝塔"与"诸佛舍利宝塔"双塔一南一北，均位于寺院主体院落之外。山门以南的"释迦如来舍利宝塔"，其位置正与第一期建筑中的塔基对应，碑刻上未见"塔院"格局，塔基周围也未发现第二期建筑遗存，可见此时塔周围可能已无附属建筑，孤立于寺庙之外了。建于北宋的"阿育王舍利宝塔"，据碑文载"历辽金至元季至正年间兵革悉平"，遭到毁灭性破坏。但破坏当主要限于地面以上的塔身部分，明代应利用了原塔基并重修了塔身，故考古发掘中塔基未见第二期修整迹象。报告中提到"在紧贴塔身正北边中间位置处发现一东西向长方形砖砌台基，台基东西两侧各有一个台阶，残存两级，根据其所处位置推测，此台基应通向塔门。与塔

　　[1]　王贵祥：《中国汉传佛教建筑史——佛寺的建造、分布与寺院格局、建筑类型及其变迁》，清华大学出版社，2016 年，第 1387 页。

身不同的是，台基所用粘合材料为白灰，并且台基与塔身不为一体，年代较塔身晚"[1]。台基为增建，位于塔北，正面对第二期山门，建造年代应与第二期寺院其他建筑大致同时。重建后的佛塔应正如《重建严因寺碑》所载，已改名为"释迦如来舍利宝塔"了。

3. 第三期寺院

第三期建筑依山坡走势，主要建筑由东南向西北排列，入寺门即拾级而上。第一院落宽度最宽，位于最南部，主要建筑中 F12 为独立分布，F9 与 F10 对称纵向分布，F11 门前保存有砖铺地面，虽未做完整揭露，但根据勘探情况，应是一处体量较大的建筑。3 个院落中，第一院落最有可能是本期寺院的主要院落，以 F12—F11 为中轴线。F12 位于轴线南端，体量较小，应为寺院山门或天王殿，明代天王殿出现后，有将天王殿和山门合为一体的做法，"使天王殿同时具有山门的门径作用与护法功能"[2]。F9、F10 分列两厢，应为主殿前的东西配殿。F11 地势高，体量大，其山墙与院墙相连，面阔在本院落中最大，可能对应最主要殿堂即大雄宝殿。第二院落为"合院式"格局，南北两座房址 F4、F5 面阔较宽而进深较浅，且内部均发现隔墙，并不符合讲求礼仪性的殿堂建筑形制，应该是僧房或库房等与僧众生活相关的建筑。F1、F2 分列两厢，进深相近而 F1 面阔较窄，其北部院落空间与 F11 前的砖铺地面对应，表明院落入口位于此处。第三院落相对窄小，亦为合院格局，由北部的 F7 和两厢相对的 F3 与 F8 组成，与第二院落情况类似，本院落房址进深也较浅，应该也属于强调实用功能的建筑，其中 F3 最为窄小，底部铺有石板，房址内堆积呈深灰绿色，可能为厕所或积肥设施（图六）。

第三期寺院在方向和布局上完全没有承袭第二期，可以认为是一次较为彻底的重建。除中轴线上的主要建筑外，次要建筑规模均较小。这种主次分明的特征，体现出强调礼制秩序的色彩，有学者认为反映了明代"佛教的寺院建筑更加官方化"[3]。同时，次要院落的房屋布局呈封闭的"合院"，接近当时本地的民居，呈现更加实用化、生活化的特点。

关于第三期寺院的建造年代，遗址中没有发现直接的纪年材料，报告依据文献线索推测为万历三十八年（1610 年）。据清光绪重修《福山县志稿》记载，明宣德六年严因寺重修后，福山县境内屡次遭受地震，尤其是万历三十二年（1604 年）、三十三年（1605 年）、三十七年（1609 年）均遭遇严重地震，其中万历三十七年"春

---

[1]　山东省文物考古研究所：《烟台市严因寺遗址发掘报告》，《海岱考古（第七辑）》，科学出版社，2014 年。

[2]　王贵祥：《中国汉传佛教建筑史——佛寺的建造、分布与寺院格局、建筑类型及其变迁》，清华大学出版社，2016 年，第 2049 页。

[3]　李莹：《汉传佛教寺院建筑风格的演变》，《中国宗教》2017 年第 6 期。

二月福山地震如雷七月复震"，自其后则未再见到如此频繁地震的记载。《福山县志稿》"寺观古迹"部分载"严因寺今名朱菴寺，在县东南二十五里"，而"金石存目"中，记录与严因寺及朱菴寺相关的碑刻有三例，分别为"严因寺记石"（在县城东南二十五里朱菴寺，永乐十一年）、"重建严因寺碑"（在朱菴寺，宣德六年）和"重修朱菴寺碑记"（万历三十八年立）。笔者推测宣德六年重建的严因寺很有可能在万历年间的地震中严重损毁，遗址上发现的第三期建筑可能正是在万历三十八年重修的"朱菴寺"。至于寺院名称，万历三十八年的碑记既名"重修"，则有可能在其之前"严因寺"便已改名"朱菴寺"。明万历三十八年以后至清代，《登州府志》《福山县志稿》均未见有关朱菴寺重建、重修或其他活动的记载，而同属福山县的"金堆寺""岭嬷寺"等却多有提及，由此看来此时的朱菴寺在当地寺院中的重要程度和影响力已较低，这一点也正与考古发现的寺院规模相对应。

三　结语

笔者认为严因寺遗址三期寺院建造年代分别为北宋时期、明代宣德年间和明代万历年间，寺院格局经历了由佛塔为中心的"塔院式"向心型，到殿阁沿中轴线布局的纵深型，再到仍拥有中轴线但布局向两翼扩展，各院落封闭性加强的合院型（图七）。三期寺院格局的变化历程正反映出中国汉传佛教寺院发展演变的整体脉络。北宋时期的"塔院"殿堂规模较大，且墙基、台明砌筑均较规整，用砖多为整砖，体现了较高的建造规格；明代以后佛教"出现了一个相对比较平稳、迟滞的发展态势"[1]，体现在两期寺院中：宣德六年重建严因寺虽有"焕然革故""璨然鼎新"的描述，但据考古发现，其建筑墙基大量使用碎砖块垒砌，殿堂规模与北宋时期相比多显窄小，万历时期重建的朱菴寺无论整体规模还是单体建筑更是紧凑窄小，正体现了明代以来普通寺院在建筑规模和空间格局上显示出衰落的趋势。

宣德六年《重建严因寺碑》碑阴刻有"沩仰宗派之图"，可知严因寺所奉为禅宗"五家七宗"之一的沩仰宗，其法脉为"□善福慧，净德进广，常普明义，智道宗至"，碑文记"有住山沙门德妙者始营重建，谋为未得。有兹比丘僧讳进衍者……遂落彩敬礼住山德妙者师焉。"可知谋划重建的僧人德妙与主持重建的进衍为师徒关系，其辈分正符合宗派图所记。沩仰宗得名于其开创者沩山灵佑（771～853年）和仰山慧寂（814～890年），自唐代后期创立，兴盛于晚唐五代，传五世之后，

---

　　[1]　王贵祥：《中国汉传佛教建筑史——佛寺的建造、分布与寺院格局、建筑类型及其变迁》，清华大学出版社，2016年，第1778页。

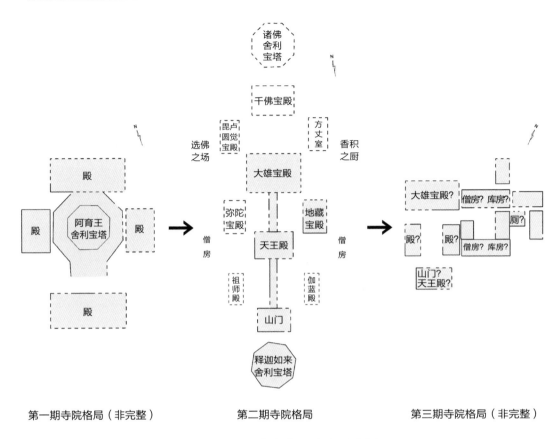

第一期寺院格局（非完整） 第二期寺院格局 第三期寺院格局（非完整）

图七 三期寺院格局演变示意图

法脉不盛，一般认"至北宋初年而衰亡"[1]，其代表性寺院分布主要集中于湖南、江西一带[2]，作为其起源地的宁乡密印寺，虽一直延续至近现代，但自沩仰宗衰落后，亦"逐渐演变为临济宗寺院"[3]。按宗派之图，宣德六年进衍重建严因寺之前，还有六世禅师，自一世至七世进衍，应该历经百余年，可以推测沩仰宗传自此地的时间为金元时期。北宋以后沩仰宗作为独立宗派虽不存在，但其"接引手法、机缘语录等广为后人参用"[4]，实际上可以说宗风尚存。严因寺作为一座位于山东半岛北部、至明代仍传奉沩仰宗的寺院，对于佛教禅宗发展史研究有着重要的意义。

[1] 赖永海主编：《中国佛教通史（第七卷）》，江苏人民出版社，2010年，第284页。
[2] 党蓉：《禅宗各宗派及其重要寺庙布局发展演变初探》，北京工业大学2015年硕士论文，第102页。
[3] 戒圆：《沩山密印寺史略》，《法音》1982年第6期。
[4] 党蓉：《禅宗各宗派及其重要寺庙布局发展演变初探》，北京工业大学2015年硕士论文，第102页。

青州龙兴寺遗址出土佛造像相关研究与利用探讨

周麟麟　王瑞霞 ★

青州龙兴寺遗址位于青州城西部，由南朝宋刘善明舍宅而建，始建年代不详，南朝宋元嘉二年（425 年）称为佛堂，此后不断改换名称，唐开元年间得名龙兴寺，明初寺院被毁，是一处延续近千余年的著名佛教寺院（图一）。

图一　龙兴寺遗址

近三十年来龙兴寺遗址共有三次重要发现。

第一次，1987 年在今青州范公亭西路与驼山路交叉口，出土北齐时期佛、菩萨造像各 1 件。造像高在 1 米左右，雕刻手法简单，贴金彩绘工艺精湛[1]。

第二次，1996 年发掘了位于寺院遗址北部一个东西长 8.7、南北宽 6.8、深 3.5 米的窖藏坑。共出土各类材质造像 600 余尊，其中以北魏末到东魏时期的高浮雕背

★ 周麟麟、王瑞霞：青州市博物馆。

[1] 夏名采、刘华国、杨华胜：《山东青州出土两件北朝彩绘石造像》，《文物》1997年第2期，第80、81页。

屏式造像和北齐时期的圆雕造像最具特色，被评为"1996 年全国考古十大新发现"（图二；彩版五〇）。

第三次，1998 年在今博物馆南展厅西侧两口古井内出土 11 件造像残件和一些瓷器碎片。此后又陆续在遗址内发现石雕龙柱、瓦当、鸱尾、石座残件等建筑构件，这些都从另一个方面反映出龙兴寺规模的宏伟。

出土的这三批造像既能代表古青州地区造像特有的艺术风格，又反映了青州地区高超的雕造技艺。为研究中国佛教美术史，佛教在中国的传播及雕塑、绘画艺术的发展提供了珍贵资料。总之，这批文物蕴含了极为有价值的信息。

如何准确采集并保存这批佛像的数字化数据？如何利用数据中蕴含的信息？数字化数据还能为哪些领域提供服务？这都是需要长期探讨的问题。近年来青州市博物馆与多家科研院所合作，将数字技术、科技分析等手段运用到文物保护中，并探索性将取得的成果应用到其他领域。

一　使用多种记录手段结合的全息记录方式

青州造像雕刻细腻，工艺复杂，彩绘与雕刻并用，圆雕、透雕、高浮雕、浅浮雕、平雕、线刻，多种雕刻手法并存。这些塑造手段的应用，充分展示了青州造像富丽

1.龙兴寺窖藏出土东魏菩萨像

2.龙兴寺窖藏出土东魏三尊像

图二

堂皇又温婉细腻的艺术风格。面对这些精美艺术品，如何准确完整的记录承载的各种信息成了一大难题。同时，造像上残存的贴金彩绘，虽经过保护，仍不能完全解决日渐变色和脱落的情况，迫切需要尽早进行全息记录。

　　自 2013 年始，青州市博物馆联合浙江大学文化遗产研究院组成由数字技术、考古、文物保护、艺术史研究等多学科专业人员参与的工作团队，并摸索出一套相对高效的全息数据记录模式[1]。首先使用浙江大学自主研发的多图像三维重建技术结合三维激光扫描技术进行数据采集，涉及造像雕凿、装銮等复杂信息的关键部位再补充高清图版拍摄，同时进行人工文字记录。目前已经对百件造像进行了数字化采集，每件造像都得到高清图片、多图像三维重建模型、三维激光扫描模型和纹理映射模型四种数据（图三；彩版五一）。

1.高清照片　　　2.多图像三维重建模型　　　3.三维激光扫描模型　　　4.纹理映射模型

图三

　　四种数据各有特点，需互相补充不可缺少。激光三维扫描和多图像三维重建技术虽同属于三维扫描，采集的数据却不尽相同。激光扫描的结果为没有色彩的素模，而多图像三维重建技术采集的数据为彩色。需要对每件造像至少拍摄三四百张照片，再经过计算机软件处理成彩色模型，与素模最终结合形成高精度纹理映射三维模型。纹理映射模型是由多图像和三维激光扫描结合得出的最终结果，数据更加精准。

　　[1] 李志荣、王瑞霞、周麟麟、付卫杰：《一凿一磨皆菩提——青州龙兴寺L0139造像记录中的新方法和新发现》，《敦煌研究》2015年第4期，第115～120页。

　　将龙兴寺遗址出土 24 号菩萨像身前裙带的高清图版、多图像三维重建模型和纹理映射模型进行对比。可以明显看出彩绘表现效果方面，纹理映射模型较其他两种更加真实（图四；彩版五二）。

　　在表现阴线刻纹时，高质量的素模可以屏蔽色彩的干扰。将 L0052 东魏三尊像背部的细部阴刻线细节放大后，可以看出素模的表现效果更加清晰，对阴线刻的体现方面素模有独特优势（图五；彩版五三）。

　　如需重点表现病变、彩绘贴金等细节，高清图版则必不可少。通过灵活的用光比如平光和测光会达到完全不同效果（图六；彩版五四）。只有将各种数据互相补充结合，再加上文字记录才能得出相对完整的文物信息。

　　通过上述工作，我们发现数字化技术是全面、高效记录文物信息的手段之一，目前的数字化技术已基本达到了文物消失后再重建的目标。在数字记录的过程，也完成了我们对文物深度观察。在这一过程中，我们完成了对造像营造方式、装銮方式的进一步认知。只有多种记录手段共同结合才能达到全息记录目标。同时还为今后佛像研究、佛像全景展示、虚拟展示、虚拟修复提供了数据基础，也为各种文创产品的研发提供了足够的数据。近期在青岛展出的云冈石窟第三窟复制品，就是使用相同方式采集数据后使用 3D 打印技术制作的，收到了良好的社会反响。

 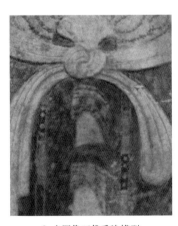 

1.高清图版　　　　　　2.多图像三维重建模型　　　　图四　3.纹理映射模型

图四

二　科技分析研究是文物保护和利用的基础

　　2012 年始，青州博物馆联合中国文化遗产研究院、北京科技大学从胎体材质、颜料结构、胶结材料、施金工艺、彩绘重装等方面对佛像进行科学分析研究。

　　胎体分析方面分别进行了薄片偏光、X 射线衍射对石质的孔隙率、渗透率、密

1.三尊像局部照片　　　　　　　2.三尊像局部素模

图五

图六　片状翘起与剥落平光侧光效果对比

度等方面的分析。分析后发现龙兴寺造像采用的灰岩为含菱铁矿、生物碎屑、白云石的泥晶灰岩，硬度和密度适合雕刻，不易受到侵蚀[1]。

彩绘分析方面从表面观察入手，主要进行了成份分析、断面分析和物相分析。采用无损便携式 XRF 检测分析，得知造像上颜料均为矿物颜料，红色为朱砂，蓝色为青金石，绿色为石绿，肉色可能为朱砂与铅白调色而成，是否存在铅丹、雄黄等需进一步检测，黑色为墨。

佛造像上还有大量装饰用的贴金，经检测金箔纯度较高。目前发现的施工工艺有先上白色地子施金、刷金胶后施金和使用朱砂作为底层后施金三种方式（图七；彩版五五）[2]。

古人施彩时使用胶结物将矿物颜料调和再涂刷到造像上，胶结物含量甚微，和

[1]　李倩倩、杨中奎、高山、魏书亚、马清林：《山东青州龙兴寺部分北齐佛造像石材及朱砂颜料分析研究》，《文物保护与考古科学》2017年第2期，第55～61页。

[2]　李倩倩：《山东青州龙兴寺佛造像彩绘材料研究》，北京科技大学硕士论文2017年。

1.白色地子施金　　　　　　2.朱砂做底施金　　　　　　3.刷金胶后施金

图七

颜料处于混合状态，又经长时间的老化，检测工作难度很大。经过多次实验分析，发现龙兴寺佛像上的胶结材料应为鸡蛋，同时还发现了微量的松香树脂。

三　数字技术在文物虚拟复原中的应用

在文物三维数据基础上，可以进一步开展虚拟复原工作。现存的龙兴寺造像皆残缺不全，考虑到最小干预性原则，尽量减少在文物本体上的操作，同时又能让观众看到造像原物时，穿越时空般欣赏到佛造像最初雕造时的容貌和神采。2016 年青州市博物馆尝试着在不干扰原物的情况下对龙兴寺遗址出土 23、24 号造像进行了虚拟复原，工作分形状复原和色彩重建两个步骤进行的 [1]。

以 24 号菩萨像为例，造像出土时颈部断裂，头饰、右手指、肩部饰物残缺。菩萨头饰的虚拟复原相对简单，几乎是对称的几何图形，可以根据残留部分复原出原形。菩萨肩部的饰物参考同时期菩萨像肩上饰物作为依据。首先确定为圆形，再从 24 号菩萨肩部和下垂冠带残留痕迹判断它的大小。菩萨像右手虽自手掌处断裂，仍可以看出掌心中握有一物体，那这个物体具体是什么？复原工作不能臆造。在将龙兴寺窖藏中单体菩萨像和三尊像中胁侍菩萨手势进行统计后，确认这种手势基本都是手持莲蕾。再根据左手掌手指长短，确定右手式样，最终制作出 24 号菩萨像的完整素模（图八；彩版五六）。

复原出完整的形状后再进行色彩重建，开展色彩重建工作，首先弄清楚造像上的图案构成，再确定相应的彩绘色度。由于地下长久埋藏，大部分造像的彩绘已失去原色，不能作为复原依据。在科技分析确定彩绘矿物颜料成分的基础上，再进一步测量文物实物彩绘颗粒度大小。依据分析结果，将各种矿物进行加工，研磨成与实物上颜料颗粒大小相近的粉末。调和上检测出的胶结材料，再从彩绘的颜料类别、颜料颗粒度、制作技艺和设色技法等多方面综合分析后，选择矿物原料研磨成相近

[1]　周麟麟、高山、李倩倩、魏书亚、马清林：《山东青州龙兴寺遗址出土佛造像的色彩重建研究——以23号北齐佛立像为例》，《中国文物科学研究》2016年第4期，第46～50页。

1.24号北齐菩萨　　　　　2.24号菩萨虚拟复原　　　　　3.24号菩萨色彩复原

图八

粒度制作成色卡。将其采集后再按照造像上的彩绘图案模式，回贴于造像三维立体素模上，最终实现色彩重建，重建后的造像色调浓重。通过科技分析基础上的色彩复原工作，我们发现古代佛像经过装銮应该是非常艳丽的，和传统绘画"艳而不俗"的设色方式不同，从而改变了大众对佛像应该是古朴庄重、清新淡雅的传统认知。

将上述实例推而广之，许多珍贵文物都可以用这种方式进行虚拟复原。既避免了对原器物复原过程中的损坏风险又力争展示器物的本来面貌。

四　文物研究利用的深入探索

文物保护是文化传承的基础，而对其进行深入研究则是文化传承的前提。如何挖掘利用好文物相关的科研成果是当前博物馆人需要思考的问题，现以 24 号菩萨像衣裙复原为例谈一点想法。

24 号菩萨彩绘保存相对完整，是龙兴寺遗址出土造像中的代表作，但大部分参观者在观察实物时仍会对菩萨的服饰认识模糊不清。我们与北京服装学院专家们合作，在之前的数字化、科学分析和色彩重建数据基础上，对其纹饰进行对比研究，尝试性对衣裙开展了实物复原工作[1]。最终明确 24 号菩萨的下裙形制应为长方形一片式围裳，上面加一条腰带。通过立体裁剪实验，以真人着装者腰围尺寸作为标准，

---

[1]　周麟麟、蒋玉秋等：《山东青州北齐菩萨像服饰研究和色彩重建——以24号菩萨立像为例》，《中原文物》2019年第1期，第120～127页。

推测这件长方形围裳其合理的长度为 5 米左右。从立像实物效果看，前身中间折褶部位没有条状装饰，长度约占整件围裳的三分之一左右。围裳上下清晰可见绿色条状缘边，是典型方棋纹二方连续结构。

　　进一步考证得知北齐时期，我国境内的服装用料有麻、毛、丝三种，根据 24 号菩萨立像围裳的视觉效果具有一定的悬垂感和边缘处褶皱回转而又自然服贴效果判断,麻的可能性较小。因此将围裳面料锁定为丝绸。这件围裳明显可见为双层，有裙里。围裳的面料、里料都是素色地，没有出现暗纹，按这一特征，又排除显花的锦、绫、绮等品类，推测最大可能为平纹织物。为追求相近的面料质感，复原选用材料为真丝电力纺（图九；彩版五七）。

1.菩萨下裙照片　　　　　　　　　　　　2.菩萨下裙实物复原

图九

　　对 24 号菩萨像的服饰复原第一次将圆雕立体彩绘图案转化成可穿着的服装，用最简单直观的方式让参观者了解菩萨着装与当时社会权贵生活的关联性；让博物馆文物潜移默化的熏陶大众，起到把"博物馆知识带回家"的宣传目的，使科学研究成果达到最佳普及效果。

　　总之，经过上述一系列的实际工作，发现文物的保护与利用，需将考古、数字技术、艺术史、科技分析、产品研发、市场营销等多学科结合在一起，只有将各项工作互相联系，环环相扣，相互协作，才真正能达到让文物活起来的目的。

浅析南北朝至唐代铜佛具对陶瓷器的影响
——以长颈瓶和奁状器为例

隋　璐★

中国古代陶瓷器在漫长的发展历程中，不断吸收、借鉴其他工艺门类的优秀成分，创造出新的器型和装饰，通过取代铜器、漆器而拥有新的功能。南北朝至唐代是佛教迅速传播、繁荣发展的时期，礼佛用具成为这一时期铜器制作的重要门类，包括军持、长颈瓶、行炉、五足炉、香宝子、舍利匣等。本文以长颈瓶与奁状器为例，以出土资料为基础，考察这两类器物的形制特征、组合情况与出土环境，通过不同材质同类器物的比较，探讨陶瓷长颈瓶、瓷质奁状器的来源，剖析南北朝至唐代铜佛具对于陶瓷器造型及功能的影响，这种影响也反映出不同工艺门类之间的交流以及佛教对于中国古代手工业的影响。

一　陶瓷长颈瓶

长颈瓶有铜、陶、瓷等不同质地。陶瓷长颈瓶的基本特征为敞口或侈口，细长颈，圆肩，鼓腹，假圈足或圈足，通常被称作"长颈瓶""细颈瓶""长细颈瓶""净瓶""宝瓶"等，主要流行于北朝至宋辽时期。

（一）陶瓷长颈瓶的类型与年代

以考古发掘出土资料（表一）为基础，大致可将陶瓷长颈瓶分为 4 型。

A 型　长圆腹。又分 2 个亚型。

Aa 型　卵圆腹，最大腹径位于下腹部。河南洛阳郭定兴墓、侯掌墓（图一）、湖北武昌马房山墓、宁夏固原史索岩夫妇合葬墓所出者为此型，北京通州次渠唐墓出土白釉长颈瓶（图二）也属这一类型。

Ab 型　椭圆腹，最大腹径在腹中部。又可分为 2 式。

Ⅰ式　口微侈，肩腹间、腹下部转折明显。山东寿光贾思伯合葬墓（图三）、

★　隋璐：天津师范大学历史文化学院。

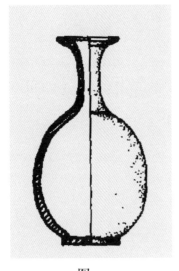

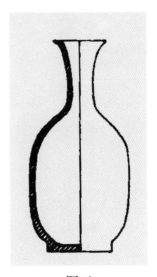

图一　　　　　　　　　　图二　　　　　　　　　　图三

（采自《洛阳孟津晋墓、　　（采自《从北京出土的几　　（采自《山东寿光

北魏墓发掘简报》）　　　件邢窑长颈瓶说起》）　　　北魏贾思伯墓》）

河北磁县尧赵氏墓所出者为此式。

　　Ⅱ式　口部外侈显著，腹部圆弧。湖南湘阴大业六年墓、河南安阳桥村隋墓、琉璃河唐墓 97LF13M1、唐恭陵哀皇后墓（图四）、洛阳安菩夫妇墓、荥阳市周古寺唐墓 M6（图五）、登封法王寺二号塔地宫、陕西西安长安区少陵原、山东邹城大东章村所出者为此式。

　　B 型　圆鼓腹。又可分为 2 式。

　　Ⅰ式　丰肩，下腹急收。河南安阳北齐范粹墓（图六）、陕西西安苏统师墓、山东济南洪家楼隋墓、河北邢台邢窑窑址（图七）、洛阳关林 1305 号唐墓、湖北郧县李徽墓、北京房山区天开村唐墓、河南陕县刘家渠所出者为此式。北京通州次渠唐墓出土黄釉长颈瓶也属此式。

　　Ⅱ式　长圆鼓腹，下腹渐内收。山东济南洪家楼隋墓（图八）、山西长治北石槽 M4、山东淄博淄川区（图九）、河南新郑二中 M2、太原金胜村 M5、M3、江苏江阴泗州大圣塔地宫（图一〇）、北京顺义净光塔地宫、山西临猗双塔寺西塔地宫（图一一）、山西平定天宁寺西塔地宫所出者为此式。

　　C 型　球形腹，高足。太原金胜村 M3、江苏常州南门外基建工地（图一二）、常州武进县潘家乡所出者为此型。

　　D 型　扁圆腹，全器重心偏下。陕西铜川黄堡窑址（图一三）、河北定县静志寺、净众院塔基地宫（图一四）所出者为此型。

图四

（采自《唐恭陵哀皇后墓
部分出土文物》）

图五

（采自《荥阳市周古寺
唐墓M6发掘简报》）

图六

（采自《河南安阳北齐
范粹墓发掘简报》）

图七

（采自《千年邢窑》）

图八

（采自《济南市洪家楼出
土的一批隋代瓷器》）

图九

（采自《中国出土瓷器全集6》）

河南洛阳郭定兴墓、侯掌墓出有墓志，年代分别为北魏正光三年（522 年）和正光五年（524 年）[1]。湖北武昌马房山墓为多室带耳室墓，有"五铢"和"太货六铢"铜钱伴出，年代为隋初[2]。北京通州次渠墓为长方形砖室墓，出土"开元通宝"铜钱，

[1]　洛阳市第二文物工作队：《洛阳纱厂西路北魏HM555发掘简报》，《文物》2002年第9期。洛阳市文物工作队：《洛阳孟津晋墓、北魏墓发掘简报》，《文物》1991年第8期。

[2]　武汉市博物馆：《湖北武昌马房山隋墓清理简报》，《考古》1994年第11期。

图一〇

（采自《中国出土瓷器全集7》）

图一一

（采自《山西临猗双塔寺北
宋塔基地宫清理简报》）

图一二

（采自《常州市出土唐三彩瓶》）

图一三

（采自《中国出土瓷器全集15》）

图一四

（采自《中国定窑》）

年代为唐代[1]。因此 Aa 型陶瓷长颈瓶年代大致在北朝至唐代。

　　山东寿光贾思伯墓、河北磁县尧赵氏墓有墓志出土，年代分别为北魏武定二年（544 年）、东魏武定五年（547 年）[2]，因此 Ab 型 I 式陶瓷长颈瓶的年代大致为北朝

---

[1]　孙勐：《从北京出土的几件邢窑长颈瓶说起》，《收藏家》2017年第7期。

[2]　寿光县博物馆：《山东寿光北魏贾思伯墓》，《文物》1992年第8期。磁县文化馆：《河北磁县东陈村东魏墓》，《考古》1977年第6期。

时期。

　　湖南湘阴隋墓出土大业六年（610 年）买地券[1]，河南安阳桥村墓[2]、琉璃河
97LF13M1[3]、荥阳市周古寺墓 M6 均未发现墓志，但据墓葬形制及随葬器物判断，
年代分别为隋代和唐代。洛阳安菩夫妇墓出有墓志，年代为唐景龙三年（709 年）[4]。
据地宫瘗埋器物、"开元通宝"铜钱等判断，登封法王寺塔地宫年代为唐代。综上
所述，Ab 型 II 式陶瓷长颈瓶年代为隋唐时期。

　　河南安阳范粹墓[5]、陕西西安苏统师墓[6]、湖北郧县李徽墓[7]出土墓志，年代分别
为北齐武平六年（575 年）、隋仁寿四年（604 年）、唐永淳二年（683 年）。山东济
南洪家楼墓[8]、洛阳关林 1305 号墓[9] 未见纪年资料，据随葬器物判断，年代分别为
隋代和唐代。河北邢台邢窑窑址隋代地层出土此式白釉、黑釉长颈瓶[10]。因此 B 型
I 式陶瓷长颈瓶年代为北朝末期至唐代。

　　山西长治北石槽 M4 出有墓志，年代为唐文明元年（684 年）[11]。新郑二中 M2
未见墓志伴出，但与年代明确的 M1 同类器接近，年代在唐肃宗前后[12]。太原金胜
村 M5 出土"开元通宝"钱币，又据随葬品及墓葬形制判断，金胜村 M5 与 M3 的
年代为唐代[13]。据经幢题记，北京顺义净光塔年代为辽开泰二年（1013 年）[14]。据同
出的石函铭文，江苏江阴泗州大圣宝塔建于北宋景德三年（1006 年）[15]。据地宫内发
现的宫碑铭文记载，山西临猗双塔寺西塔建于北宋熙宁二年（1069 年）[16]。据地宫出
土的"葬舍利佛骨塔铭"碑载，山西平定天宁寺西塔建于至道元年（995 年）[17]。因此，
B 型 II 式陶瓷长颈瓶年代为唐至宋辽时期。

　　[1]　熊传新：《湖南湘阴县隋大业六年墓》，《文物》1981年第4期。

　　[2]　安阳市文物工作队：《河南安阳市两座隋墓发掘报告》，《考古》1992年第1期。

　　[3]　北京市文物研究所、北京大学考古文博院、中国社会科学院考古研究所：《1997年琉璃河遗址墓葬发掘
简报》，《文物》2000年第11期。

　　[4]　洛阳市文物工作队：《洛阳龙门唐安菩夫妇墓》，《中原文物》1982年第3期。

　　[5]　河南省博物馆：《河南安阳北齐范粹墓发掘简报》，《文物》1972年第1期。

　　[6]　陕西省考古研究院：《西安南郊隋苏统师墓发掘简报》，《考古与文物》2010年第3期。

　　[7]　湖北省博物馆、郧县博物馆：《湖北郧县李徽、阎婉墓发掘简报》，《文物》1987年第8期。

　　[8]　宋百川：《济南市洪家楼出土的一批隋代瓷器》，《文物》1981年第4期。

　　[9]　洛阳市文物工作队：《河南洛阳关林1305号唐墓的清理》，《考古》2006年第2期。

　　[10]　河北省邢台市文物管理处：《邢台隋代邢窑》，科学出版社，2006年，第78、79、102～104页。

　　[11]　山西省文物管理委员会晋东南文物工作组《山西长治北石槽唐墓》，《考古》1965年第9期。

　　[12]　河南省文物考古研究所新郑工作站：《郑韩故城新郑市二中唐墓》，《江汉考古》2005年第3期。

　　[13]　山西省文物管理委员会：《太原南郊金胜村唐墓》，《考古》1959年第9期。山西省文物管理委员会：
《太原南郊金胜村三号唐墓》，《考古》1960年第1期。

　　[14]　北京市文物工作队：《顺义县辽净光舍利塔基清理简报》，《文物》1964年第8期。

　　[15]　张柏主编：《中国出土瓷器全集7》，科学出版社，2008年，第94页。

　　[16]　乔正安：《山西临猗双塔寺北宋塔基地宫清理简报》，《文物》1997年第3期。

　　[17]　商彤流：《山西平定县发现北宋佛塔地宫》，《文物世界》2006年第2期。

太原金胜村 M3 的年代已如上述，C 型陶瓷长颈瓶年代为唐代。陕西铜川黄堡窑址唐代地层出土 D 型白釉绿彩长颈瓶[1]。根据塔基内的铭文和墨书题记，河北定州静志寺、净众院塔基地宫的年代分别为北宋太平兴国二年（977 年）和至道元年（995 年）[2]。因此 D 型陶瓷长颈瓶的年代大致在唐至宋初。

根据类型与年代分析，大致可将陶瓷长颈瓶的发展分为四期（表一）。

第一期：北朝时期。陶瓷长颈瓶主要流行 Aa 型、Ab 型Ⅰ式、B 型Ⅰ式，以 A 型为主，流布于河南、河北、山东等地，有灰陶、酱褐釉瓷、白瓷、白釉绿彩瓷等品种。

第二期：隋代，为发展期，数量渐多。陶瓷长颈瓶主要流行 Aa 型、Ab 型Ⅱ式、B 型Ⅰ式，流布范围渐广，见于河南、河北、山东、陕西、湖北、湖南等地，有青瓷、白瓷、酱褐釉瓷、黑釉瓷等品种。

第三期：唐代，为繁盛期，数量较多，除墓葬外，陶瓷长颈瓶还发现于佛塔地宫中，主要流行 Aa 型、Ab 型Ⅱ式、B 型Ⅰ式、B 型Ⅱ式、C 型、D 型，流布于河南、北京、陕西、山西、山东、湖北、江苏、宁夏等地，有灰陶、三彩釉陶、白瓷、黄釉瓷、白釉绿彩瓷、酱褐釉瓷等品种。

第四期：宋辽时期。陶瓷长颈瓶主要见于佛塔地宫中，流行 B 型Ⅱ式、D 型，流布于河北、北京、山西、江苏等地，有白瓷、青白瓷、黑釉瓷、绿釉陶等品种。

表一　陶瓷长颈瓶简况表

年代	出土地	质地	类型	文献出处
正光三年（522年）	洛阳郭定兴墓	灰陶	Aa型	《文物》2002年第9期
正光五年（524年）	洛阳侯掌墓	灰陶	Aa型	《文物》1991年第8期
武定二年（544年）	寿光贾思伯墓	灰陶	Ab型Ⅰ式	《文物》1992年第8期
武定五年（547年）	磁县尧赵氏墓	酱褐釉瓷	Ab型Ⅰ式	《考古》1977年第6期
武平六年（575年）	安阳北齐范粹墓	白瓷、白釉绿彩瓷	B型Ⅰ式	《文物》1972年第1期
仁寿四年（604年）	西安苏统师墓	白瓷	B型Ⅰ式	《考古与文物》2010年第3期
大业六年（610年）	湘阴大业六年墓	酱褐釉瓷	Ab型Ⅱ式	《文物》1981年第4期
隋	武昌马房山墓	青瓷	Aa型	《考古》1994年第11期
隋	安阳桥村墓	青瓷	Ab型Ⅱ式	《考古》1992年第1期
隋	济南洪家楼墓	黄褐釉瓷	B型Ⅰ式	《文物》1981年第4期

---

[1] 张柏主编：《中国出土瓷器全集15》，科学出版社，2008年，第56页。

[2] 定县博物馆：《河北定县发现两座宋代塔基》，《文物》1972年第8期。

年代	出土地	质地	类型	文献出处
隋	济南洪家楼墓	青瓷	B型Ⅱ式	《文物》1981年第4期
隋	邢台邢窑址	白瓷、黑釉瓷	B型Ⅰ式	《邢台隋代邢窑》第78、102页
隋	邢台桥东区顺德路窑址	白瓷	B型Ⅰ式	《千年邢窑》第64页
永淳二年（683年）	郧县李徽墓	三彩釉陶	C型	《文物》1987年第8期
文明元年（684年）	长治北石槽M4	灰陶	B型Ⅱ式	《考古》1965年第9期
垂拱元年（685年）	唐恭陵哀皇后墓	黄釉瓷	Ab型Ⅱ式	《考古与文物》2002年第4期
景龙三年（709年）	洛阳安菩夫妇墓	白瓷	Ab型Ⅱ式	《中原文物》1982年第3期
唐	琉璃河唐墓97LF13M1	三彩釉陶	Ab型Ⅱ式	《文物》2000年第11期
唐	洛阳关林1305号墓	白瓷	B型Ⅰ式	《考古》2006年第2期
唐	固原史索岩墓	白瓷	Aa型	《固原文物精品图集（下册）》第79页
唐	通州次渠唐墓	黄釉瓷	B型Ⅰ式	《收藏家》2017年第7期
唐	通州次渠唐墓	黄釉瓷	B型Ⅰ式	《收藏家》2017年第7期
唐	通州次渠唐墓	白瓷	Aa型	《收藏家》2017年第7期
唐	房山天开村唐墓	黄釉瓷	B型Ⅰ式	《收藏家》2017年第7期
唐	荥阳周古寺唐墓M6	白瓷	Ab型Ⅱ式	《洛阳考古》2016年第2期
唐	登封法王寺二号塔	白瓷	Ab型Ⅱ式	《华夏考古》2003年第2期
唐	西安长安区少陵原	白瓷	Ab型Ⅱ式	《中国出土瓷器全集15》第67页
唐	铜川黄堡窑址	白釉绿彩瓷	D型	《中国出土瓷器全集15》第56页
唐	邹城大东章村	青瓷	Ab型Ⅱ式	《中国出土瓷器全集6》第75页
唐	淄博淄川区	酱釉瓷	B型Ⅱ式	《中国出土瓷器全集6》第89页
唐	新郑二中M2	灰陶	B型Ⅱ式	《江汉考古》2005年第3期
唐	太原金胜村M5	灰陶	B型Ⅱ式	《考古》1959年第9期
唐	太原金胜村M3	三彩釉陶	C型	《考古》1960年第1期
唐	太原金胜村M3	灰陶	B型Ⅱ式	《考古》1960年第1期
唐	常州南门外基建工地	三彩釉陶	C型	《文物》1973年第5期

年代	出土地	质地	类型	文献出处
唐	常州武进县潘家乡	三彩釉陶	C型	《考古》1995年第7期
唐	陕县刘家渠	白瓷	B型Ⅰ式	《千年邢窑》第159页
太平兴国二年（977年）	定县静志寺塔	白瓷	D型	《中国定窑》第127页
至道元年（995年）	定县净众院塔	白瓷	D型	《中国定窑》第130页
至道元年（995年）	定县净众院塔	白瓷	D型	《中国定窑》第131页
至道元年（995年）	平定天宁寺西塔	绿釉陶	B型Ⅱ式	《文物世界》2006年第2期
景德三年（1006年）	江阴泗州大圣宝塔	青白瓷	B型Ⅱ式	《中国出土瓷器全集7》第94页
开泰二年（1013年）	顺义净光塔	白瓷	B型Ⅱ式	《文物》1964年第8期
嘉祐元年（1056年）	临猗仁寿寺塔	绿釉陶	B型Ⅱ式	《文物季刊》1995年第1期
熙宁二年（1069年）	临猗双塔寺西塔	黑釉瓷	B型Ⅱ式	《文物》1997年第3期

（二）陶瓷长颈瓶的功能与来源

关于瓷质长颈瓶的来源问题，郭学雷将北朝瓷器的造型风格分为三类，第一类受南方青瓷造型的影响；第二类为北朝特有造型，仿自同时期的铜器或陶器，第三类为外来造型，长颈瓶被归入第二类[1]。李静杰等认为南北朝后期迄唐前期的枣形腹、石榴形腹细颈瓶发源于南欧。孙勐认为就陶、瓷和金属长颈瓶在我国境域的产生而言，尚缺乏明确的时间上的先后逻辑证据，因此很有可能不存在早晚关系[2]。考察考古出土纪年资料，陶、瓷、铜质长颈瓶的产生年代确有很强的共时性。关于长颈瓶的功能，范佳楠认为铜质长颈瓶与敞口盆、手炉、香宝子、多足盘、圆盒、灯等铜容器形成礼佛用具组合[3]。

检视陶瓷长颈瓶在墓葬中的器物组合情况，长颈瓶多与盘、罐、壶、杯、盏、盅等共出，构成水器或酒具组合，如洛阳关林1305号唐墓出土白瓷子母盘一套，在一件白瓷盘内放置白瓷长颈瓶、杯、盖罐、侈口罐等9件小型器物[4]。河南洛阳侯掌墓出土60件完整器，除铁棺钉、石墓志外，均为陶器，包括碗、钵、杯、盒、瓶、盆等[5]。河北磁县尧赵氏墓出土陶瓷器及石灯，其中瓷器8件，包括长颈瓶、双耳

[1] 郭学雷、张小兰：《北朝纪年墓出土瓷器研究》，《文物季刊》1997年第1期。

[2] 孙勐：《从北京出土的几件邢窑长颈瓶说起》，《收藏家》2017年第7期。

[3] 范佳楠：《南北朝墓葬所见铜礼佛用具》，《故宫博物院院刊》2017年第1期。

[4] 洛阳市文物工作队：《河南洛阳市关林1305号唐墓的清理》，《考古》2006年第2期。

[5] 洛阳市第二文物工作队：《洛阳纱厂西路北魏HM555发掘简报》，《文物》2002年第9期。洛阳市文物工作队：《洛阳孟津晋墓、北魏墓发掘简报》，《文物》1991年第8期。

瓶、四系罐、壶、双系瓶等[1]。河南安阳北齐范粹墓出土随葬器物 77 件，以陶、瓷器为主，另有墓志、钱币等物，瓷器共 13 件，包括黄釉瓷扁壶、三系罐、长颈瓶、四系罐、白釉壶、白釉碗[2]。湖北武昌马房山隋墓的随葬器物共有 75 件，分为青瓷器、陶器和陶俑、铜钱三类，青瓷器包括碗、盏、盅、高足盘、唾盂、长颈瓶、四系罐、盘口壶、砚台等[3]。陕西西安苏统师墓共清理随葬器物 15 件（组），包括瓷器、陶器、铜钱、铜镜、泥钱、墓志等，其中白瓷器 5 件，包括杯、四系罐、水盂、砚、长颈瓶[4]。湖北郧县李徽墓出土陶、瓷、铜、铁、银、骨、金、蚌等制品，其中三彩器包括长颈瓶、水盂、龙首杯、角杯各一件[5]。此外，正仓院藏有一件铜长颈瓶，腹部书有"水瓶"二字[6]。山东临朐北齐崔芬壁画墓内绘有竹林七贤图，其中第二幅（编号 21）位于墓室东壁下部右起第四楪，画像为一人斜倚蒲墩，半卧坐于茵席上，其前放置一盆一瓶，该瓶为黑色白彩绘长颈瓶[7]，盆、瓶置于现实生活场景中，应为实用器。综合器物组合、自题器名和壁画场景，陶瓷长颈瓶最早、最基本和主要的功能应是作生活实用水器之用。

不可否认，作为礼佛用具是南北朝时期铜质长颈瓶的重要功能，与之相对，这一时期的陶瓷长颈瓶与伴出物并未形成明确的类似铜容器礼佛具的组合，不同质地的同类器物在功能上可能存在着分化。隋唐时期，伴随制瓷业的发展，铜制品渐被陶瓷器取代，陶瓷长颈瓶除继续用作实用水器之外，也与行炉、军持等佛具组合，具备了一定的宗教功能。新建乐化郭台林场隋墓出土青瓷长颈瓶一件，并有象首流军持共出[8]。唐景龙三年（709 年）洛阳安菩夫妇墓出土的白釉长颈瓶有白釉军持共出[9]。据安菩墓志记载"其先安国大首领。破匈奴，衙帐百姓归中国"[10]，"安"为"昭武九姓"之一，再结合安菩"讳菩字萨"，其子名"金藏"，安金藏为其母"造石坟石塔"等情况来看，安菩应为佛教信徒，隋唐墓葬出土的部分长颈瓶很可能为礼佛用具。晚唐至宋辽时期，瓷质长颈瓶多出土于佛塔的塔基地宫中，其宗教功能进一步增强。山西临猗仁寿寺塔地宫出土的绿釉长颈瓶、临猗双塔寺西塔地宫出土的黑釉长颈瓶内均盛有舍利，也作舍利容器之用。

[1] 磁县文化馆：《河北磁县东陈村东魏墓》，《考古》1977年第6期。
[2] 河南省博物馆：《河南安阳北齐范粹墓发掘简报》，《文物》1972年第1期。
[3] 武汉市博物馆：《湖北武昌马房山隋墓清理简报》，《考古》1994年第11期。
[4] 陕西省考古研究院：《西安南郊隋苏统师墓发掘简报》，《考古与文物》2010年第3期。
[5] 湖北省博物馆、郧县博物馆：《湖北郧县李徽、阎婉墓发掘简报》，《文物》1987年第8期。
[6] 王玮：《中古美术：南北朝至唐青铜容器综述》，江苏凤凰美术出版社，2018年，第60页。
[7] 山东省文物考古研究所、临朐县博物馆：《山东临朐北齐崔芬壁画墓》，《文物》2002年第4期。
[8] 陈柏泉：《记新建隋墓出土的军持》，《江西历史文物》1985年第2期。
[9] 洛阳市文物工作队：《洛阳龙门唐安菩夫妇墓》，《中原文物》1982年第3期。
[10] 赵振华、朱亮：《安菩墓志初探》，《中原文物》1982年第3期。

二　瓷奁状器

河南安阳张盛墓出土白釉奁状器 1 件，器身呈筒状，略束腰，平底，带盖，盖面隆起，上有宝珠状纽，盖及器身饰以弦纹，高 6.5 厘米（图一五），年代为隋开皇十五年[1]（595 年）。与之同类的瓷器比较少见，安阳桥村隋墓也出有白釉奁状器 1 件，筒形器身，盖面隆起呈尖锥状，上有宝珠状纽，器表均匀饰多道弦纹，但盖与器身不可分离，可能非实用器，高 8.9、底径 8 厘米[2]（图一六）。此外，陕西西安姬威墓出土白釉筒形盖罐 2 件，造型、尺寸相同，其中一件已残，筒形束腰，腰部内收明显，平底，盖边上卷，盖面圆鼓如覆盆，纽如宝珠，器身口沿与底沿各有一周弦纹，通高 12.5、底径 12、口径 9.5 厘米（图一七），年代为隋大业六年（610 年）[3]。上述器物的共同特征为器身呈筒形，腰部多内束，平底，盖面隆起，上有宝珠状纽，器表以弦纹为饰，造型与奁有相似之处。奁为古代盛装镜、梳等梳妆用品的匣子，多为漆器，由奁身和盖组成，以圆形为主，有些内有分层结构，平底，无三足，一般为妇女使用[4]。相较于奁状器，奁的盖面平或微隆，无宝珠状纽，无束腰、弦纹等特征，且安阳桥村隋墓、姬威墓的墓主均为男性，因此汉晋时期的奁可能并非隋墓中奁状器的直接来源。

图一五

（采自《安阳隋张盛墓发掘记》）

图一六

（采自《河南安阳市两座隋墓发掘报告》）

南北朝至唐代的铜器中流行一种筒形舍利匣，由筒形器身和略呈尖锥状的器盖组成，薄胎，大多通体装饰弦纹，盖上有宝珠纽或水瓶纽。《南北朝至唐青铜容器

[1]　考古研究所安阳发掘队：《安阳隋张盛墓发掘记》，《考古》1959年第10期。

[2]　安阳市文物工作队：《河南安阳市两座隋墓发掘报告》，《考古》1992年第1期。

[3]　陕西省文物管理委员会：《西安郭家滩隋姬威墓清理简报》，《文物》1959年第8期。

[4]　冒言：《樽奁辨析》，《文博》2008年第1期。

综论》中载有一件北齐石灰岩持舍利匣佛手，所持的舍利匣为素面圆纽筒形器 [1]，与河北曲阳八公山寺塔基出土隋代铜舍利匣（图一八）、台北故宫博物院藏筒形舍利匣 [2] 造型相近，只是后二者器表饰多道弦纹，纽作宝珠状或长颈瓶形，由于没有了佛手遮挡，显示出略束腰的造型。这些铜舍利匣与隋墓出土的白釉奁状器、束腰筒形盖罐造型相似，年代相近或稍早，同时，出土白釉奁状器的张盛墓还出土了念珠、香炉等礼佛具以及两件僧俑，体现了墓主的佛教信仰，因此流行于隋代的瓷质奁状器、束腰筒形盖罐很可能来源于铜质舍利盒。

图一七
（采自《千年邢窑》）

图一八
（采自《中古美术：南北朝至唐青铜容器综述》）

三　结语

陶瓷长颈瓶主要流行于北朝至宋辽时期，隋唐时期为其繁荣发展期，考古出土资料并不能为陶瓷长颈瓶来源于铜质长颈瓶提供可靠的证据，但器物组合和出土环境显示，陶瓷长颈瓶的用途可能发生了一定的变化，南北朝时期主要为生活实用水器，隋唐时期，增加了礼佛用具的功能，宋辽时期，宗教功能进一步增强，也作舍利容器使用，这种功能上的改变主要受到了南北朝至唐代铜质长颈瓶的影响。隋墓出土的奁状器、束腰筒形盖罐与南北朝以来铜质筒形舍利匣造型相近，结合墓主的宗教信仰考虑，此类器物很可能是模仿铜舍利匣的造型而产生的。佛教的传播促进了手工业部门之间的交流，南北朝至唐代的铜佛具也为制瓷业的发展带来了新的因素。

本文系天津市哲学社会科学研究规划项目"宋金瓷器装饰研究"（项目编号TJZL17-006）成果之一。

[1] 王玮：《中古美术：南北朝至唐青铜容器综述》，江苏凤凰美术出版社，2018年，第107页。
[2] 王玮：《中古美术：南北朝至唐青铜容器综述》，江苏凤凰美术出版社，2018年，第108页。

后　记

文集即将付梓之际，由衷地感谢这次会议参与者以及提供论文的各位专家、学者，也对会议举办和文集出版给予我们诸多帮助的各位先生表示感谢！

《临朐白龙寺遗址发掘报告》于 2015 年 12 月由文物出版社出版。为了配合报告的出版，我们计划召开一个研讨会，提议得到了单位领导的大力支持。经多方讨论，会议定名为"北朝唐宋佛教与社会——山东临朐白龙寺遗址考古研讨会"。在此，要郑重提及的是郑岩先生和倪克鲁先生，郑岩先生力邀学界大贤，共襄盛会，倪克鲁先生则不远万里携学生而来，为会议增添了国际色彩。

会上，山东省文物局孙世勤副局长、山东省文物考古研究院郑同修院长、潍坊市文物局刘允泉局长到会祝贺并致辞，山东省文物考古所原副所长、临朐白龙寺遗址考古领队佟佩华先生参加了讨论会并做了大会发言，深表感谢！

会议发言的专家共有 28 位，就山东地区及全国佛教考古的最新发现及研究进行了介绍和讨论。

其中，与新发现有关的包括：倪克鲁"白龙寺与山东的佛教遗存"，吴荭"甘肃泾川宋代龙兴寺遗址及相关情况"，蒋超年"甘肃武威亥母考古新发现"，以及韩辉、吕凯、李宝军对山东省文物考古研究院近年来在佛教考古领域的最新考古发现做了介绍。

演讲讨论的重点还是关于山东地区或与之相关的佛教遗存的研究。郑岩对济南黄石崖摩崖石窟进行了专题研究，并分析了佛教石窟在山东地区的传播，认为是熟悉可移动性石造像制作的当地工匠主导了黄石崖造像的施工，侧重于奉献行为本身，已没有了皇家石窟所隐含着的政治目的。李清泉以青州地区的考古发现为例，对北朝部分单体佛教造像与造像碑的功用进行了推测。陈粟裕针对山东兖州兴隆塔鎏金舍利函的涅槃像的演变进行了探究。肖贵田追溯分析了山东地区佛教造像碑龛楣龙与兽面组合图像的源流。高继习探讨了宋代埋藏佛教残损石造像的原因，提出"明道寺模式"的论断。黄文智专就山东北部北朝石刻佛像造像之变进行了讨论。简鹋妩对环渤海地区的佛教图像的传播与工艺传统进行了梳理和研究。王瑞霞与周麟麟则介绍了青州龙兴寺遗址出土佛教造像的整理和最新研究成果。

关于山东以外地区，张建宇、于春对西安和西北地区，雷玉华对四川地区，刘卫鹏对浙江余杭小横山，刘文涛对山西高庙山，解峰、宋玉彬对图们江流域的佛教遗存进行了广泛研究和专题探讨。

关于亚洲地区佛教遗存，王飞峰介绍了高句丽佛像及其研究，吴虹介绍了日本6～7世纪佛教遗存，邵学成从军事、矿产和宗教融合视角探讨了阿富汗佛教考古（2002～2016年）的最新研究成果。

上述研究涉及面极广，包括石刻造像、摩崖石刻、地宫出土佛舍利等的发现、特点、功用、制作工艺、演变、埋藏情况，也包括造像风格、传统及其流变的溯源分析，以及佛教考古之外社会、军事等视角的观察，细致深入、成果丰硕，遂结集出版，以飨学界。

本文集共收录文章21篇，除在会议上演讲的外，又收入部分地县研究者的文章，以期更全面地反映山东各地佛教遗存及研究成果。最后，孙波院长为本文集作了序。

临朐县博物馆的衣同娟馆长与馆里各位领导、同事，为会议的筹备、组织做了大量工作，山东省文物考古研究院王秀伟、吕承佳、李宝军、刘文涛等同志参与了会议的组织工作，李宝军为文集的编辑做了大量工作，在此一并感谢！

李振光

2021年5月于博兴龙华寺遗址